KB110046

중국에서 나를 만나다

대륙풍류

1

중국에서 나를 만나다

대륙풍류1

발행일 2016년 06월 17일

지은이 유 영 석
펴낸이 손 형 국
펴낸곳 (주)북랩
편집인 선일영 편집 김향인, 서대종, 권유선, 김예지, 김송이
디자인 이현수, 신혜림, 윤미리내, 임혜수 제작 박기성, 황동현, 구성우
마케팅 김회란, 박진관, 김아름
출판등록 2004. 12. 1(제2012-000051호)
주소 서울시 금천구 가산디지털 1로 168, 우림라이온스밸리 B동 B113, 114호
홈페이지 www.book.co.kr
전화번호 (02)2026-5777 팩스 (02)2026-5747

ISBN 979-11-5987-073-6 04910(종이책) 979-11-5987-074-3 05910(전자책)
979-11-5987-092-7 04910(세트))

이 도서의 국립중앙도서관 출판예정도서목록(CIP)은 서지정보유통지원시스템 홈페이지(http://seoji.nl.go.kr)와 국가자료공동목록시스템(http://www.nl.go.kr/kolisnet)에서 이용하실 수 있습니다.
(CIP제어번호: CIP2016014227)

중국에서 나를 만나다

대륙풍류

1

유영석 지음

북랩book Lab

프롤로그

주어진 기회, 산서성 태원

내 나이 52세, 오매불망 갈망하던 중국에서 일할 수 있는 기회가 드디어 찾아왔다. 한국에서 몸담고 있던 회사는 2012년 8월, 나를 회사가 투자한 합자회사의 법인장으로 발령을 낸 것이다. 중국이 대주주이고 우리 회사가 2대 주주 그리고 일본 등 2개 국가가 소액 주주인 자본금 100억 위안(한화 약 1.8조 원)의 중외 합자기업에서 경영에 참여하는 소중한 기회였다.

이후로 한국 회사의 대표, 합자회사의 부사장 겸 이사라는 1인 3역의 부담이 적지 않은 역할을 약 3년간 수행해야 했다. 의사결정과정에서 대주주의 역할이 결정적인 중국의 경영환경은 2대 주주 대표로 참여하는 나에게는 쉽지만은 않은 나날이었다. 막대한 자금을 투자한 회사의 방침을 절대적으로 이행해야 하는 입장과 부사장으로서 대주주인 중국 측 사장의 경영방침을 따라야 하는 이중적인 역할을 효과적으로 수행하기 위해서는 사업에 대한 철저한 이해가 기본이라 생각했다.

해서 부임 전 주어진 시간을 이용해 사전 학습을 최대한 했지만 서류로 파악한 것과 현장에서 보는 것 사이에는 적지 않은 간극이 있었다. 이를 극복하기 위해 주말 없는 업무 장악에 거의 1년 가까이 투자했다. 아내가 한국에 있는 관계로 그나마 집중할 수 있는 시간이었다. 주말의 집무실 온도가 여름에는 40℃에 육박해도 더운 줄 몰랐고, 겨울에는 영하 10℃ 이하까지 떨어져도 추운 줄 몰랐던 시간들이었다. 무엇이 그러한 열정을 내게 부여했는지는 몰라도 아마도 대한민국 대표 그리고 회사 대표라는 사명감이 나를 그리 만들었을 것이라 지금도 생각하고 있다.

그러한 시간들 속에 업무가 온전히 장악되었고 합자회사 사장과 회사의 방침 사이에서 주관을 가지고 양자 간의 합일점을 찾을 수 있는 수준이 되었다. 이후로는 합자회사의 꾸준한 발전을 위해 나름대로의 역할을 수행했다. 모든 판단 기준과 원칙은 대주주 또는 우리 회사와 소액주주 각자의 이익이 아닌 그들이 함께 만든 합자회사의 이익과 발전이었다. 그러한 원칙을 준수한 근무기간 동안 나의 역할에 후회는 없다. 물론 성과도 적지 않아 보람을 느낄 수 있어 스스로는 만족할 수 있었다.

중국 대륙 풍류

합자회사 생활 1년이 지난 후 업무에 대한 파악이 끝나고 나니 주말을 보내는 것이 오히려 가장 큰일이 되었다. 주재원들은 가족들이 있는 북경으로 가고 혼자만 남는 시간들을 허투루 보내기 싫어, 근무지에서 가장 가까운 태원시의 명소들을 주말마다 찾아보는 발품을 팔기 시작했다. 매주 한두 곳을 정해 놓고 다니다 보니 20~30개 되는 볼만한 곳을 3개월만에 모두 다 돌아볼 수 있었다.

측천묘와 적인걸고리를 돌아보며, 중국 역사상 최초의 여성 황제였던 무측천과 무측천이 가장 신임했던 당나라 때의 명탐정이자 재상이었던 적인걸이 산서성이 배출한 인물이라는 사실을 알게 되었다. 이렇게 알게 된 것들을 수시로 교류하는 성과 시의 인사 및 협력회사 경영진들과의 대화 속에서 자연스럽게 터치를 하니, 나의 태원시에 대한 관심에 많은 점수를 주고 칭찬까지 푸짐하게 받는 계기가 되었다.

그러다 보니 욕심이 생겨 태원시에서 가까운 여량시와 진중시를 시작으로 범위를 넓혀 발품을 팔기 시작했다. 북으로는 대동시, 남으로는 운성과 진성시까지…. 이런 방식으로 2년 사이에 산서성 11개 시에 산재해 있는 유명하다고 하는 대부분의 명소를 돌아볼 수 있었다.

이후 이러한 나의 족적은 중국 전역으로 확대되기 시작했다. 국가가 정해 주는 단오절과 같은 3일, 국경절 등 7일 휴일에는 비교적 장거리여행을 다녀오기 시작한 것이다. 아내의 여름방학과 나의 단신부임휴가를 이용해 다녀온 길림성, 국경절 기간 수많은 인파 속의 섬서성 서안 등. 이런 방식으로 북경과 천진 그리고 상해 등 3개 시와 하북, 섬서, 광동, 산동, 해남, 산서, 강서, 호북, 길림, 안휘성 등 10개 성, 홍콩과 마카오 등 2개 특별행정구를 포함해 15개 성시와 특별행정구를 섭렵하는 족적을 남길 수 있었다.

꿈의 시작과 도전

이때부터 산서성 여행기를 넘어 중국 여행기에 대한 꿈이 나의 마음속에 조금씩 자리하기 시작했다. 물론 시중에 중국을 포함한 세계 각지의 명소들에 대한 수많은 여행기가 발간되어 있어 신선함은 없다. 하지만 기존의 여행서와는 차별되는 이야기를 나만의 시각으로 그려내고 싶은 강한 욕구가 꿈틀거리기 시작한 것이다.

이러한 생각을 처음 하게 되었을 때에는 불가능한 꿈을 꾸고 있는 자신을 나무라며 쓸데없는 생각을 일찌감치 머릿속에서 지워버리라고 스스로에게 요구했던 것으로 기억한다. 지금껏 살아오면서 글이라는 것을 써 본 적이 없다는 사실과 전문적으로 이러한 일에 종사하는 이들이 워낙 많기 때문이다. 그러나 이러한 부정적이고 소극적인 생각이 중국의 여러 지역을 직접 찾아보면서 조금씩 바뀌기 시작했다.

산동성에서는 공자와 맹자의 족적을 확인하고, 태산에 올라 그 옛날 태산을 올랐던 명인들의 발길을 따라가며 그들의 호연지기를 느껴보기도 했다. 안휘성에 위치한 황산은 여름과 겨울 두 번에 걸쳐 방문해 산을 오르며 황산이 보여 주는 절묘한 아름다움에 반했다.

4대 불교 명산의 하나로 지장보살을 모신 구화산에서는 지장보살의 모델이 신라의 왕족이었던 김교각이라는 사실을 알게 되어 민족적 자부심을 느낄 수 있었다. 그는 고귀했던 신분을 버리고 멀리 중국까지 넘어와 안휘성 백성들에게 설법을 전하고 수많은 덕을 베푼 것이다. 1,000여 년이 지난 지금에도 이쪽 사람들은 한국은 몰라도 신라를 기억하고 알 정도라는 사실을 처음으로 알게 되었다.

천진에서는 남개대학을 졸업한 주은래의 기념관에서 그의 숭고했던 애국위민의 정신을 배웠다. 기념관을 끊임없이 찾아오는 중국의 젊은이들과 함께 그의 고결한 향기를 느끼며…. 도자기의 도시 강서성 경덕전에서는 도자기와 관련된 지식을 습득하고 경덕전에서 만들어낸 도자기의 화려한 아름다움을 마음껏 눈에 담기도 했다.

섬서성 서안에 있는 건릉에서는 고종과 함께 합장된 무측천의 무덤이 건현 도로를 일직선으로 연결해 엄청난 숫자의 관광객들이 마치 순례하듯 찾아오는 장관을 목격했다. 반면 흉노족을 정벌하고 장건의 실크로드와 사마천의 사기가 있게 한 한 무제의 무릉은 너무나 초라할 정도로 띄엄띄엄 관광객이 찾아드는 쓸쓸한 모습을 대비적으로 확인했다. 한 무제의 업적이 무측천에 비해 결코 떨어지지 않는 위대한 황제였음에도 후대에 받는 대접이 이렇듯 차이가 남에 안타까움을 느끼며….

이런 방식으로 태원에서의 3년 조금 못 미치는 시간 동안 15개 성시의 명소들 200여 군데를 돌아다니다 보니 전에는 없었던 관점들이 하나씩 생겨나기 시작했다. 그 후로는 그러한 관점들을 다양한 주제로 갈래를 나누어 묶어보기도 하고 비교해보기도 하는 등 나만의 구상들을 노트에 정리해 나가기 시작했다. 시중에 나와 있는 대부분의 여행 서적들이 지역별로 방문한 곳에 대한 단편적인 정보와 느낌을 서술한 것이어서 허전함이 없었던 것이 아니다. 해서 30여 개 성시에 산재한 명소들을 체계적으로 정리한 후 역사적인 배경과 그러한 사실들이 현대를 살아가는 우리에게 던지는 화두가 무엇인지를 그려내고 싶었다.

중국 여러 지역에 대한 족적이 확대되면서 그러한 생각들이 나의 뇌리를 지배하기 시작했다. 이러한 상황에서 합자회사의 법인장 3년 임기가 2015년 8월이면 종료되는 것을 앞두게 되었다. 그러다 보니 남은 나의 인생을 어떻게 살아갈 것인가를 놓고 고민에 빠져들었다. '회사에서 남은 5년여 기간을 지내고 퇴직을 할 것인가?' 아니면 '적지 않은 나이지만 회사를 뛰쳐나와 하고 싶은 일을 할 것인가?'의 사이에서….

하고 싶은 일이라는 것은 산서성에서 근무한 3년이 조금 되지 않는 동안에 나의 마음 깊숙이 자리하게 된 것이다. 그것은 바로 60세가 되기 전에 중국 전역을 돌아본 후 나름대로 느낀 소회를 책으로 만들어내고 싶다는 강한 욕망이었다. 최초의 생각은 산서성 여행기를 만들어내는 것이었는데 욕망의 크기가 점점 커져 중국 전역에 대한 여행기를 만드는 것으로까지 확장되어버린 것이다.

이러한 꿈을 실현하기 위해서는 남은 19개 성시를 돌아보는 것이 기본이다. 그러나 회사로 복귀해 업무에 몰입하다 보면 금방 퇴직하는 날이 도래할 것이고 60세가 넘은 이후에 이를 실행한다는 것은 실현이 불가능할 수가 있겠다는 생각에 무척이나 고민스러웠다. 아내를 포함한 지인들은 안정된 직장에서 정년을 맞이할 것을 강하게 요구했다. 그들의 요구가 상식에서 벗어나는 것이 아니었기에 나의 결정에 엄청난 압박으로 작용할 수밖에 없었다.

그러나 회사에는 유능한 인재들로 넘치고 나 하나 없어도 표시가 나지 않지만, 지금 하고 싶은 일은 시간이 흐르면 하고 싶어도 할 수 없는 것이라는 생각이 나를 지배했다. '사람은 누구나 평생 하고 싶은 일을 하였기에 후회하는 것이 아니라, 나이가 든 후 하고 싶었던 일을 하지 못했기 때문에 후회한다.'고 말한 알리바바 창시자 마윈의 말도 나의 결정에 적지 않은 영향을 미쳤다고 볼 수 있다.

나의 이러한 시도가 세인들의 주목을 받고 받지 못하고는 중요하지 않다. 다만 중국 전역에 대한 나의 발자취가 이를 필요로 하는 이들에게 조금이라도 도움이 된다면 가치가 있을 것이라는 생각이 나를 강하게 움직였다.

해서 법인장 임기 3개월, 퇴직을 5년여 앞둔 시점에 명예퇴직을 결정하고는 5월 말부터 10월 초까지 중국 대륙을 돌아다니기로 최종 결단을 내렸다. 이 시기가 가장 좋은 계절이고 계획을 짜보니 130여 일이면 못 돌아본 19개 성시를 섭렵할 수 있는 것으로 나왔기 때문이다. 내 인생의 큰 획을 긋는 결정을 한 후 5월 24일부터 9월 말까지 나의 발길은 신장위구르자치구에서 절강성까지 이어지게 된다.

30여 개의 성과 시, 자치구와 특별행정구를 섭렵하며 찾아본 450여 개의 명승지들은 각각의 아름다움과 특이함, 기괴함 등으로 나를 반겨주었다. 지금부터는 용기를 내어 내가 직접 눈으로 보고 경험한 중국 전역의 명소들을 25개의 주제로 분류해 소개하려 한다.

이 책을 더 즐기는 방법

중국 31개 성시의 350여 개 명소를 돌아다니며 담은 영상과 사진을 통해 독자들과 감동을 나누려 합니다.

중국 곳곳에서 확인한 아름다움, 독특함 그리고 기괴함이 담긴 영상과 사진들이 여러분들을 추억과 환상의 세계로 안내합니다.

감동의 순간 그리고 아름다움의 현장으로 들어오는 방법은 너무나 간단합니다.

페이스북: www.facebook.com/zoomchina
인스타그램: www.instagram.com/zoom_china
블로그: blog.naver.com/zoom_china

위의 주소를 인터넷 창에 입력하기만 하면 됩니다.

책에 묘사된 내용과 아름다운 영상과 사진을 비교하며 읽는 묘미가 쏠쏠합니다.

차례

특별한 경험
그리고
잊지 못할 추억,

장강 유람

장장 6,300㎞를 흐르며 중국 대륙을 적시고 있는 장강은 황하와 더불어 중국의 상징적인 존재이다. 중국의 유구한 역사는 신비한 장강을 배경으로 신화와 전설들을 양산했다. 또한 장강 유역은 숱한 세월 동안 패권을 다투며 중국 대륙을 종횡무진 호령했던 영웅들과 그들이 엮어낸 수많은 고사가 깃들어 있기도 하다. 장강 한 자락에 위치한 백제성에서 가신(家臣) 제갈량에게 어린 아들을 부탁하는 유비의 이야기는 숱한 고사들 중의 하나일 뿐이다. 뿐만 아니라 장강의 도도한 흐름과 장강이 보여 주는 절경은 시대를 달리하는 수많은 시인과 문인들의 감성을 자극하여 아름다운 시와 문학 작품들이 끊임없이 탄생하는 배경이 되기도 했다.

티베트에서 발원한 장강은 운남성, 사천성을 지나 중경을 거쳐 상해로 흘러내린다. 그 장강이 중경과 의창 사이를 혹은 낮게 전개되는 산들과 혹은 깎아지른 듯한 절벽의 계곡 사이로 때로는 조용하게 때로는 거칠게 지나고 있다. 장강의 약 10%에 해당하는 600여㎞인 이 구간에는 널리 알려진 장강삼협이라는 절경을 필두로 요소요소에 다양한 종류의 아름답고 특이한 경관들이 널려 있다. 고사가 깃든 유적지에서 유람선을 정박해 놓고 역사를 돌이켜볼 수 있게 배려하는 센스가 기대 이상이다. 풍도귀성, 백제성, 석보채 등이 그것이다.

소삼협을 비롯해 구당협, 무협 등을 경과하며 장강과 주위의 산들이 만들어내는 조화를 감상하다 보면 눈이 정화되고 마음의 넓이가 어느새 커져 있음에 놀라게 된다. 중국 전체 발전량의 11% 가까이를 점유한다는 거대한 수력발전의 현장인 삼협대패는 장강 유람이 주는 마지막 선물이다. 지금부터는 중경에서 출발한 유람선이 3박 4일을 거치며 의창에 도착할 때까지 혹은 유람선 위에서 혹은 유람선 밖에서 경험했던 것들을 공유해 보려 한다.

3박 4일 여정의 첫째 날은 장강을 표류하는 5성급 호텔이라 불리는 장강황금5호라는 유람선에 체크인하는 과정을 거치게 된다. 밤 10시에 출발하는 유람선에는 4시간 전부터 탑승객들의 행렬이 이어지고 있다. 여행비용이 만만치 않음에도 경제 수준이 나날이 뻗어가는 중국이라 그런지 대부분이 중국인이다. 뒤에 인사를 나누게 된 교사 직업을 가진 미국에서 온 여성 두 명을 포함해 외국인들도 섞여 있다. 5성급 호텔 수준인 장강황금5호의 내부는 화려하기도 하고 귀족적이기도 해서 무척이나 마음에 든다.

객실을 배정받은 후 출발 시간을 기다리며 선착장 주위로 보이는 중경의 아름다운 야경에 하염없이 빠져든다. 밤이 잦아들며 유람선 위에서 보이는 중경은 불야성이다. 장강을 가로지르는 철교 위로 밝은 불빛을 내는 전철이 질주하고 건너편으로 보이는 높은 건물들이 뿜어내는 화려한 불빛이 환상적이다. 장강을 오가는 유람선들이 발산해 내는 화려한 불빛은 마치 혼을 빼놓을 듯하다. 밤 10시가 되니 유람선이 움직이는 듯한데 워낙 큰 배라 그런지 그 움직임을 감지하기 힘들다. 드디어 3박 4일의 장강 유람이 시작된다.

설레는 마음을 달랠 길 없다. 객실 베란다로 나와 멀어져가는 중경 선착장의 야경을 바라본다. 장강 좌우로 늘어선 건물들의 불빛 쇼가 오가는 유람선들의 화려한 조명과 맞물려 환상적인 아름다움을 선사한다. 그저 아름다울 뿐이다. '잠 못 이루는 시애틀'이 아니라 '잠 못 이루는 중경' 이다.

중경의 야경에 한참을 빠져있는 중에 객실 안내방송이 나온다. 안전한 3박 4일 여정을 위한 오리엔테이션이 있으니 5층 강당으로 모이라는 내용이다. 강당에 올라가니 4~5백 명은 될 듯한 인원들이 모여든다. 아이들을 동반한 가족들은 왁자지껄함으로, 젊은 연인들은 두 손을 꼭 잡고…. 처음 보는 이들과 상견례도 하고 안전 수칙도 전해 주고 여행일정도 소개하는 짧지만 의미 있는 시간들이다. 3박 4일을 지내다 보면 버릴 시간이 하나도 없다는 것을 알게 된다.

밤을 이용해 출발한 유람선은 중경에서 약 172km 떨어져 있는 풍도귀성에 둘째 날 아침에 도착한다. 밤에 이동하는 구간이라 장강의 경관들이 칠흑 같은 어둠에 덮여 있다. 내일을 위해 잠을 청하며 장강을 가르고 있는 거대한 유람선의 미세한 움직임을 느낄 뿐이다. 10시간을 달린 유람선은 풍도귀성이라는 곳에 닻을 내린다.

전한의 도사 왕방평과 후한의 음장생이 신선이 되어 하늘로 올라갔다는 전설이 깃들어 있는 곳이다. 두 사람의 성을 따서 음왕이라 불렀다는데, 후세 사람들은 염라대왕이 사는 곳으로 믿게 되었다고 한다. 이러한 전설은 당나라 이후 귀신을 모신 사원들이 우후죽순으로 들어서게 했고, 현재에 이르러서는 귀곡성으로 알려진 곳이다.

비 내리는 아침 시간의 풍도현은 귀신의 도시답게 으스스한 분위기를 풍긴다. 잔뜩 낀 구름이 아침 햇살을 받아 괴기스러움을 보여 주는 것에 특별함을 느끼며 유람선을 빠져나오는 관광객들 사이에 끼어 풍도귀성을 향해 발길을 옮긴다. 장강 반대편에 들어선 고층 건물과 밀집된 주택들이 풍도현이 작지 않은 도시임을 알려 준다.

입구의 목방부터 괴기스러운 모습을 보이고 있고, 모든 볼거리가 귀신과 연계된 곳이 풍도귀성이다. 귀문관, 황천로, 옥황전 등 마치 귀신들이 사는 세계에 들어온 듯한 착각이 들 정도다. 귀신들의 세계에 폭 빠진 사람들의 표정이 재미있어 죽을 지경이다. 대웅보전 격인 요양전 앞에는 명나라 때 만들어졌다는 나하교라는 다리가 있는데, 많은 사람들이 줄을 서 있어 뭔가 싶어 관심 있게 바라다보게 된다.

뒤에 알고 보니 범어인 나하는 지옥을 의미하고, 나하교는 망혼들이 인간세계에서 행한 선과 악을 평가받는 다리라고 한다. 선을 많이 베푼 망혼들은 무사히 나하교를 통과하지만, 악행을 저지른 망혼들은 나하교를 지키는 귀신들에 의해 지옥으로 보내진다. 지옥의 사자 분장을 하고 있는 이와 사진을 찍고 20위안이라는 적지 않은 돈을 기꺼이 지불하는 이유를 알 듯하다. 한편으로는 사람들의 심리를 이용한 기가 막힌 상술로 여겨지기도 한다. 하지만 대부분의 관광객들이 즐거운 표정으로 그 행렬에 동참하고 있는 것이 재미있다.

또 하나 특이한 것은 귀문관으로 들어서는 길 양쪽에 서 있는 각종 귀신들의 조각상이다. 식육귀, 욕색귀, 식만귀, 주귀, 식기귀, 야차귀 등이 실감 날 정도로 묘사가 잘 되어 조각되어 있다. 사람들로 하여금 어떻게 살아야 하는지에 대해 무언의 화두를 던지고 있는 듯하다.

3시간여의 귀신 세계 속에서 빠져나온 관광객들을 싣고 유람선은 중경시 충현에 있다는 석보채로 방향을 돌린다. 풍도귀성에서 석보채 사이 약 5시간의 장강은 주위로 비교적 낮은 산들이 겹겹이 이어지는 구간이다. 아침부터 흩날리는 빗방울이 무섭도록 조용히 흐르는 장강에 자그마한 파문을 일으키고 있다. 일정한 속도로 전진하고 있는 유람선은 여기가 배 위인지 육지인지 분간이 되지 않을 정도로 흔들림이 없다.

6,300여㎞를 이렇게 말없이 흐르며 중국을 관통해 한국의 서해로 흘러드는 장강, 그 도도함과 웅장함을 지금 눈으로 확인하고 있다고 생각하니 밀려오는 감동을 주체할 길이 없다. 장강 변에 삶의 터전을 조성한 도시들의 밀집된 건물들이 중간중간 눈에 들어온다. 끊임없이 이어지는 장강의 흐름과 쉼 없이 흐르는 시간 앞에 한없이 겸손해진다. 이런저런 상념에 빠진 사이 유람선의 움직임이 정지한다.

석보채에 도착한 듯하다. 석보채는 청나라 강희제 때 지어진 절벽 위의 사원으로 강상명주라 불리며 전 세계적으로 알려진 곳이라고 한다. 날씨가 개이며 다시 찾아온 8월 중순의 무더위 속에 석보채를 만나기 위해 걸음을 재촉한다.

석보채는 첫눈에 경이로움으로 다가온다. 사면이 절벽인 곳에 걸려 있는 석보채의 날아갈 듯한 처마의 곡선이 시원함을 전해 준다. 건축물의 생김새 역시 특이하다. 넓은 폭의 1층에서부터 점점 좁아들며 9층까지 이어지는데, 그 좁아짐이 현저하게 눈에 띈다. 9층 너머로는 갑자기 건물이 안으로 들어가며 3층이 더 올려 있는 구조도 특이하다. 중국 대륙 어디에서도 보지 못한 특별함이다. 더욱 놀라운 것은 절벽 위에 쇠심을 박고 건물을 올렸다는 사실이다. 400여 년 전의 건축기술로 이룬 것이니 고대 중국인들의 건축술에 감탄하지 않을 수 없다. 삼협대패의 건설로 마을들은 안타깝게 수몰되었지만 문화재인 석보채는 다행히 보존되어 선조의 숨결을 느낄 수 있어 그나마 다행이라 여긴다.

석보채의 아름다움을 충분히 즐긴 후 유람선으로 돌아와 저녁 후 휴식을 취하는데 마침 일몰의 순간이다.

약 30분간 전개되는 석보채가 있는 장강 주위의 일몰은 기가 막힐 정도로 아름답다. 해가 떨어지며 만들어낸 노을이 주위의 산들과 어둠으로 깔리는 장강을 온통 황금색으로 물들이는 장면이 너무나 황홀해 한 순간도 눈을 뗄 수가 없다. 식사를 마친 다른 관광객들 역시 객실 베란다로 나와 오순도순 대화를 나누며 노을 지는 아름다운 장강의 모습을 함께 감상하고 있다. 연방 감탄사를 터트리며…. 얼굴만 조금 내밀면 옆 객실의 탑승객과 인사를 나눌 수 있는 거리라 공통된 감상을 공유하는 특별함에 감동이 배가된다.

밤새도록 달린 유람선은 해가 뜨기 시작할 무렵 백제성에 도착한 듯 속도가 느려진다. 후다닥 베란다로 뛰어나오니 해 뜨는 아침 백제성이 있는 장강의 아름다움이 눈에 들어온다. 지나가는 구간이 도심지역인 듯 장강을 가로지르는 대교 너머로 불빛이 하나둘씩 켜지기 시작하고 화물 운반선이 장강의 수면 위를 묵묵히 가르고 있다. 대교에서 장강으로 향하며 비치는 불빛이 아름다움으로 다가온다. 객실 베란다에서 보는 방향이 동쪽이 아닌 듯 일출은 볼 수 없어 안타까웠지만 일출의 빛을 받아 황금빛 노을이 번져 나오며 장강의 잔잔한 물결 위로 떨어지는 것이 참으로 낭만적이다. 어제 보았던 석보채가 있는 장강 일몰의 황홀했던 장면과 겹치며 더욱더 감동스럽다.

3일째 보는 장강은 유려한 산세가 아니면 사람들이 거주하는 지역으로 구분되는 듯한 느낌이다. 아침이 밝아오며 도시가 깨어나고 있는 모습을 지켜보니 내가 살아 있음을 느낀다. 해가 떠오르고 있는 듯 회색의 구름이 낮게 깔린 사이로 퍼져나가는 노을을 하염없이 바라다본다. 아름답다는 말을 속으로 반복하며….

백제성은 유람선에서 내린 후 그다지 멀지 않은 곳에 위치해 있다. 장강을 끼고 마치 자그마한 섬과 같은 모양을 한 낮은 산 위에 온통 숲으로 덮인 백제성이 멀리서 보인다. 백제성 주위는 널리 알려진 구당협이 시작되는 곳으로 백제성을 오르며 장강의 아름다움을 함께 감상할 수 있어 좋다.

백제성은 너무나 걸출했던 제갈량이었기에 유비가 자신의 사후 후사를 간곡하게 부탁한 고사로 유명한 곳이다. 도원결의를 통해 형제의 의를 맺은 관우가 오나라 손권에 의해 유명을 달리한 후 그의 복수를 위해 오나라와 일전을 벌이게 되는 것은 역사의 한 페이지다. 감정에 치우친 전쟁에서 치명적인 패배를 당하게 되는 유비는 이곳 백제성에서 황제 자리를 걸고 제갈량의 마음을 떠보게 된다. 유비의 마음을 읽은 제갈량은 끝까지 의리를 지키게 되는데, 제갈량의 유비를 향한 충정은 역사가 증명하고 있다.

이러한 고사를 알려 주듯 입구에는 충의광장이 조성되어 있고 제갈량의 동상 앞뒤로 그가 남긴 출사표와 후출사표가 새겨져 있다. 백제성이라 적힌 목방을 지나면 유비를 모신 백제묘가 위치하고 있고 그 옆에는 제갈량을 모신 사당인 무후사가 붙어 있다. 유비와 제갈량의 특수했던 관계를 위치적으로 알려주고 있다. 탁고당에는 죽음을 앞둔 유비가 제갈량에게 나라를 맡기는 고사를 담고 있는 테라코타가 있어 눈길을 끈다. 익히 알려진 사실이지만 관광객들은 지대한 관심을 가지고 해설사의 설명을 경청하고 있다.

백제묘을 떠나 구당협으로 향하는 유람선 위에서 특이한 현상을 발견하게 된다. 장강의 색깔이 황색에서 남색으로 바뀌고 있다. 어떤 조화가 만들어내는 것인지는 알 수가 없지만 너무나 신기하다. 중경에서 이

구간까지의 황색이 이 구간을 벗어나면서 남색의 장강이 되는 것이니 오묘한 자연의 조화가 아닐 수 없다. 색깔이 바뀌는 경계점을 선을 긋듯이 이동하는 앞의 유람선이 마치 푸른 물감을 뱉어내는 듯한 환상에 빠진다. 이 구간 이후의 장강은 의창까지 쭉 남색으로 이어지는데 공교롭게도 장강삼협의 제1협이라는 구당협 이후로 나타나기 시작하는 소삼협, 소소삼협 등 가장 아름다운 장강의 절경들이 모습을 드러내기 시작한다는 사실이다.

신비해 보이는 현상에 빠져있는 중에 구당협을 지나고 있으니 6층 갑판으로 올라와 감상하라는 선내 방송이 흘러나온다. 넓은 갑판이 채워진 사람들로 인해 오히려 좁아 보인다. 속도감 있게 달리는 유람선 갑판 위로 불어 닥치는 세찬 바람을 맞으며 구당협의 아름다움을 즐기려는 사람들의 열정에 전염될 수밖에 없다. 전개되는 아름다움이 너무나 익숙한 장면이라 어디서 본 광경인지를 한참을 생각하게 된다.

손뼉을 치며 떠올리는 것이 10위안짜리 인민폐에서 본 그림이다. 산서성 태원에서 햇수로 4년을 보내며 이발하고 세탁소에 맡긴 세탁물을 찾을 때 그리고 과일 등 식재료를 구입할 때 일상적으로 사용했던 10위안의 화폐에서 보던 장면이 눈앞에 전개되고 있다는 사실을 한동안 믿을 수가 없다. 순식간에 지나는 구간이지만 생활의 현장에서 매일 보아온 곳이기에 마치 친구 같다는 느낌을 받게 된다. 구당협은 백제성에 얽힌 고사가 있는 역사성과 10위안짜리 인민폐에 사용되는 풍경으로 더욱 유명해진 곳이라고 보면 틀림이 없을 듯하다.

구당협에서 소삼협으로 가는 구간의 장강은 낮은 산들이 유려하게 이어지고, 그 이어짐이 앞뒤로 겹겹이 뻗어나가고 있는 것이 멋스럽기 짝이 없다.

구당협을 지나면 소삼협이라는 구간을 만나게 된다. 소삼협은 무협 입구에서 장강 지류인 대녕하로 거슬러 올라가는 길에 나오는 용문협, 파무협, 적취협이라는 3개의 협곡을 지나는 구간으로 구당협, 무협, 서릉협 등 장강삼협의 아름다움에 필적하는 경관이 빼어난 협곡구간이다. 과연 명불허전이다.

황색에서 바뀐 장강의 쪽빛 물 빛깔과 우뚝 서 있는 절벽을 덮고 있는 초록의 숲들이 환상적인 조화를 이루고 있다. 깎아지른 절벽 사이를 좌우로 꺾이며 돌아나가는 장강의 유려한 흐름이 표현을 넘어서는 아름다움을 빚어내고 있다. 좁은 협곡 길을 고속으로 질주하는 쾌속선의 속도감은 보는 이들의 마음을 통쾌하게 만들기에 부족함이 없다. 유람선 위에서 아름다운 협곡을 배경으로 온갖 자세로 기념사진을 남기기에 바쁜 관광객들의 즐거워하는 모습들이 보기 좋다.

용문협을 들어서면 아스라한 절벽이 녹음으로 덮여 유려하게 이어지는 것이 기가 막힌다. 푸른 하늘과 초록으로 덮인 절벽 그리고 쪽빛 장강이 눈을 온통 초록빛으로 물들이고 있는 듯한 착각에 빠진다. 파무협으로 들어서니 바위 절벽 곳곳에 듬성듬성 동굴이 뚫려 있는 것이 보인다. 해설사의 얘기에 의하면 인공적으로 만들어진 것으로 절벽 위의 무덤인 현관이라고 한다. 시신을 관에 넣은 뒤 줄로 묶어 절벽 위의 동굴 속에 집어넣은 것이라는데 수천 년 전에 어떤 방법으로 관을 절벽에 매달았을까가 궁금할 뿐이다.

동굴 아래 보이는 길은 잔도라 불리는 것으로 좁은 길을 만들어 물과 산이 거친 곳에 교통로를 인공으로 조성한 것이라고 한다. 말하자면 사람들이 험난한 절벽에 나무를 박아 만든 것으로, 자연을 상대로 한 인간의 치열한 삶의 현장을 확인하는 순간이다. 적취협을 들어서면 절벽 위를 날렵하게 날아다니는 크고 작은 원숭이의 묘기에 어린아이들의 탄성이 사방에서 들려온다.

소소삼협은 소삼협의 지류에서 다시 갈려 나가는 더 작은 협곡으로 약 15㎞ 정도 이어진다. 워낙 좁은 협곡이라 30여 명이 오를 수 있는 작은 대나무 목선으로 갈아타고 좁은 협곡의 절경을 감상하는 구간이다. 수십 대의 배가 사람들을 가득 싣고 달리는 모습이 장관이다. 제법 빠른 속도로 달리는 목선 위에서의 소소삼협은 또 다른 경험이다.

낮은 배 위에서 보이는 깎아지른 협곡의 모습들이 더욱 선명하게 눈으로 들어온다. 아름다울 뿐이다. 장강 아래 깊숙이 박혀 있을 절벽의 깊이는 가늠할 수 없지만, 수면을 뚫고 올라온 기괴한 모양의 바위틈으로 녹음이 짙게 낀 숲들의 환상적인 아름다움이 끝없이 이어지고 있다. 배가 달리는 반대 방향으로 속도감 있게 지나가는 바위들의 모습에서 소나 말 그리고 온갖 동물들의 모습이 보이는 것이 무슨 조화인지 모를 일이라고 여기며 신기하게 바라볼 뿐이다.

소소삼협의 반환점을 돌아 나오는 배들의 끊임없는 이어짐이 마치 마라톤의 반환점을 돌아 나오는 선수들의 모습으로 겹쳐온다. 반환점을 돌고 나니 목선이 갑자기 속도를 줄인다. 정지된 상태에서 앞뒤좌우로 전개되는 소소삼협의 아름다움들을 눈에 담고 있으니 뱃사공이 노래를 부르며 흥을 돋운다. 10여 대의 목선 위에서 한꺼번에 혹은 수준 있는 혹은 음치에 가까운 노래들이 흘러나옴에 모두들 박수치며 좋아라 한다. 한바탕의 노래가 끝나고는 소소삼협의 경관이 들어 있는 열쇠고리를 10위안에 판매한다. 비싼 듯해 보이지만 그들의 열정에 반한 이들의 구매행렬에

나 역시 즐거운 마음으로 동참한다. 소소삼협의 대나무 목선 코스는 삼협대패의 완공 이후 관광객들의 사랑을 받고 있다고 한다. 말 많았던 삼협대패의 순기능인 셈이다.

큰 배로 옮겨 탄 후 소소삼협의 경험이 어린 시절의 동심으로 돌아가게 한다는 생각을 하고 있다 보니 장강삼협의 제 2협인 무협이 모습을 드러낸다. 약 44㎞를 지나는 이 구간은 좌우로 전개되는 웅장한 산세에 압도된다. 한눈에 담기 힘들 정도의 무협 12봉이 다양한 모습으로 길게 이어지는 것이 장관이라는 말 외에는 달리 표현할 방법이 없다.

가장 유명하다는 신녀봉이 눈에 들어와 무척이나 반갑다. 산봉우리 위에 다소곳하게 서 있는 여인상 모습을 한 바위가 신녀봉이라는데 그럴 듯해 보인다. 약 5m의 크기로 옥황상제의 딸이 인간 세계를 동경한 죄로 돌이 되어버린 것이라는 전설이 깃들어 있다고 한다. 그 외에도 12봉에 각각의 전설들이 깃들어 있다고 하는데, 그러한 고사들에 매일 필요 없이 무협이 보여 주는 남성미 물씬한 아름다움을 즐기면 될 일이다. 장강 위에 이리 높은 산이 솟아 있는데, 장강 아래로는 어떤 모습으로 뻗어나가고 있을지가 갑자기 궁금해진다.

장강삼협의 마지막 협곡인 서릉협은 삼협대패의 위용을 감상한 후 의창으로 빠져나오는 구간에 자리하고 있다. 약 75㎞로 마치 모든 것을 포용할 듯한 모습으로 폭이 넓게 전개되고 있다. 제갈량이 병서를 숨겼다고 믿어지는 계곡인 병서보검협이 유명하다는데, 찾으려 눈을 비비고 보았음에도 발견하지 못해 아쉽다. 보물찾기하듯 산의 모양을 바라다보는 다른 관광객들과는 달리 서릉협이 전체적으로 풍기는 아름다움을 감상할 뿐이다. 이틀 간 장강삼협의 아름다움을 눈이 시리도록 만끽했기에 담담하게 서릉협이 선사하는 절경을 즐긴다. 무협 못지않은 산세의 웅장함이 돋보이는 서릉협은 앞부분에서의 웅장함이 뒤로 갈수록 아기자기하고 섬세한 아름다움으로 변화하는 것이 더 멋스러운 곳이다.

의창에서 중경으로 막 출발한 듯한 유람선의 생면부지 사람들과 인사를 교환하는 모습들이 그리 정겨워 보일 수가 없다.

삼협대패는 중국이 현대에 만들어낸 또 하나의 역사다. 삼협대패의 관람은 댐의 상부에 있는 단자령에서 댐의 전체적인 모습을 조망한 후, 근접한 위치에서 선갑을 견학하고는 하부에 있는 저수지인 평호를 보는 순으로 진행된다.

대형 유람선 여러 대에서 한꺼번에 사람들이 쏟아져 내려 안전검사를 받기 위해 줄을 서는 모습이 장관이다. 그들의 조국이 만들어낸 불가사의에 가까운 수리공정을 만나러 가는 중국인들의 표정에는 자부심으로 가득 차 있다. 나와 같은 한국인뿐만 아니라 서양인 관광객도 적지 않게 눈에 띈다. 국가적인 안보시설임에도 관람객이 불편을 느끼지 않을 정도의 개방을 하는 모습에서 눈에 보이지 않는 자신감을 감지할 수 있다.

댐 길이 약 2.3㎞, 높이 185m, 두께 18m, 총 저수량이 약 393억㎡에 달한다고 하는데 엄청난 규모가 아닐 수 없다. 실제로 공사가 이루어진 것은 개혁개방 이후인 1994년 12월 14일 착공 후 2009년 준공이 되었으니 17년 걸린 대규모 사업이라 할 수 있다. 손문의 아이디어가 현실로 구현되는 데 약 70년이 걸린 셈이다.

삼협대패에서 가장 높은 위치인 단자령에서는 장강유역과 대형의 배들이 출입하는 선갑 그리고 수력발전소에서 발전한 전기를 실어 나르는 송전철탑이 어지럽게 얽혀있는 모습을 확인할 수 있다. 그 엄청난 규모에 입이 벌어진다. 흐린 날씨라 먼 곳까지 조망은 되지 않지만 위용을 느끼기에는 부족함이 없다.

버스에서 내린 후 정상까지 일정 구간을 야외 에스컬레이터를 조성해 관람객들을 편하게 모시는 배려에도 특별함이 묻어 나온다. 단자령에서는 내가 올라왔던 길을 에스컬레이터가 끊임없이 관광객들을 실어 나르는 모습도 볼 수 있다.

모형도을 전시한 곳에서는 삼협대패의 웅장한 모습을 한눈에 볼 수 있고 건설 원리를 이해할 수 있다. 선갑 관망대에서는 우리가 탄 유람선이 새벽 시간에 지나온 길인 선갑을 가까이에서 볼 수 있다. 저수지 역할을 하고 있다는 평호가 엄청난 저수 규모를 뽐내며 눈앞에 펼쳐진 위용도 볼 만하다.

삼협대패의 건설은 초대형 프로젝트이다 보니 환경론자와 문화재 보호론자들 심지어는 최고인민회의에서도 적지 않은 수의 반대표가 나올 정도로 건설에 대한 반대의견이 팽배했다고 전해진다. 그러나 무려 1,800억 위안이라는 자금이 투입된 사업으로 얻게 되는 경제적 효익 역시 적지 않다고 한다.

예를 들면 홍수 방지인데, 삼협저수지 홍수방지 저수용량이 221.5억㎥로 형강하단의 홍수방지 표준을 십년 1회에서 백년 1회로 바꾸어 놓았다고 한다. 또한 삼협의 저수가 175m 이상으로 늘어나 중경과 의창 660㎞ 구간의 통항조건이 대폭 개선되어 수송원가를 약 1/3 감소한 것도 삼협대패의 건설효과다. 이외에도 경제적 효익이 적지 않다.

많은 반대 의견과 환경적인 고려 그리고 실제로 130여만 명의 이주민까지 발생시키면서 추진된 삼협대패 건설공사는 모든 논란을 뒤로하고 수많은 경제적인 효익을 창출해내고 있는 것이다. 뿐만 아니라 중국과 세계를 통틀어 가장 큰 규모이자 상징적 수력발전소로 자랑스럽게 위용을 뽐내고 있다.

중경에서 의창까지 이어지는 장강 길은 한마디로 광대한 물길이다. 호방하고 끊임없는 도도한 장강의 물길 사이로 때로는 번화하게 형성된 도시가 때로는 아기자기한 아름다움이 때로는 장강삼협과 같은 특별한 아름다움을 선사하는 구간들의 연속이다. 600여km에 달하는 장강 길을 때로는 칠흑 같은 어둠 속에서 출렁이는 물소리만을 들을 뿐이지만, 장강삼협과 같은 특별한 아름다움이 어디에 숨어 있는지는 모를 일이라 여기며 중경에서 의창을 잇는 장강 유람을 마무리한다.

말없이 흐르는 장강은 칠흑 같은 밤이나 태양이 작열하는 한낮이나, 수천 년 전이나 지금이나 한결같이 흐르고 있다. 삶과 죽음이 반복되고 세대가 끊임없이 교차되는 인간의 삶을 말 없는 장강은 묵묵히 흐르며 지켜볼 뿐이다. 중국을 비롯한 세계 각지에서 모여든 사람들을 환상의 세계로 안내하기 위해 유람선들은 1년 365일 쉬지 않고 장강을 가르고 있다. 중경에서 의창으로 그리고 의창에서 중경으로….

지극한
아름다움을
찾아서

광활한 중국 대륙은 다양한 아름다움으로 방문자의 시선을 끌고 있다. 산과 계곡이 빚어내는 절경들이 있는가 하면, 높은 낙차에서 떨어지는 폭포가 물보라를 일으키며 환상적인 모습을 보여 주기도 한다. 끝이 보이지 않는 바다와 같은 장관을 보여 주는 호수들과 마음껏 달리며 삶의 향기를 발산할 수 있는 넓고 푸른 초원 역시 또 다른 아름다움이다. 이외에도 특이함이 넘치는 곳, 역사의 희로애락이 담겨 있는 곳 등 수를 헤아릴 수 없을 정도다.

그중에서도 마치 신선들이 사는 세계인 듯한 느낌의 아름다움으로 가득 찬 곳들이 있어 지면을 빌려 소개하려 한다.

구채구는 장강의 수계인 가릉강의 원두에 위치한 한 줄기 대형의 계곡이다. 해발 2,000m에서 4,000m 사이에 위치한 구채구는 반신, 고와 등 9개 장족의 마을이 있어 이름 붙여진 것이라고 한다.

영롱하고 환상적인 색깔로 아름다움을 발산하고 있는 크고 작은 호수 114개와 호수 사이사이로 11개의 다양한 형태의 폭포가 흘러내리고 있다. 뿐만 아니라 판다를 비롯한 10여 종의 야생 희귀동물과 수많은 식물 자원들이 원시삼림에 서식하고 있어 신비감을 더해 준다. 이러한 자연의 보고가 60여㎞의 공간에 흩어져 있는 구채구는 사람들의 마음을 홀리게 하기에 부족함이 없는 곳이다.

사실 구채구가 세상에 모습을 드러낸 것은 그리 오래되지 않는다. 지금으로부터 약 40년 전인 1975년 벌목꾼에 의해 입소문이 나면서 세상 밖으로 나오게 되었다고 한다. 그들에 의해 '신선들이 사는 곳'으로 묘사된 구채구는 소문난 아름다움을 확인하려는 중국인과 외국인을 가리지 않는 사람들의 발길이 끊임없이 이어지고 있다.

2013년 아내와 함께 했던 가을의 구채구를 2015년 여름에 다시 찾았다. 첫 방문 때 구채구의 아름다움에 매료된 아내는 2년이 지난 지금까지도 구채구가 보여 준 너무나 투명하고 너무나 환상적인 아름다움을 잊지 못한다. 구채구는 여성의 감성을 자극하는 곳이기도 한 셈이다. 잔뜩 흐린 날씨에 빗방울까지 떨어지고 있음에도 불구하고 구채구를 향하는 사람들의 발길을 막을 수 없다. 전국 각지에서 모여든 관광객들로 운무로 가득한 구채구는 바쁘게 움직인다.

구채구는 수정구와 즉사구 그리고 일즉구로 나뉘어 볼거리들이 분포되어 있다. 그러한 편의적인 지역 구분에 무관하게 발길이 닿는 대로 구채구의 아름다움을 즐길 뿐이다.

운무로 가려진 아름다운 산들을 따라 걸어가다 보면 서우해가 신비로운 모습을 드러낸다. 호수를 들여다보는 순간 호흡이 정지되는 느낌을 받는다. 에메랄드빛 수면 아래로 지상의 모든 것이 담겨 있다. 마치 지상의 먼지 하나까지 투영되는 듯한 깨끗함과 투명함이 온몸을 사로잡는다. 어떤 조화가 호수의 빛깔을 이토록 영롱하게 빚어내었을까 감탄하지 않을 수가 없다. 지상으로 켜켜이 쌓여진 숲들이 수면 아래로 켜켜이 내려가며 비추인다.

마치 수면이라는 도화지에 수채화를 그려낸 듯한 환상적인 느낌이다.

나무의 줄기와 푸른 잎사귀, 산을 덮고 있는 운무, 하늘에 잔뜩 낀 뭉게 구름까지 판박이로 수면 아래로 비추이는 모습들이 발길을 옮길 때마다 색다른 아름다움으로 눈에 들어오는 것이 그저 기가 막힐 뿐이다. 수많은 관광객들 틈에 끼어 그다지 크지 않은 서우해를 한 바퀴 돌며 360도의 아름다움을 눈에 담는다. 황홀함과 행복함을 느끼면서….

구채구의 입구에서 32㎞ 떨어진 해발 3,200m에는 장해가 웅장하게 자리하고 있다. 산정호수로 200만㎡에 달하는 규모가 말해주듯 광활하게 펼쳐져 있다. 수면의 움직임이 전혀 없는 호수의 표면은 그 깊이가 어느 정도일지 헤아릴 수 없을 정도로 고요하다. 위에서 내려다보는 장해의 표면은 검푸른 색깔로 보이지만, 아래로 내려가 근접해서 바라다보면 장해 역시 영롱한 초록빛의 색깔을 띠고 있는 것이 한없이 신비해 보인다.

장해의 아름다운 경관을 감상하며 조금을 걸어 내려오다 보면 해발 2,995m에 위치한 오채지가 아름다운 자태를 뽐내고 있다. 오채지는 구채구의 보배 중의 하나이다. 길이 100.8m, 평균 넓이 56m, 깊이 6.6m인 비교적 소규모인 오채지는 여러 색깔의 물감을 흩뿌려 놓은 듯한 표현하기 어려운 색감을 뽐내고 있어 보는 이들을 몽환의 세계로 끌어들인다. 칼슘과 마그네슘 성분이 다량 함유되어 있어 짙은 남색을 띠는 물 색깔에 바닥의 황록색 해조류들이 첨가되어 다양한 빛깔을 내고 있는 것이라고 한다. 오채지가 다섯 가지 또는 다섯 가지 이상의 색깔인지는 사람의 눈으로 분별하기 힘들다. 골치 아프게 색깔의 숫자를 셀 필요 없이 오채지가 발산하고 있는 형형색색의 아름다움을 있는 그대로 즐기면 될 뿐이다.

전죽해 등 호수 사이사이에 있는 폭포들을 감상하며 내려오다 보면 웅묘해라는 또 하나의 아름답고 신비한 호수를 만나게 된다. 한때는 40여 마리의 판다들이 서식했다고 하는데 사람들의 발길이 이어진 이후로 사라졌다고 한다. 여름철인 6월 무성한 순록의 숲들에 둘러싸여 있는 웅묘해의 수면 아래에도 서우해와는 또 다른 세계가 들어 있다. 다만 호수의 크기에 따라 보이는 수면 세계의 크기가 다를 뿐이다. 나뭇가지에 총총히 달려 있는 푸른 잎사귀들 하나하나가 수면 아래로 투영되어 있는 것이 너무나 사실적이라 순간 손을 뻗쳐 나뭇가지를 잡으려는 자신을 발견하고는 깜짝 놀라게 된다. 표현하기 어려울 정도의 아름다움들에 행복해하는 관광객들의 모습에 덩달아 즐거워하며 다시는 볼 수 없을지 모를 웅묘해의 장관을 하나도 놓지 않고 눈에 넣는다.

웅묘해에서 나와 조금을 걸으면 오채지와 함께 구채구의 2대 호수로 불린다는 오화해가 투명하고 영롱한 모습을 드러낸다. 오화해에는 미네랄 성분이 다량 함유되어 있다고 한다. 그다지 깊지 않는 듯 수면 바닥에 떨어져 있는 크고 작은 나무의 잔재들이 지상에서 비추이는 사물들을 굴절시키며 더욱 더 환상적인 물 속 세계를 그려내고 있다.

이외에도 구채구에는 숱한 아름다움들이 널려 있다고 보면 된다. 신비한 기운을 뿜어내는 원시삼림, 다양한 모습으로 떨어지는 폭포 그리고 보지 못한 아름다운 호수들….

구채구를 돌아다니다 보면 어느 순간 중국의 강남에 있는 원림에 들어와 있다는 착각을 하게 된다. 그러나 강남의 원림들이 아름답다 하지만 그것은 인공적으로 조성한 아름다움일 뿐이다. 구채구는 하늘이 만들어낸 거대한 원림이다. 돈 1위안 들이지 않고 이런 아름다움이 하늘 아래 존재하고 있으니 구채구는 참으로 복 받은 곳이 아닐 수 없다.

아름다운 수채화가 곳곳에 널려 있는 구채구, 중국인들에 의해 천하제일의 수경이라 일컬어지는 구채구는 말로는 표현하기 어려운 아름다움이 도처에 널려 있는 신선계라 해도 과언이 아닐 듯하다. 여성들의 감성을 자극하는 아름다움이 있는 구채구는 세상에서 가장 사랑하는 사람과 함께 하기에는 더할 나위 없는 장소이다.

황룡은 구채구에서 100여km 떨어진 곳에 위치한 세계문화유산이다. 해발 3,000m 이상의 고지대에 다양한 색깔과 모양의 채지가 넓은 면적에 수없이 분포되어 있다. 그중 오채지가 아름답기로 소문나 있어 구채구를 들르는 관광객들이 거쳐 가는 곳이기도 하다.

통상 사천성 성도에서 출발하게 되면 황룡을 거쳐 구채구로 이동하게 된다. 해발고도가 500m인 성도에서 4,200m가 넘는 황룡까지 8배 이상의 고도 차이를 극복하는 과정을 거치게 되는데, 자신의 건강을 체크할 수 있는 좋은 기회이기도 하다. 황룡으로 가는 길에 만나게 되는 해발 4,000m를 넘나드는 설산들의 유려한 곡선이 푸른 하늘 그리고 중간중간 흐르고 있는 하얀 구름과 조화를 이루는 것이 눈에 넣어도 아프지 않을 정도로 아름답다.

황룡구, 단운협, 설보정으로 이어지는 3.5km 구간을 케이블카에 의지하지 않고 걸어서 오른다. 한편으로는 오르는 길에 보이는 고산지대의 아름다움을 즐기고 한편으로는 고산지대에 대한 적응력을 테스트하기 위해서이다.

안전을 고려해 무리하지 않고 쉬엄쉬엄 길을 오르다 보면 분경지라는 곳이 모습을 드러낸다. 해발 3,320m의 위치에 330여 개의 채지가 분포하고 있는데, 총 면적이 약 20,000㎡에 이른다. 채지의 크기와 높이는 나무의 뿌리와 지세에 따라 다르다고 한다. 각양각색으로 흩어져 있는 채지들은 하나같이 나름대로의 아름다움을 뽐내고 있어 볼만하다.

분경지에서 빠져나와 수없이 이어지는 관광객들을 따라 오르다 보면 쟁염지라는 곳이 나타난다. 해발 3,400m로 658개의 채지가 여기저기에 흩어져 있는데, 총 면적이 20,000㎡다. 연못의 깊이와 크기가 모두 다르고 황금색, 푸른색, 주홍색, 오렌지색 등 연못의 색깔이 모두 달라 아름다움을 겨룬다고 해서 쟁염지라 이름 지어졌다고 한다. 실제로 채지를 들여다보면 색상의 오묘함이 남다른 것을 알 수 있고 신기하다 여겨질 뿐이다.

해발 3,600m 지점에서는 명경도영지가 눈에 들어온다. 180개의 채지가 분포되어 있고 총면적이 3,400㎡에 이른다고 기록되어 있다. 연못이 너무나 맑아 지상의 모든 것들이 수면 아래로 그대로 비추인다고 해서 붙여진 이름이다. 몇 군데의 명경도영지를 돌아다니다 보면 수면 아래로 비추이는 것들이 지상의 것들과 다를 바 없고 아름답기 짝이 없다.

가장 높은 곳에 이르게 되면 오채지를 만날 수 있다. 황룡에 분포하고 있는 수천 개의 채지 중에서 가장 아름다운 곳으로 알려진 곳이다. 명성에 걸맞게 수많은 관광객들로 둘러싸여 유명세를 누리고 있다. 구채구의 호수 모양을 하고 있는 오채지와는 다른 것이 수십 개의 연못 형식으로 다닥다닥 붙어 있는 것이 특별해 보인다. 연못의 색깔이 5개인지는 도저히 분간할 수는 없지만, 있는 그대로의 아름다움을 즐길 뿐이다. 2013년에 들렀을 때보다 연못의 물이 많이 줄어든 것 같아 아쉬웠지만 오채지의 아름다움을 손상할 정도는 아니다.

해발 4,000m를 넘나드는 고지대에 다양한 아름다움을 뽐내는 수천 개의 채지가 있는 황룡은 그 기이함만으로도 찾아보기 힘든 곳이다. 다만 100km 거리에 위치한 구채구의 뛰어난 아름다움에 빛이 가려져 있을 뿐이다.

야딩은 사방 1,000여km로 펼쳐진 자연보호구이다. 1928년 미국인 선교사에 의해 처음으로 외부에 알려졌다. 야딩의 아름다운 경관이 담긴 사진이 1931년 내셔널 지오그래픽에 게재되면서 센세이션을 일으켰다고 한다. 상상의 세계에서나 가능할 듯한 아름다움에 사람들은 사진 속의 유토피아를 샹그릴라로 일컫게 된다. 그 샹그릴라가 바로 야딩이다.

야딩으로 향하는 길은 쉽지 않은 여정이다. 이동하는 지역의 해발고도가 평균 4,000m를 오르내리다 보니 여름이 무르익어가는 6월의 말임에도 한기를 느낄 정도다. 고산증은 신체가 먼저 반응한다. 졸음이 엄습하면서 머리가 아파오기 시작하면 고산증이 시작되는 것으로 보면 된다. 구채구와 황룡에서 4,000m 대의 고지대를 겪어보았기에 내게는 그들보다 조금 높은 지역이라는 생각 외에 별다른 감흥은 없다.

야딩에서는 특별한 경험을 하게 된다. 입장권을 구입하려 하니 어떻게 외국인인지 알아보았는지 외국인 우대정책이 있다며 설문지 작성을 요구한다. 내 얼굴에 한국인이라고 적혀 있나 싶어 거울을 한 번 들여다보고는 겸연쩍게 웃는다. 설문지를 작성한 후 여권과 함께 제시하니 25%에 가까운 할인을 해주어 얼마나 고마운지 모른다. 중국 전역을 돌면서 수많은 명승지를 다녔어도 처음 보는 광경이기에 더욱 신선하고 감동스럽다.

과거에는 외국인은 내국인보다 더 비싼 가격을 책정해 받은 것으로 알고 있었는데 이곳 야딩에서는 그 반대의 요금정책을 시행하고 있는 것이다. 너무나 참신하게 받아들여져 이러한 우대정책이 중국 전 지역으로 전파되었으면 좋겠다는 생각을 하게 된다. 우대가격의 적용만큼 더 많은 외국인들이 중국 대륙을 찾게 되면 그만큼 중국이라는 국가 이미지가 제고될 것이기 때문이다. 한마디로 누이 좋고 매부 좋은 요금정책이 아닌가 싶다.

입구를 들어서면 내부에서 운영하는 버스를 타고 다시 1시간 30분을 달려야 야딩의 아름다움을 확인할 수 있다. 36인 용은 됨직한 버스에는 중국인 관광객들로 가득 차 빈자리 하나 없다. 그들의 유쾌한 대화와 행복한 표정들 속에서 더불어 즐거워하는 자신을 발견한다. 행복이라는 것이, 즐거움이라는 것이 전염된다는 속설이 틀리지 않음을 느끼며….

야딩자연보호구로 향하는 1시간 30분은 아찔한 경험의 연속이다. 해발 4,000m를 넘는 산허리에 도로를 조성해 놓았으니 짐작할 만하다. 깎아지른 듯한 산길의 절벽 위를 지그재그로 속도감 있게 달리는 것이 쓰릴 만점이다. 마치 놀이 공원에서 돈을 지불하고 인공으로 만들어진 롤러코스터를 타는 아찔함을 자연에서 즐기는 셈이라 유쾌하기 짝이 없다. 그러나 그러한 아찔함은 바깥의 경치를 보는 순간 홀연히 잊어버리게 된다. 눈앞으로 그리고 좌우로 쉼 없이 전개되는 설산이 주는 아름다움에 빠져들기 때문이다.

야딩을 둘러싸고 있는 삼호주설산은 해발 6,000m를 넘나드는 봉우리로 이어져 신비감을 더해 준다. 북봉인 선내일의 해발이 6,032m, 남봉 앙매용은 5,958m, 동봉 하락다길 역시 5,958m라고 하니 하늘로 치솟은 삼호주설산에 경외심이 생길 수밖에 없다. 인간 세계보다는 하늘에 더 가까이 하고 있는 설산이기에 경외심이 더욱 깊어갈 뿐이다. 멀리에서부터 가까이로 다가가며 보이는 다양한 모습의 설산은 여름철임에도 하얀 눈으로 덮여 있어 그 웅장하고 신령한 모습에 감탄사가 저절로 터져 나온다.

설산이 주는 매력에 빠져 있다 보면 1시간 30분이라는 긴 시간이 어떻게 지났는지 모르게 야딩자연보호구에 도착한다. 야딩자연보호구는 충고사, 낙융목장, 선내일봉, 오색해 등의 볼거리가 도처에 깔려 있어 세파에 지친 우리들의 눈과 마음을 정화시켜 주기에 부족함이 없는 곳으로 알려져 있다.

버스에서부터 야딩이 발산하는 매력에 빠져버린 중국인 관광객들 틈에 끼어 나 역시 부지런히 발길을 옮긴다. 낙융목장에서 선내일봉과 오색해까지 4~5㎞ 구간을 어떤 이는 말을 타고 어떤 이는 걸어서 이동하며 아름다움을 즐긴다. 발길을 한 발짝 한 발짝 옮기면서 눈앞에 다가오는 해발 6,032m인 북봉 선내일의 신비한 모습을 보는 것은 쉽지 않은 경험이다.

해발 500m도 되지 않는 지역에서 삶을 꾸려가는 우리들이기에 10배 이상의 높은 지역에 위치한 설산이 발산하는 신선한 공기와 신비한 기운을 온몸으로 느낄 수 있기 때문이다. 그 아름다움을 말로 표현한다는 것은 어리석은 자들의 말장난으로 여겨져 자연의 신비를 온몸으로 느끼고 즐길 뿐이다.

고지대의 차가운 기운임에도 약 5㎞를 걷다 보니 땀이 비 오듯 흘러내린다. 머리 한 쪽이 엄청나게 아파오는 것이 고산증의 영향을 인간이기에 받게 된다. 그나마 젊은 친구들조차 고산증에 시달리며 힘들어 하는 것을 보니 아직까지는 나의 체력이 쓸 만하다고 여긴다.

약 5㎞ 동안 이어지는 설산 주위의 아름다움과 신비로움을 만끽하다 보면 에메랄드 빛 오색해의 투명한 아름다움이 눈길을 사로잡는다. 약 4,500m에 위치하고 있는 오색해는 구채구와 황룡에서 본 채지와는 또 다른 묘미와 신비함을 전해 준다. 사방으로 연결되어 뻗어 있는 해발 6,000m를 넘나드는 설산의 봉우리들에 둘러싸여 포근하게 안겨 있는 에메랄드빛 오색해는 환상이다.

왔던 길을 역으로 걸어가며 다시는 오지 못할 유토피아 야딩, 신령스러운 설산, 그리고 행복에 겨워하는 관광객들의 얼굴을 하나씩 하나씩 눈에 담는다. 인간세계보다는 천상세계에 더 가까운 듯한 야딩은 1928년 우연찮게 발길이 닿았던 어느 미국인 선교사와 세인들이 이구동성으로 불렀던 바로 그 샹그릴라임이 틀림없다.

장가계는 1982년 중국에서 최초로 국가삼림공원으로 지정된 상징성이 있는 명소이다. 장가계는 장가계시에 위치해 있는데, 장가계시의 원래 이름은 대용으로 장가계의 뛰어난 아름다움이 시의 명칭까지 바뀌게 한 셈이다.

세인들에 의해 무릉도원이라는 극찬을 받고 있는 장가계는 평균 높이가 130m로 그중 가장 높은 것이 390m인 무려 3,200여 개에 달하는 규암 기둥이 만들어내는 신비로운 조화 때문이다. 장가계는 삼림공원과 삭계욕, 천자산, 원가계 세 부분으로 나뉘어져 아름다움이 분산되어 있다. 이 중 장가계의 핵심은 황석채, 금편계, 원가계 등 뛰어난 아름다움들이 도처에 널려 있는 무릉원으로 알려져 있다.

너무나 광범위한 지역이라 하루에 모두 돌아본다는 것은 현실적으로 불가능한데 실제로 입장표의 유효기간이 4일인 것이 간접적으로 이를 대변하고 있다. 나 역시 3일을 머물며 부지런히 발품을 팔았음에도 아쉬움이 남는 그러한 곳이 바로 장가계다. 장가계를 방문한 첫날부터 비가 내리는 것이 심상치 않다. 그러나 이 정도의 비는 장가계의 아름다움에 이미 빠져버린 관광객들에게는 사소한 해프닝일 뿐이다.

가장 먼저 들른 곳은 원가계이다. 원가계에 오르기 위해 관광객들은 백룡엘리베이터라는 곳에서 이미 장사진을 치고 있다. 문명의 이기인 백룡엘리베이터는 높이 313m의 규암기둥 속을 뚫어서 만든 것이라는데 150명 안팎의 인원을 수용할 수 있는 거대한 엘리베이터이다. 30여 분을 기다려야 겨우 탑승이 가능함에도 줄을 선 사람들의 얼굴에는 기대감으로 가득 차 있다. 원가계가 보여 줄 아름다움이 기나긴 기다림의 시간도 즐거움으로 바꾼 듯하다.

어렵사리 엘리베이터에 오른 사람들의 바깥이 보이는 자리를 잡기 위한 치열한 경쟁을 재미있게 바라다본다. 너무나 짧은 시간의 수직이동이지만 그 사이에 보이는 원가계의 아름다움을 놓치지 않으려는 귀여운 몸부림이라 생각하며 웃어넘긴다. 30분을 기다린 후 1분도 되지 않는 찰나를 오르는 구간에 잠깐 보이는 순식간의 변화는 비좁은 엘리베이터에 갇힌 사람들의 탄성을 동시에 일으킨다. 탑승 비용과 오랜 기다림이라는 기회비용을 일거에 날려버리는 아름다움이다.

드디어 엘리베이터를 나오면 마치 수직으로 꽂힌 듯한 수많은 규암 기둥의 화려하고도 아름다운 향연이 전개된다. 장관이다. 비좁은 사람들의 틈 사이에 끼어 원가계의 절경을 여유 있게 즐기다 보니 세상이 이렇듯 아름다워 보일 수가 없다.

중간중간 보이는 규암으로 이루어진 기둥들이 혹은 질서 있게 혹은 불규칙하게 우뚝 선 모습이 마치 각양각색의 예술작품을 조각해 놓은 듯해 눈이 즐거울 뿐이다. 흰색의 규암 기둥에는 푸른 나무와 숲들이 녹색으로 온통 덮여 있어 그 조화가 주는 아름다움도 빼놓을 수 없다. 규암 기둥만이 서 있다면 허전할 수 있을 분위기를 무성한 녹색의 나무들이 보완해 주고 있어 얼마나 좋은지 모른다. 병풍을 두른 듯한 규암 기둥들이 비 오는 날 운무에 가려 보일 듯 말 듯한 것이 마치 수줍어하는 새색시 같다.

규암 기둥의 향연을 마음껏 즐기며 20여 분을 걷다 보면 원가계에서 가장 아름답다고 하는 미혼대가 모습을 드러낸다. 같은 규암 기둥의 조합이지만 예사롭지 않은 주위의 분위기와 절묘하게 조화되는 것이 명불허전이다. 미혼대는 관광객들의 필수 촬영지점으로 언제나 사람들로 붐빈다. 온갖 포즈로 기념사진을 남기는 사람들의 즐거워하는 모습에 덩달아 기분이 좋아진다. 사람들의 정신을 혼미하게 할 정도로 아름다워 지어진 이름이라는 미혼대를 충분히 즐기며 그 아름다움들을 빠짐없이 눈에 담는다.

원가계에서 또 다른 볼거리인 천하제일교는 미혼대에서 쉬엄쉬엄 걷다 보면 약 30분 정도 소요되는 거리에 위치하고 있다. 암석으로 이루어진 천연교로 폭이 2m, 두께가 5m인 기둥이 50m의 거리를 두고 우뚝 서 있는 것이 바로 천하제일교다. 도착할 때 즈음에는 빗방울이 굵어지고 운무가 가득 차 한 치 앞이 보이지 않는 환경이다. 천하제일교의 위용을 보지 못하는 아쉬움이 있지만 운무에 갇힌 원가계의 신비로움을 즐기는 것으로 대체한다. 중국인들은 최고, 천하제일이라는 곳에는 영험함을 믿는 특성이 있는데 이곳 역시 마찬가지다. 행운을 기원하는 빨간 리본이 천하제일교에도 빽빽하게 달려 있다. 리본의 개수가 염원의 개수일 것이라 여기며 한참을 들여다본다.

금편계는 장가계 삼림공원의 해발 600m 지점에 있는 약 7.5㎞로 이어지는 아름다운 협곡길이다. 무성한 녹색의 나무숲과 졸졸 흐르는 물 그리고 우뚝 서있는 규암 기둥들이 조화를 이루는 것이 원시림에 들어온 듯한 착각이 들게 하는 곳이다. 2시간 가까이 금편계를 걷다 보면 마음이 치유되는 듯한 느낌에 무척이나 상쾌하다. 가끔씩 나타나 재롱을 떠는 원숭이들을 보는 것 역시 또 하나의 즐거움이다. 어미의 배에 안겨 있던 아기 원숭이가 어미를 떠나 노는 모습이 신기해 한참을 지켜본다. 새끼에 대한 어미의 지극한 정성이 느껴져 감동스럽기까지 하다. 아름다운 산과 다양한 종류의 나무숲 그리고 맑은 물, 이에 더해 관람객들의 즐거움과 여유가 공존하는 곳이 바로 금편계다.

황석채는 유방을 보좌해 한나라를 세우는 대업을 이룬 장량의 숨결이 남아 있는 곳이다. 장량은 이곳 황석채에서 은거하며 지내다가 그의 스승인 황석옹과 함께 묻혔다고 전해진다. 황석채는 장가계 삼림공원에서 가장 높은 봉우리로 해발 1,048m에 이른다.

금편계를 걸어 나오니 오후 늦은 시간이라 3,878개의 계단으로 이루어진 황석채를 걸어 오르려 했던 당초 계획을 수정할 수밖에 없다. 그러나 어쩔 수 없이 올라탄 케이블카에서 보이는 장가계는 또 다른 관점에서의 아름다움을 전해 준다. 멀리에서만 바라보던 규암 기둥들을 눈앞에서 보게 되니 신기할 뿐이다. 케이블카와 반대 방향으로 흘러가는 기괴한 모양새의 규암 기둥과 기둥에 매달려 있는 초록의 수풀들이 그리 반가울 수가 없다. 자연의 조화가 그저 신비로울 뿐이다. 가까이에서 보든 멀리서 보든 아름답다는 것을 확인하는 순간이다. 마치 아름다운 여인을 가까이에서 본다고 그 아름다움이 떨어지지 않듯….

선녀가 꽃을 바치는 모양새를 하고 있는 선녀헌화 등 천자산에서는 아득해 보였던 것들을 가까이에서 볼 수 있다는 것이 황석채의 특별함이다. 미술에서 논하는 원근법과 같이 멀리 천자산에서 본 형상들과 황석채에서 근접해 보는 형상들을 직접 보고 그 아름다움을 비교해 보는 재미도 쏠쏠하다.

삭계욕은 카르스트 지형의 자연경관이 인상적인 곳으로 황룡동과 보봉호 그리고 십리화랑 등의 볼거리들이 있다. 황룡동은 동굴을 주제로, 보봉호는 호수를 주제로 다룰 때 소개하기로 하고 십리화랑으로 들어가 보자.

십리화랑은 약 5.8㎞로 이어지는 협곡이다. 원가계가 위에서 내려다보이는 경관을 감상하는 것이라면 십리화랑은 협곡 길을 유유자적하게 걸으며 올려다 보이는 풍광을 즐길 수 있는 곳이다. 원가계의 수려하고 웅장한 아름다움을 기대했다면 실망할 수도 있다. 그러나 비교는 절대 금지다. 아기자기하게 전개되는 십리화랑 협곡의 특별함을 즐기면 그만이다.

십리화랑을 걷다 보면 중간중간에 노인봉과 세자매봉 등 바위의 생김새에 따라 이름이 붙여진 곳들이 있다. 중국인들의 상상력이 다시 발휘되는 순간이다. 눈이 뚫어지게 한참을 바라다 보니 노인봉은 정말 약초를 캐는 노인으로 보인다. 세자매봉을 세형제봉이라 부르지 않고 세자매봉이라 부른 것도 재미가 있다. 모노레일을 타고 동심으로 돌아가 십리화랑의 협곡을 감상하는 것도 나쁘지 않을 듯하다.

해발 1,262m의 천자산은 장가계에서 가장 많은 봉우리들이 있는 곳으로 67㎢에 이르는 광활한 구역이다. 천자산을 오르는 케이블카가 수리중이라 부득이 백룡엘리베이터에 의지해 오를 수밖에 없다. 천자산을 오르는 유일한 통로를 백룡엘리베이터 아래가 아닌 위에 안배한 것을 보면서 눈에 보이지 않는 상술에 쓴웃음을 지을 뿐이다.

천자산은 장가계의 전 지역에 널려 있는 아름다운 봉우리들을 마음껏 조망할 수 있는 최적의 장소다. 붙여진 이름을 한 형상들을 보물찾기 하듯 찾아보는 재미도 적지 않다. 경관이 가장 좋은 곳을 정해놓고 규암 기둥의 생김새에 따라 특색 있는 이름을 붙이고는 전설적으로나 가능할 고사를 엮어내는 중국인들의 끝없는 상상력에 감탄할 수밖에 없다. 하지만 전체적으로 보이는 천자산의 아름다움을 감상하는 것이 더 자연스러울 것 같기도 하다.

어필봉은 천자산의 랜드마크다. 전쟁에서 패한 황제가 내동댕이친 붓이 바위가 되었다고 한다. 기가 막힐 정도의 상상력이 아닐 수 없다. 어필봉 자체도 특이하지만 어필봉 주위를 에워싼 마치 거대한 벽 같은 규암 기둥의 모습이 참으로 웅장하고 아름답다. 같은 장소라도 보이는 각도에 따라 다양하게 변화하는 자태가 너무나 매혹적이다. 각양각색으로 생긴 규암 기둥들을 에워싸고 있는 푸르른 숲들이 기둥과 만들어내는 조화가 기가 막힐 뿐이다.

천자각에 오르면 천자산의 다른 관망대들보다는 조금 더 높은 곳에서 관망대에서 보았던 경관들을 다시 조망할 수 있다. 마치 칼을 땅에 꽂은 듯한 모습으로 서 있는 규암 기둥들이 절묘한 조화를 만들어내는 곳, 그러한 기암괴석과 협곡이 어우러지며 신비스러운 풍경을 보여 주는 곳, 이러한 아름다움들이 모여져 중국 산수화의 원본으로 일컬어지는 곳 그곳이 바로 장가계이다.

계림과 양숴는 도시 자체가 한 폭의 풍경화를 보는 듯한 환상을 일으키게 하는 아름다움들로 가득한 공간이다. 계림과 양숴 간을 흐르는 아름다운 이강을 중심으로 독특한 모양의 산들이 우아한 자태를 뽐내고 있는 것이 마치 인간 세계가 아닌 신선들이 사는 세상처럼 여겨질 정도다. 그 산들 사이로는 아름다운 주택들이 들어서 있고, 산과 주택들 사이에는 푸르른 숲들이 녹음으로 뒤덮여 상상하기 어려울 정도의 조화를 이루는 것이 보는 이들로 하여금 경탄을 자아내게 한다.

세인들에 의해 천하제일산수라는 칭송을 받고 있는 계림은 그 아름다움으로 인해 국적을 가리지 않는 많은 사람들의 끊임없는 사랑을 받고 있다. 봄이면 온갖 종류의 꽃들이 만개하며 화려함을 뽐내고, 가을이면 가로수에 늘어선 계수나무의 향기가 도시 전체를 뒤덮는다. 하늘이 그려낸 풍경화가 있는 계림은 사시사철 아름다움과 특이함에 목말라 하는 여행객들의 발길로 넘쳐난다. 어떤 이들은 빠르게 움직이는 배를 타고 아름다운 이강을 가로지르며, 어떤 이들은 지도 하나 달랑 들고 유유자적 거닐며 계림 시내에 널려 있는 아름다움을 감상한다.

양숴는 계림에서 약 64km 떨어진 곳에 위치한 이강 유람의 종착지이다. '양숴의 풍광이 계림에서 제일이다'는 오만함이 무색할 정도로 아름다운 경치를 자랑하고 있다. 계림에서 양숴까지 이어지는 이강 유람의 가장 아름다운 곳이 몰려 있는 곳이 양숴이기도 하다. 자전거에 의지해 양숴 구석구석의 아름다움을 하이에나처럼 찾아다니는 젊은이들과 이강의 가장 아름다운 구간을 배로 즐기는 이들로 언제나 분주하다.

도시 자체가 풍경화인 계림에는 계림 시내의 풍광을 조망할 수 있는 여러 개의 산이 있다. 각기 다른 위치에서 360도 각도의 계림을 즐기기 위해 지도 하나 달랑 들고 부지런히 발품을 판다.

가장 먼저 발길이 닿은 곳은 바로 복파산이다. 복파산 입구 옆으로는 대나무 목선을 타는 이들이 이강을 속도감 있게 가로지르고 있는 장면이 너무나 낭만적이다. 복파산은 후한의 명장이었던 복파장군 마원의 무덤이 있는 산으로 푸른 숲에 덮여 아름답게 솟아 있다. 입구를 들어서면 지금의 베트남 정벌을 위해 출정하던 복파장군의 부대가 밥을 해 먹었다는 천인과를 만날 수 있다. 제법 큰 규모의 솥으로 수백 명의 끼니를 해결했음직하다.

천인과 뒤로는 시검석이라는 바위가 기괴한 모습으로 거꾸로 걸려 있다. 복파장군이 칼을 시험하기 위해 바위를 잘랐다고 믿어지는 돌기둥이라는데 자세히 살펴보면 칼에 의해 베어진 듯한 흔적이 보이기도 한다. 시검석 옆으로는 이강의 한 줄기인 듯한 곳에서 낚시하는 이들이 줄지어 앉아 있어 이채롭다.

그다지 높지 않은 복파산은 10여 분을 오르면 정상에 도달할 수 있다. 정상에서 보이는 계림 시가지는 아름답다는 표현이 무색할 정도로 감동적이다. 도심 중간중간에 우뚝 서 있는 다양한 형상들의 산들과 질서정연하게 배열되어진 주택들 그리고 주위를 가득 채운 녹색의 무성한 숲들, 이 모든 것이 절묘하게 구도를 이루어 연출하는 조화가 그저 기가 막힐 뿐이다. 표현을 넘어서는 아름다움이라 생각하며 그러한 아름다움들을 하나도 놓치지 않으려 열심히 눈에 담는다. 이강 위를 유유히 떠다니는 대나무 목선들과 대나무 목선에서 달콤한 사랑을 나누는 연인들의 모습이 그리 부러울 수가 없다.

아쉬움을 뒤로하고 복파산을 내려와 약 20여 분을 걸으면 첩채산을 만날 수 있다. 4개의 봉우리와 능선이 비단을 첩첩이 쌓아놓은 것 같다 해서 유래된 것이다. 해서 뚫어지게 쳐다보아도 4개의 봉우리를 구별해 내기가 쉽지 않다. 전문가들이 그렇다고 하니 그런가 보다 여기기로 한다.

첩채산에서 가장 높은 봉우리라는 해발 223m의 명월봉을 오르니 복파산과는 또 다른 풍경화가 눈앞에 전개된다. 한편으로는 끝이 보이지 않게 이어지는 이강이 다른 한편으로는 동화 속에서 본 듯한 마을이 한눈에 들어온다. 어디를 먼저 감상해야 하는가를 놓고 행복한 고민에 빠지게 된다. 첩채산이 주위의 경관을 감상하는 최고의 장소라는 소문이 틀림이 없음을 확인하는 순간이다.

도시를 둘러싸고 있는 산들과 그 사이를 흐르고 있는 강이 오묘한 조화를 이루며 나의 눈을 호강시켜 준다. 보고 또 보아도 싫증이 나지 않는다. 산과 강이 만들어 놓은 아름다움을 훼손하지 않고 그 아름다움에 자연스럽게 녹아들어간 계림 시민들이 지혜롭다 여긴다. 여기서도 복파산에서 보았던 대나무 목선이 여유로이 떠다니고 있다. 대나무 목선은 같은 것일지 몰라도 목선 위에서 다정하게 앉아 노니는 연인은 복파산에서 보았던 이와는 또 다른 커플일 것이다.

이강 좌우로 들어선 수풀에 덮여 있는 인공의 건물들이 그렇게 조화로울 수가 없다. 계림시의 분지 위로 우뚝 솟아 이어지는 특이한 모형의 산들이 도시 전체를 포근하게 감싸고 있는 듯한 느낌에 마음이 한없이 편안해진다.

푸른 산 푸른 숲 푸른 강 모든 것이 푸름인 도시가 녹색도시 계림이다. 사실 계림의 산들을 하나씩 뜯어놓고 보면 산세 자체는 독특함이지 아름다움은 아니다. 이강과 어우러진 산들이 만들어내는 오묘한 조화가 천하제일산수라는 명예를 계림이라는 도시에 부여하는 것이 아닌가 생각해 본다. 순전히 개인적인 생각이다. 말하자면 개별적인 아름다움이 아닌 종합적인 조화가 주는 아름다움이 계림이 아닌가 한다. 첩채산 정상을 벗어나려 할 즈음에 보이는 문구가 재미있다. '첩채산을 오르면 103세까지 산다'. 믿거나 말거나….

안연지의 시에 나오는 문구인 '홀로 빼어난 독수'에서 유래되었다는 이름을 가지고 있는 독수봉은 복파산과 첩채산에서 그리 멀지 않은 곳에 위치하고 있다. 모두가 걸어서 30분 이내의 거리에 위치하고 있어 계림시내를 구경하며 천천히 걷다 보면 만날 수가 있어 편리하다.

독수봉은 70m의 낮은 산으로 분지로 이루어진 계림시에 있는 유일한 돌산이라는 특별함이 눈길을 사로잡는 곳이다. 명나라 황실의 친척인 정강왕의 봉토로 궁전이 있었다는 정강왕성의 뒷부분에 자리하고 있다. 108위안이라는 입장료가 터무니없다고 여겨질 정도로 볼 것은 별로 없다. 유일한 돌산이라는 독수봉 외에는…. 돌로 이루어진 산이 분지의 중간에 우뚝 서 있는 것이 특이해 보이기는 하다. 약 10여 분의 발품을 팔면 독수봉의 정상에 올라 계림시의 시가지를 조망할 수 있다. 그러나 첩채산의 정상에서 보여 주는 아름다움에는 미치지 못한다.

계림에서 가장 크다는 칠성공원은 공원의 뒤쪽에 위치하고 있는 낙타암이 유명세를 떨치고 있는 곳이다. 계림을 소개하는 엽서에 등장하는 명소라는데, 바위의 모양새가 낙타가 걸어가고 있는 것처럼 보이는 것이 특이하다. 특이한 곳을 명품화하고 상품화시키는 중국인들의 뛰어난 감각을 여기서도 느낄 수 있다. 낙타처럼 생긴 형상을 낙타라 부르기 시작하면 낙타로 인식되기 시작하고 그러한 낙타를 보기 위해 관광객들이 비싼 요금을 지불하고라도 찾아오게 만드는 것이 신기할 뿐이다. 강한 태양의 역광을 받은 낙타암의 실루엣이 정말 한 마리의 낙타가 여행길을 떠나는 모양으로 착각을 하게 만든다.

상비산은 코끼리의 코 형상을 하고 있는 부분에 기이하게 뚫려있는 작은 동굴이 특이한 곳이다. 현지 사람들에 의해 수월동이라 불리는데, 보름날 물 위에 비치는 달을 감상하는 장소라고 한다. 동굴처럼 생긴 구멍 사이로 보이는 원 안의 풍경이 그럴싸하다. 이강과 도화강의 합류 지점에 있는 상비산의 구멍 뒤를 지나는 유람선들의 유유자적함이 낭만적이다. 상비산의 정상에서도 계림 시가지와 이강의 아름다운 경관을 조망할 수 있다. 복파산과 첩채산보다는 이강과 가까워진 거리에서….

복파산과 첩채산에서 상비산까지 마치 원근법을 적용한 듯 멀리서부터 가까이로 다가오며 눈에 들어오는 계림은 푸른 산과 푸른 강 그리고 푸른 숲들이 만들어내는 오묘한 조화다. 그 조화는 사람들의 마음을 정화시켜 준다.

이강 유람은 많은 고민 끝에 계림에서 양숴까지 4시간여의 구간에서 가장 아름다운 경관이 몰려있다는 양숴 쪽에서 경험하는 것으로 결정했다. 계림에서의 아름다움은 충분히 즐겼고 자유로움과 낭만으로 알려진 양숴의 분위기를 느껴보기 위함도 없지는 않다. 양숴 역시 마을 자체가 한 폭의 수채화다. 계림에서는 없었던 비와 운무라는 요소가 가미된 것밖에 없다. 가미된 비와 운무가 만들어내는 수채화가 더욱 환상적으로 느껴질 뿐이다.

양숴에 머문 이틀 동안은 온종일 비가 내린다. 어쩔 수 없는 상황이라 비 내리는 이강 유람을 경험하기로 하고는 홍평으로 향한다. 홍평에서 양제까지 이어지는 구간의 이강 유람을 하기 위해서다. 이 구간은 이강 유람의 절경이 모여 있는 것으로 알려져 있기도 하다.

양숴에서 약 50분을 달려 홍평에 도착하니 대나무로 만든 4인승 전동 뗏목인 대나무 목선이 준비되어 있다. 사천성 성도에서 왔다는 젊은 남자와 여자 둘 그리고 나까지 해서 4명이 간헐적으로 내리는 비속에서 약 2시간의 유쾌한 유람을 즐긴다. 젊은 남자에게 둘 중에 애인이 누구냐고 물어보니 애인은 직장이 있어 같이 못 오고 함께한 두 명의 여성은 여자친구라 얘기한다. 한국의 정서로는 남녀 간에 친구가 되는 것이 있을 수 없다는 것이 보편적인 관념인데, 중국 사회에서는 그러한 관계가 어느 정도 인정이 되고 있는 것으로 보인다.

대나무 목선은 대나무로 만든 배에 전동기를 부착한 것이라 속도감이 장난이 아니다. 달리는 대나무 목선에서 좌우로 그리고 앞뒤로 보이는 운무 속의 이강과 이강을 둘러싼 산들의 모습이 참으로 아름답고 신비하다. 궂은 일기에도 불구하고 이강은 관광객들이 올라탄 크고 작은 배들로 번잡하다.

기괴한 모양의 산들과 그 산들이 어울려 만들어내는 조화로운 아름다움에 한순간도 눈을 뗄 수 없다. 내가 타고 있는 대나무 목선 앞에서 질주하는 또 다른 대나무 목선과 반대편으로 교차하는 대나무 목선뿐만 아니라 대형 유람선까지 이강을 떠다니며 풍광을 즐기는 이들의 유쾌해하는 표정이 너무나 여유롭고 평화스러워 보인다. 청명한 날씨의 이강이면 더할 나위 없겠지만, 비가 내리며 운무로 가득한 이강도 나름대로의 운치가 넘친다.

운무에 가려져 부끄러운 듯 모습을 숨긴 산들의 모습이 오히려 신비감을 더해주고 그 신비감으로 인해 아름다움이 더욱 깊어지는 듯하다. 한 가지 아쉬운 것은 운무가 가득한 날씨로 인해 이강이 자랑하고 있는 절경들이 선명하게 보이지 않는다는 사실이다. 홍평~양제 구간에 끊임없이 이어지는 산들이 만들어내는 아름다운 형상들을 전혀 분별할 수 없다. 사촉산, 구마화산, 어미봉, 신필봉 등으로 이름 붙여진 것들을 지나고는 있는데, 모두가 운무에 가려져 있어 안타까울 뿐이다.

그러나 운무에 덮인 이강이 뿜어내는 신비한 아름다움을 즐기는 것 역시 또 다른 즐거움이다. 언제나 제 자리를 지키고 있는 아름다운 산들과 이를 시샘하는 듯 아름다운 산들을 가린 운무, 쪽빛의 이강, 그 위를 떠다니는 크고 작은 유람선들, 이 모든 것을 즐기고 있는 관광객들이 함께 만들어내는 여유로움과 낭만이 있는 곳이 양숴의 비 내리는 이강이다.

천상세계가 강림한 듯한 계림과 양숴에서 사람들은 자연이 선사한 이국적인 아름다움을 마음껏 누리며 눈을 정화시킨다. 또한 정신없이 돌아가는 세상사를 잠시나마 잊게 되고 마음의 치유를 받는다. 하늘이 빚어낸 듯한 아름다움으로 인해 국적을 가리지 않는 세계인들이 1년 365일 공존하는 곳이 바로 계림과 양숴다.

중국의 중심 북경, 북경의 심장 천안문광장

중화인민공화국의 수도 북경, 전 세계인의 마음을 설레게 하는 북경은 신비로움으로 가득한 도시다. 중국 역사상 2개 봉건왕조의 수도였던 북경은 중화인민공화국의 창시자인 모택동에 의해 신중국의 수도로 선포됨으로써 역사의 무대에 화려하게 모습을 드러낸다.

북경은 중국 정치의 중심이자 문화의 도시로 오대양 칠대주의 전 세계인들이 공존하는 국제화된 도시이기도 하다. 중국의 중심인 북경에서도 천안문광장 일대는 북경의 심장이다. 말하자면 중국의 심장 중의 심장인 셈이다.

천안문광장은 대내외의 중요 행사가 개최되는 현대 중국의 얼굴이다. 그 천안문광장에는 신중국의 미래 청사진을 그려내고 열띤 토론과 검증을 통해 결정하는 인민대회당 그리고 중화인민공화국의 창시자인 사후의 모택동이 함께 공존하고 있다.

천안문광장 주위는 봉건시대의 유물과 신중국의 상징물이 양립하며 그려내는 분위기가 특별한 곳이다. 천안문을 중심으로 뒤쪽으로는 자금성이 위치하고 있다. 이와 대비적으로 천안문광장에 걸려 있는 초상화 속의 모택동이 정면을 바라보고 있는 쪽으로는 인민영웅기념비와 모주석기념당이 자리하고 있다. 절대 권력이 머무르며 나라를 다스렸던 봉건시대의 상징인 자금성 바로 앞에 신중국의 의사결정기관인 인민대회당이 위치하고 있는 것이다. 이처럼 봉건시대와 신중국의 핵심기관들이 어울리지 않을 듯하면서도 어울리는 대비를 보이고 있어 무척이나 흥미롭다.

수천 년을 이어온 봉건시대의 산물인 자금성 정면으로 신중국의 상징이 자리하고 있는 것을 보며 중국인들의 역사를 보는 관점을 들여다 볼 수 있다. 고사 성어를 빌어 설명하자면 은감불원(殷鉴不远)이 어느 정도 적절할 듯하다. 직역하자면 '은나라의 교훈은 먼 데서 찾을 것이 아니라 바로 하나라의 멸망에서 얻을 수 있다'이다. 의역하면 '과거의 역사를 통해 배운다.'의 의미이다.

수천 년간 중국 대륙을 지배한 봉건제에 의해 핍박당한 과거를 결코 잊어서는 안 된다는 사실을 권력집단과 인민들에게 알려주기에는 이보다 더 좋은 방법이 없을 듯하기도 하다. 1년 365일 하루도 빠짐없이 보게 되니 교훈으로 삼지 않을 수 없을 것이기 때문이다.

이러한 상징성을 내포하고 있는 천안문광장 일대는 북쪽으로는 천안문광장, 천안문, 자금성, 경산공원 등 봉건시대의 유물이 자리하고 있다. 반면 인민영웅기념비, 모주석기념당, 인민대회당 등 신중국의 상징물들은 반대편에 들어서 있어 그 대비성이 확연하게 드러남을 확인할 수 있다.

천안문광장은 동서로 폭이 500m, 남북으로 길이가 880m에 이르는 총면적 44만㎡의 거대한 광장이다. 동쪽으로는 중국국가박물관, 서쪽으로는 인민대회당, 남쪽으로는 정양문, 북쪽으로는 천안문으로 연결되는 직사각형 모양의 세계 최대 도심광장의 위용을 보이고 있는 곳이다. 봉건시대와 신중국의 상징물들이 모두 모여 있는 곳 역시 바로 이곳 천안문광장이다. 천안문과 인민대회당 사이의 도로는 넓게 펼쳐져 동서로 뻗어나간다. 바라만 보아도 통쾌하기 짝이 없다.

천안문광장은 명·청시대에는 황제의 조서를 발표하던 궁정광장으로 활용되었던 곳으로 1911년 신해혁명 이후 일반인 출입이 허용되었다고 전해진다. 이후로 5.4운동 등 중국 현대사의 주요한 사건이 천안문광장을 배경으로 이루어져 역사적인 의미가 적지 않은 장소이기도 하다. 1949년 역사적인 중화인민공화국의 선포가 이곳에서 이루어져 신중국의 시작을 알린 곳이기도 하다.

먼동이 틀 무렵 국기게양식을 보기 위한 인파와 단체여행객을 인솔하는 가이드들이 가지각색의 막대기를 들고 분주하게 오가는, 사시사철 그리고 밤낮을 가리지 않고 사람들로 가득한 곳이 바로 천안문광장이다. 한마디로 살아있음을 느낄 수 있는, 사람 냄새가 물씬 풍기는 곳이라 하겠다.

100만여 명이 동시에 운집할 수 있는 규모라고 한다. 항일전쟁 70주년 승전기념식이 열린 곳이 바로 천안문광장이었는데, TV를 통해 기념식을 보았다면 그 웅장함을 짐작할 수 있을 것이다.

천안문은 명나라 영락제 15년인 1417년에 지어진 것이다. 원래는 승천문으로 불리다가 청나라 순치제 8년인 1651년 개조되면서 천안문으로 바뀌었다고 전해진다. 명나라의 개국과 북경으로의 천도가 하늘의 뜻을 받든 것이라는 승천문과 천하를 편하게 한다는 천안문의 의미가 흥미롭다.

벽안의 외국인을 비롯해 언제나 수많은 사람들로 붐비는 천안문 중간 벽에는 중화인민공화국의 창시자인 모택동의 대형 초상화가 걸려 있다. 너무나 사실적이라 사진으로 생각했었는데, 뒤에 알고 보니 모택동 사후 1년에 걸쳐 그린 것이라고 한다. 1949년 그에 의해 중화인민공화국이 선포되었으니 중국의 중심인 북경 그리고 북경의 심장인 천안문에 그가 자리하고 있는 것이 어쩌면 당연하다 여겨진다.

초상화 좌우로는 '중화인민공화국 만세'와 '세계인민대단결 만세'라는 문구가 나란히 횡으로 붙어져 있는 것이 눈길을 끈다.

개혁개방 이전에는 중국의 공식행사 때 천안문에 모인 지도부를 보고 중국의 정세를 파악했다고 하는데, 지나간 역사의 한 부분일 뿐이다. 항일전쟁승전 70주년 기념식에서 전 세계의 지도자들을 초청해 욱일승천하는 중국의 위용을 보여 줄 정도로 역사는 역동적으로 변화하고 있다.

중국을 방문하게 되면 북경을 찾게 되고, 북경을 찾게 되면 가장 먼저 발길을 옮기게 되는 곳이 천안문이다. 정치의 중심 북경에서도 가장 핵심인 천안문에서 힘차게 일어나고 있는 중국의 기를 느껴보는 것도 의미가 있을 듯하다.

고궁은 자금성으로 불린다. 명나라 때인 1406년 건축공사를 시작하여 1420년에 완공한 것이니 명과 청, 두 봉건왕조 수도로서의 기능을 약 600여 년간 수행한 셈이다. 광활한 중국 대륙을 호령하던 나라의 수장이 머물며 정사를 보던 궁궐인 만큼 규모의 웅장함뿐만 아니라 풍기는 위엄이 예사롭지 않다. 그만큼 볼거리도 많고 스토리도 많은 곳이 고궁이라 하겠다.

우선 규모를 보게 되면 동서 753m로 넓게 펼쳐진 공간이 남북으로 961m까지 길게 이어지는 72.36만㎡의 면적을 점유하는 건축군으로 보면 된다. 출입구인 오문으로부터 태화전, 중화전, 보화전, 건청궁, 곤녕궁, 교태전, 양심전, 동육궁, 서육궁, 어화원 등 주요 볼거리 외에도 숱하게 널려 있는 역사의 흔적을 제대로 돌아보려면 적지 않은 공력과 시간을 투자해야 한다.

그러나 단체여행을 오게 되면 가이드에 이끌려 '수박 겉핥기식'의 형식적인 방문밖에 되지 않아 안타까울 뿐이다. 바쁜 직장생활에 얽매여 단체여행을 할 수밖에 없는 경우는 어쩔 수 없겠지만, 시간적인 여유가 있는 젊은이들은 가능하면 테마여행 같은 방식으로 발품을 파는 것이 많은 것들을 얻을 수 있을 것이라 생각한다. 나 역시 여러 번 단체여행을 통해 찾았던 고궁이었기에, 아쉬웠던 부분을 채우기 위해 특별히 시간을 내어 혼자만의 사색을 할 수 있었다.

천안문을 지나 북쪽으로 걷다 보면 고궁의 입구격인 오문이 웅장한 모습을 드러낸다. 명나라 영락제 때인 1420년에 지어진 것으로 여러 차례의 보수를 거쳐 청나라 순치제 때인 1647년에 재건한 것이 우리가 보게 되는 오문이다. 높이가 38m로 웅장한 모습이 보는 이를 압도한다. 고대 군소국가의 사신들이 드나들며 황제를 배알하기 전부터 주눅이 들었을 법하다. 오문에는 오봉루라는 5개의 누각이 있는데 방문한 날 공교롭게도 좌우의 4개 누각이 보수 중이라 그 수려한 모습을 감상할 수 없어 아쉽다. 그나마 출병의식 등 황제만이 의식을 주관했다는 중간에 있는 대형 누각의 아름다운 모습을 볼 수 있어 다행이다. 5개의 출입문 중에서 가운데 있는 문이 황제의 전용문이라는데 그래서인지 다른 4개의 문보다 더욱더 커 보인다. 명·청 600여 년 가까운 세월을 황제만이 지나다녔다는 오문으로 지금은 국적을 불문하고 남녀노소를 불문하는 수많은 관광객들의 발길로 매일매일 채워지고 있다.

오문과 고궁의 첫 번째 건물인 태화문 사이에는 금수교가 놓여 있다. 오문과 태화문 사이를 흐르는 내금수하에 놓여 있는 5개 다리로 한백옥으로 깎아 만들었다는데 아름답기 그지없다. 가운데 다리는 물론 황제만이 지날 수 있었다고 한다. 내금수하의 맑은 물과 백옥 같은 다리를 배경으로 기념사진을 찍어대는 사람들의 행복해하는 모습에 덩달아 기분이 좋아진다.

금수교를 지나면 중국에서 최대의 목조문이라는 태화문이 모습을 드러낸다. 명나라 영락제 때에는 하늘을 받든다는 의미의 봉천문으로 불렀다. 청나라에 들어서부터 하늘과 같은 넓은 마음으로 화합하는 정치를 펼치겠다는 의미의 태화문으로 바뀌었다고 한다. 이민족 정권의 한계를 극복하기 위한 만주족 청나라의 정치적 제스처라 할 수 있을 듯하다. 목조문의 한계였는지 여러 차례 소실된 것을 1888년 광서제 때 복원한 것이 지금 보게 되는 태화문이다.

태화문 앞에는 한 쌍의 청동사자상을 볼 수 있는데 자세히 들여다보면 암컷과 수컷의 모양새가 다른 것을 발견할 수 있다. 오른발로 여의주를 쥐고 있는 사자가 수컷으로 여의주는 권력을 상징한다고 한다. 새끼를 누르고 있는 형상을 하고 있는 사자는 암컷이다. 전국 각지의 명소를 다니다 보면 입구에 비슷한 모양의 사자를 좌우로 만들어 둔 것을 볼 수 있는데 아마도 태화문의 사자상을 본뜬 듯하다.

태화문은 내부를 들여다보는 많은 인파들로 자리싸움이 치열하다. 2,000㎞나 떨어진 사천성에서 조달한 것이라는 태화문을 받치고 있는 나무기둥을 눈으로 확인하고 싶어 하는 이들의 귀여운 몸부림이다. 비집고 들어가 보니 그다지 특별해 보이지 않는 나무기둥일 뿐이다.

태화문을 지나면 중국 최대의 목조건물이자 궁전건축의 금자탑으로 불리는 태화전의 위풍당당한 모습이 눈에 들어온다. 무척이나 반갑다. 태화전은 황제의 즉위식 등 국가적 큰 행사를 치르던 곳이다. 명성에 못지 않게 건물 주위로 수많은 관광객들이 에워싸고 있어 접근이 쉽지 않을 정도다.

많은 사람들을 피해 기단을 오르다 보면 3층으로 조성되어 있는 너무나 새하얀 대리석 기단에 눈길을 한동안 빼앗기게 된다. 뒤에 알고 보니 3층의 기단은 황궁만이 누릴 수 있는 것이라고 한다. 기단의 바깥쪽에 있는 수많은 기둥과 생동감 넘치는 용머리가 새겨진 배수구를 들여다보는 데에도 한참의 시간이 소요된다. 기둥과 배수구의 숫자를 헤아리다가 너무나 많아 중간에 포기한다. 아름다움을 있는 그 자체로 즐기면 될 것이라 생각하니 개수를 세고 있는 자신이 초라해졌기 때문이다.

드디어 황금빛 지붕이 신비함을 더하고 있는 태화전으로 다가선다. 태화전은 높이가 35m로 건축 총면적이 2,377㎡나 되는 대규모 목조건물로 그 화려한 외관으로 인해 금란전이라 불리기도 한다. 현재의 건물은 청나라 강희제 때인 1695년에 지어진 것이다. 많은 인파로 둘러싸인 공간을 비집고 들어가 내부를 들여다보니 중앙의 웅장한 기둥을 휘감은 생동감 넘치는 금빛의 용들이 눈에 들어온다. 반룡금칠대주라는 것인데 조각의 섬세함에 기둥에 있는 용들이 마치 기둥을 뚫고 나올 듯한 착각을 하게 한다.

황제가 정무를 보던 고궁의 핵심건물이다 보니 태화전 내부에는 반룡금칠대주 외에도 황제의 보좌를 받치고 있는 대리석 계단인 수미단과 수

미단 바닥에 깔려있는 절강성 소주에서 특수 제작했다는 금벽돌, 황제의 보좌에 새겨진 아홉 마리 용 등 볼 것들이 적지 않다.

워낙 많은 인파가 몰려드는 장소이다 보니 태화전 내부 출입이 허락되지 않고, 계속해서 밀려드는 인파로 여유 있게 감상하지 못하는 것이 아쉬울 뿐이다. 영어, 중국어, 한국어, 일본어 등 세계 각국의 언어를 구사하는 인파들로 덮여 있는 태화전에서 고궁이 차지하는 문화적인 가치를 알게 된다.

중화전은 황제가 태화전에서 행사를 거행하기 전 휴식을 취하던 곳이었다고 한다. 청말 무술변법에 실패한 광서제가 유폐되었던 곳으로 권력에서 밀려난 황제의 비애를 느낄 수 있는 역사적 사실 외에는 특별함이 없다.

고궁 외전의 가장 안쪽에 위치한 보화전은 과거시험인 전시를 보던 곳으로 사용된 곳이라고 한다. 가이드의 설명에 의하면 커닝을 방지하기 위해 건물 내부의 기둥을 모두 없앴다고 하는데 예나 지금이나 사람 사는 모습은 다르지 않다 생각되어 속으로 한참을 웃게 된다.

보화전 뒤쪽으로 걸어 나오다 보면 바닥에 새겨진 대형의 조각물이 눈길을 사로잡는다. 길이 16.57m 폭이 3.7m나 되는 돌 위에 용이 조각되어 있다. 마치 살아 있는 듯한 느낌에 조각되어 있는 용을 세어보니 자그마치 9마리가 들어가 있다. 어디에서 이런 돌을 구했는지 궁금해 알아보니 북경에서 약 50㎞ 떨어진 곳에서 발견한 것이라고 한다. 250톤이나 되는 돌을 황궁으로 운반하기 위해 얼음이 어는 추운 겨울을 이용해 도랑을 파서 빙판길을 만들어 해결했다고 한다. 기가 막힐 뿐이다. 20m도 되지 않는 길을 황제가 가마를 타고 이동하기 위해 만들었다는데 봉건시대였기에 가능했던 일이 아닌가 싶다. 아무려나 후세에 남은 우리들은 생동감 넘치게 조각되어 있는 운룡대석조의 아름다움을 즐기면 될 뿐이다.

건청궁은 황제가 수면을 취하는 곳인데 일상적인 정무도 처리한 건물이다. 현재의 건물은 청나라 가정제 때인 1798년에 보수된 것이라고 한다. 건청궁에서는 청나라 때 황제가 후계자를 적어놓고 보관했다는 '정대광명'이라는 편액을 보기 위해 사람들의 발길이 이어지고 있다.

교태전은 청나라 가정제 때인 1798년 재건된 것으로 청나라 때 옥새를 보관한 곳이라고 한다. 특히 국모의 신분인 황후가 누에치기와 비단 등을 직접 만들며 백성들에게 모범을 보이는 등 백성들이 윤택하게 지내도록 마음을 다하는 곳이기도 하다.

이외에도 명나라 때 황후의 침실로 사용되었던 곤녕궁, 후궁들의 거처인 서육궁, 황실의 인공정원인 어화원 등이 둘러볼 만한 곳이다. 이중 서육궁에 있는 청말 서태후의 개인 공간이었다는 저수궁과 익곤궁은 관광객들의 발길이 잦은 곳이다. 함풍제의 후궁 출신이던 서태후는 함풍제가 죽은 후 세 살밖에 되지 않았던 광서제를 옹립하고 수렴청정하며 권력의 정점에 있었던 인물임은 익히 아는 사실이다. 저수궁은 서태후의 개인침실이었고 익곤궁은 서태후가 50세 되는 생일날 문무백관들의 인사를 받았던 곳이라고 한다.

고궁은 봉건시대 절대 권력을 소유한 황제가 거주하던 구중궁궐이라 할 수 있을 것이다. 국가가 백성의 것이 아니고 자신의 것이라고 여겼던 시대였기에 황제의 신분으로 누릴 수 있는 많은 것들이 고궁의 구석구석에 스며들어 있다. 태화전 앞 기단의 화려함, 태화전 내부의 고급스러운 장식품, 보화전에 조각된 황제가 가마를 타는 구간의 운룡대석조 등이 당시의 시대상을 그대로 보여 주고 있다. 현재를 살고 있는 우리가 볼 때에는 사치스럽게 보일 수도 있고 이해할 수 없는 부분이 적지 않지만 당시에는 그들이 살아가는 방식이었다.

그러나 '구중궁궐의 화려함 속에서 살았던 그들은 행복했을까?' 그렇지 않다고 생각한다. 청나라 옹정제 이전의 황제들은 암살을 우려해 방을 27개나 만들어 놓고 매일 장소를 바꾸어가며 마치 숨바꼭질 놀이하듯 잠을 청했고, 옹정제 이후의 황제들은 비밀 침소를 만들어 놓고 수면을 취했다고 한다. 인간에게 있어 수면이라는 욕구는 적지 않은 비중을 차지하는 요소이다. 그럼에도 불안에 떨며 잠을 청할 수밖에 없었던 그들의 얘기를 전해 들으며 권력 핵심부의 불안과 외로움을 알게 된다.

청나라의 마지막 황제였던 선통제가 보위에서 물러나기까지 거쳐 간 황제 24명의 숨결이 남아 있는 고궁은 봉건왕조가 남긴 화려하고 아름다운 유산이다.

경산공원은 높은 지대에서 자금성의 전체 모습을 조망할 수 있는 최적의 장소로 관람객들의 사랑을 받고 있는 곳이다. 고궁 안의 건물들을 하나씩 뜯어보며 그 아름다움에 감탄하다가 문득 전체적인 모습이 궁금해질 때 쯤 발길이 닿는 곳이 바로 고궁의 북문인 신무문이다. 신무문에서 눈앞에 전개되는 자그마치 23만㎡의 거대한 공원이 경산공원이다.

경산공원은 역사가 오래된 황실정원이다. 원나라 때 만들어지기 시작하여 명·청시대로 이어지며 황제들이 즐겨 찾았던 공원으로 산 위에서 보이는 주위의 경관이 뛰어난 것으로 알려져 있다. 만세산이라 불리던 것이 청나라 순치제 때 경산으로 개명되었고 황실 전용이던 경산공원은 1928년 공원화되었다고 한다. 공원 내에는 목단, 작약 등 화훼 수만 그루가 심어져 있어 꽃이 만발할 때에는 아름답기로 소문난 곳이기도 하다.

고궁의 아름다움에 반한 관광객들은 국적을 불문하고 10위안이라는 요금을 기꺼이 지불하고 경산공원으로 향한다. 5개 봉우리 중 가장 높은 곳이 108m에 불과해 조금의 공력만 들여도 정상에 오를 수 있다. 유난히도 많이 눈에 띄는 외국인 관광객들의 유쾌한 대화와 활짝 핀 얼굴을 바라보며 함께 즐거워한다.

대부분의 관광객들이 향하는 곳은 만춘정이라는 정자다. 바로 명나라의 마지막 황제였던 숭정제가 망국의 아픔을 죽음으로 마감한 곳이다. 시작과 끝은 언제나 반복된다는 사실을 역사는 준엄하게 보여 주고 있다. '태조 주원장이 만든 명나라를 자신의 대에 이르러 문을 닫을 수밖에 없었던 숭정제의 심정이 어떠했을까?'를 생각해 보며 권력의 무상함을 느끼게 된다. 그가 목을 매어 자살했다는 만춘정에서 망국의 군주 숭정제의 비애를 느낄 뿐이다.

숭정제의 비극은 역사가 되었고 지금 만춘정을 찾은 이들은 한눈에 들어오는 온통 황금색으로 전개되는 고궁의 화려한 아름다움에 감탄사를 연발하고 있다. 터져 나오는 관광객들의 감탄사에 정신을 차리고 고궁을 내려다보니 온통 황금색의 물결이 눈에 들어온다. 황홀한 장관이다. 황제를 상징하는 고궁 건물군의 황금색 지붕들이 강렬한 태양빛에 반사되어 비추이는 모습이 말로 표현하기 어려울 정도다. 아름답다.

당시에는 황제들만 이용한 공원이었기에 일반 백성들에게는 근접할 수 없었던 신비의 공간이었을 명·청시대 황실의 구중궁궐이 이제는 입장료만 지불하면 누구나 즐길 수 있는 공간이 되었으니 시대의 아이러니라 아니할 수 없다.

고궁을 찾는 수많은 관광객들이 반드시 찾게 되는 경산공원의 입장료가 10위안으로 100만 명을 가정하면 연간 1,000만 위안의 입장료가 생기는 셈이니 부가가치가 무척이나 높은 공원이라는 엉뚱한 생각도 해 본다. 석양 때에 오르면 아름다움이 배가한다고 하는데, 여건이 허락하지 않아 아쉬울 따름이다.

고궁 등 봉건시대의 유물을 감상한 후 천안문 반대편으로 걸어 나오면 가장 먼저 눈에 들어오는 것이 인민영웅기념비다.

인민영웅기념비는 천안문광장의 중심에 위치하고 있는 예술성이 돋보이는 비석으로 사방으로는 순백의 한백옥 난간이 둘러싸고 있다. 북쪽으로 463m의 위치에 있는 천안문성루와 남쪽으로 약 440m의 위치에 있는 전문대가의 중간인 천안문광장 중심에 인민영웅기념비가 자리하고 있다는 것은 그 상징적인 의미가 적지 않다고 여겨진다.

평생을 인민혁명에 투신하여 마침내 중화인민공화국이라는 신중국을 만들어낸 국부 모택동의 마음속에 인민은 영원한 동지로 기억되는 존재였을 것이다. 이러한 인민들이 '오사운동', '항일유격전쟁' 등을 거치면서 숱하게 희생되었다. 이러한 그들의 숭고한 희생을 바탕으로 신중국이 건설될 수 있었음을 모택동은 기억했고, 그러한 사실을 인민들이 영원히 기억하기를 희망했던 듯하다.

정면에 쓰인 모택동의 친필인 인민영웅영수불후(人民英雄永垂不朽)라는 여덟 글자가 나라를 위해 젊음을 바치며 쓰러져간 영혼 하나하나를 어루만져주는 듯하다. 아쉬운 것은 가까이에서 볼 수 없다는 것이었는데, 멀리서 바라보며 기념비가 안고 있는 의미를 곰곰이 생각할 밖에 다른 도리가 없다. 다만 '오사운동', '항일유격전쟁' 등을 주제로 한 8개의 한백옥 부조를 가까이에서 보지 못한 것이 조금은 아쉽다.

매일 동이 트는 아침 그리고 해가 저무는 저녁 무렵이면 전국 각지에서 올라온 수많은 중국인들 앞에서 국기게양식과 하강식이 진행된다. 그 천안문광장의 중심에 떡하니 버티고 서있는 인민영웅기념비는 중화민국의 주인이 인민이라는 것을 웅변적으로 대변하고 있다.

인민대회당은 천안문광장의 서쪽, 인민영웅기념비의 오른쪽에 서 있는 북경의 상징적인 건축 중의 하나로 알려진 건물이다. 총면적 17만 1,800㎡로 남북으로 길이 336m, 동서로 폭이 206m인 대형 건물이다. 전국의 건축가들이 제출한 설계서를 바탕으로 한 신중국 건국 초기의 최대 건축프로젝트로 1959년 9월에 완공한 것이라고 한다.

중국의 최고위급 정치활동이 이루어지는 공간으로 고궁으로 따지면 황제가 공식 업무를 보았던 태화전으로 보면 틀림이 없을 듯하다. 중국의 미래를 결정하는 모든 의사결정들이 이루어지는 곳으로서 격조는 있지만 사치스러워 보이지는 않는다. 고궁에서 이루어진 봉건시대의 의사결정들이 황제로부터 내려오는 하향식이었다면 인민대회당에서 이루어지는 의사결정들은 시민들의 의견을 반영해 올라오는 의견들을 연구와 토의를 통해 이루어지는 상향식이라는 것이 다를 뿐이다.

중국 정부의 주요정책을 결정하는 전국인민대표자회의가 개최되는 만인예당은 수용인원이 만 명이나 될 정도의 큰 규모를 자랑한다. 중국 정부의 공식 연회장소로 5,000여 명을 수용할 수 있다는 연회장은 중국의 돈 많은 이들이 희망하면 대여한다고 하는데 대여비가 일반 백성들의 상상을 넘는 금액이라고 한다.

아무려나 앞으로는 인민혁명기념탑을 보며 인민을 생각하게 되고, 천안문 방향을 바라보면 뒤쪽으로 이어지는 고궁이라는 봉건시대의 교훈이 떠올라 오롯이 인민을 생각하는 의사결정이 이루어질 것만 같다는 생각을 하게 될 수밖에 없는 곳이 인민대회당이다.

모주석기념당은 신중국을 일구어낸 모택동을 기리는 장소이다. 유구한 역사의 중국은 숱한 인물들을 배출해 내었고 역사를 통해 지혜를 얻는 후세들의 귀감이 되고 있다. 모택동은 그 많은 인물들 중에서도 오롯이 '인민의 인민에 의한 인민을 위한 삶'을 살았던 위인이다. 그가 태어난 고향인 호남성 샤오산을 찾았을 때 보았던 모택동. 젊은 시절 고난의 시기를 보낸 정강산에서 보았던 그의 모습에는 인민들과 고난과 즐거움을 함께 나누는 모습으로 점철되어 있었다. 정치가이면서 군사전략가 그리고 문학가이기도 한 그는 어느 곳에 정통하지 않은 것이 없었던 뛰어난 지도자다.

그 모택동의 시신이 안치되어 있는 모주석기념당을 방문한 날 공교롭게도 문이 닫혀 있어 그의 모습을 확인할 수 없어 아쉬워했던 기억이 있다. 모주석기념당은 총면적 57,200㎡, 건축면적 33,867㎡인 2층 건물로 모택동 사후인 1977년에 완공하여 대외에 개방된 곳이다.

굳게 닫혀 있는 모주석기념당은 젊은 경비 두 명이 좌우로 기립하고 있다. 기념당 입구의 좌우로 무리 지어진 인물들을 조각한 군상이 있어 눈길을 끈다. 왼쪽은 군인들의 군상이 오른쪽으로는 민중들의 군상이 역동적인 모습으로 부조되어 있다. 그의 일생을 관통하는 '인민과 함께'라는 철학을 대변하는 듯하다.

기념당에 누워 있는 모택동은 사후에도 정면으로 보이는 인민영웅기념탑과 천안문 그리고 고궁을 뚫어지게 바라다보고 있는 듯한 느낌이 들게 한다. 후세를 살아가는 중국의 지도층들에게 봉건제도의 경험을 영원히 기억하고 오직 인민을 위한 정치를 펼 것을 끊임없이 요구하고 있는 듯하다.

국기게양식은 천안문광장에 있는 인민영웅기념비 옆의 국기게양대에서 이루어지는 엄숙한 의식이다. 전국 각지에서 북경을 찾은 중국인 관광객들이 반드시 들르는 곳이다. 나라 사랑의 마음이 마음속 깊은 곳으로부터 용솟음치게 만드는 감동의 현장이기도 하다.

해질녘에는 국기하강식도 거행되는데, 나는 국기게양식을 보는 것으로 방향을 잡았다. 늦은 가을의 어느 날 게양식이 아침 6시 27분에 거행된다는 정보를 입수하고는 새벽부터 부지런을 떨어 천안문광장에 도착하니 6시가 조금 넘는 시간이다. 게양식이 30분가량 남아 있어 여유가 있을 것이라 생각했는데 그게 아니다. 이른 시간임에도 천안문광장은 벌써 수많은 인파로 덮여 있어 발 디딜 틈이 없을 정도다.

짧은 시간 진행되는 동안 보폭 75㎝, 분당 108걸음을 내딛는다는 군인들의 절도 있는 행진과 15m 높이의 게양대에 오성홍기가 올라가는 장면을 가까이에서 보고 싶었는데 많은 인파로 인해 용이하지 않을 듯하다.

대부분이 중국의 각 지역에서 온 단체여행객들인 듯하다. 새벽 4시에 일어나 준비한 나보다 더 많은 공력이 들어갔을 것이라는 생각에 대단하다 여길 수밖에 없다. 올림픽 등에서 오성홍기가 게양되는 의식을 텔레비전에서 숱하게 접할 것이고 각 성시별 또는 회사 단위별로 이루어지는 국기게양식이 있을 것이다. 그럼에도 불구하고 이런 고생을 마다않고 천안문광장으로 모여드는 그들을 바라보며 애국심인지 아니면 남들이 한 번씩은 간다는 장소이니까 의례적으로 방문하는 것인지 궁금해진다. 아마도 애국심의 발로가 아닌가 싶다.

6시 27분 정각이 되자 절도 있는 군인들의 행진이 시작되고 중국인민공화국 국가가 연주되면서 게양대 꼭대기를 향해 붉은색의 오성홍기가 천천히 올라간다. 새벽녘 붉은 햇살이 붉은색의 오성홍기로 비추이며 게양대로 향하는 순간이 참으로 환상적이다. 어린 아이들은 아버지의 어깨 위에서, 연인들은 서로의 손을 꼭 잡고 새벽녘 천안문광장 앞에서 게양대로 향하는 오성홍기를 경건히 바라보며 따라서 국가(國歌)를 부르고 있다.

천안문광장 국기게양대를 정면에서 보고 있는 모택동이 매일매일 흐뭇해하고 있을 것 같다는 생각을 문득 하게 된다. 그가 만든 중화인민공화국의 국기가 매일 오르고 내리는 의식이 그의 면전에서 거행되니 말이다. 그것도 나 같은 외국인은 신기한 모습으로 중국인들은 경건한 모습으로….

이른 새벽잠을 설치고 방문한 국기게양식은 고생한 이상의 가치를 전해 준다. 비록 외국인으로 참여한 국기게양식이었지만, 넓디넓은 중국 대륙에 살고 있는 중국인 대부분이 부모님을 모시고 또는 아이들을 데리고 꼭 한 번은 찾는다는 게양식을 함께 지켜볼 수 있었던 좋은 경험으로 기억될 듯하다. 어느 나라에서도 보기 힘든 국기게양식은 중국인들로 하여금 나라 사랑과 나라에 대한 자부심을 느끼게 하기에 부족함이 없는 특별한 의식이다.

지금까지 '중국의 중심 북경, 북경의 심장인 천안문광장'을 들러 싸고 있는 관광지에 대한 개인적인 소회를 적어 보았다. 15세기 초부터 약 600년간 명과 청나라 2개 봉건왕조의 유물과 불과 1세기에 못 미치는 신중국의 상징들이 보여 주는 오묘한 조화가 특별한 곳이 천안문광장임을 올 때마다 느끼게 되었고 그러한 느낌을 서술해 본 것일 뿐이다.

중국인들은 은감불원이라는 고사성어의 의미를 철저하게 깨닫고 있는 지혜로운 국민들이다. 봉건사회의 틀을 박차고 나온 지 70년이 되지 않은 짧은 시간 안에 세계 2대 경제대국으로 발돋움하고 있는 현실을 보면 미루어 짐작할 수 있을 것이다. 청나라 말 나라와 국민을 보호하지 못해 열강으로부터 시달려야 했던 중국은 이제 없다. 다만 아시아의 맹주로서 천하를 호령했던 시절들의 막강한 중국만이 있을 뿐이다. 실크로드를 개척한 한 무제의 중국, 왕성한 국력을 전 세계에 과시했던 성당시기의 중국, 정화의 7차례에 걸친 서양 원정 등으로 국력을 떨쳤던 명나라 때의 화려했던 중국이 있을 뿐이다.

천안문에서 행해진 항일전쟁승전 70주년 기념식을 통해 넓게 펼쳐진 천안문광장 앞 대로를 절도 있는 모습으로 행진하는 군인들과 최신의 군사 장비들을 보며 세계 속으로 거침없이 발길을 내딛는 중국의 힘을 세계인들이 주목하고 있다. 왕성했던 시절의 중국과 현재의 중국을 매치시키며 한편으로는 경계하고 한편으로는 부러워하면서….

중화인민공화국 설립 후 철거 위기에까지 몰렸다는 고궁이 주은래의 역할에 의해 백지화되고 살아남은 것이 얼마나 다행인지 모를 일이다.

백성 사랑이
만들어 낸

금자탑

중국 대륙에 수없이 널려 있는 유적지를 돌아다니다 보면 각각이 보여 주는 특색들이 있어 무척이나 흥미롭고 즐겁다. 그 많은 유적지 중에서도 백성에 대한 지극한 사랑이 없었다면 탄생하지 못했을 수도 있는 기적과 같은 곳이 있어 소개하려 한다. 그들이 인류에게 제공한 선물 속에 잔잔히 흐르는 백성 사랑의 마음이 시공을 초월해 이어지고 있어 마음 깊숙한 곳에서 감동의 물결이 밀려오는 벅참을 느끼게 된다.

봉건시대 아무리 영특한 제왕이라도 생명의 유한함은 제한된 기간만큼의 영향을 미칠 수밖에 없다. 그러나 그들이 만들어 놓은 '백성 사랑의 금자탑'은 수천 년을 이어오며 사람들의 삶을 윤택하게 만들고 있어 더욱 빛을 발하는 듯하다. 도강언과 경항대운하가 바로 그것이다.

사천에서 도강언을 처음 접했을 때 밀려오는 감동을 주체할 수 없었다. 이빙이란 천재에 의해 만들어진 불멸의 작품으로 인해 2,000년이 넘는 장구한 세월 동안 태어나고 쓰러져갔을 숱한 인간들의 삶을 기름지게 만들었다는 사실에 탄복할 뿐이다. 오늘날까지도 '천부의 땅'이라는 축복을 누리고 있는 성도평원은 이빙의 천재성과 집념이 백성 사랑이라는 영원한 주제와 결합하면서 탄생하게 된 것이다. 아내를 볼모로 잡히면서까지 도강언 공정을 완료한 그의 열정을 보며 백성에 대한 사랑을 느끼지 않을 수 없다.

경항대운하는 강소성 소주를 들렀을 때 만나게 된 석양에 물드는 풍교대운하의 아름다운 모습에 반하게 되었다. 북경과 항주로 연결되는 구간의 대운하였는데, 운하 위를 말없이 그리고 고독하게 흘러가는 수많은 배를 보며 대운하가 백성들의 삶에 얼마나 큰 영향을 미쳤는지를 알게 되고 또 감동하게 되었다.

도강언은 성도평원 서부에 위치한 관현을 흐르는 민강에 지어진 수리시설이다. 우선 2,000여 년 전 도강언이라는 수리공정이 역사 속에 등장하게 되는 배경을 들여다보자.

민강은 사천성 서북부에서 흘러들어오는 장강의 지류다. 민강의 상류는 높은 산의 협곡으로 다량의 모래와 돌을 동반해 빠른 속도로 흘러내리는 구간이다. 반면 성도평원 일대는 지세가 완만해지며 유속이 느려지는 강줄기로 협곡에서 실려 내려온 모래와 돌이 침전되는 구간이다. 이러한 지형조건은 매년 건기와 우기를 맞이할 때마다 지독한 가뭄과 범람으로 백성들을 괴롭히게 된다.

농사를 지어 생계를 유지해야 하는 농민들의 입장에서는 이러한 자연의 조화에 무기력하게 대응할 수밖에 없었던 상황이었다. 가뭄이 들 때면 메말라가는 벼이삭들을 안타까이 바라보며 하늘에 대고 비가 오기를 기도했을 것이다. 또 홍수가 닥쳐 강이 범람하면 땀 흘려 심은 곡식들이 물에 떠내려가는 상황을 매년 겪으며 하늘을 원망하며 실의에 젖었을 것임은 미루어 짐작할 수 있다.

지금으로부터 약 2,270년 전인 기원전 256년 진(秦)나라의 소양왕은 이빙을 촉 군수로 보내어 백성들의 아픔을 근원적으로 해결하기 위한 대책을 수립할 것을 지시하게 된다. 막중한 임무를 띠고 촉 군수로 부임한 이빙은 아들 이랑의 도움 하에 치수에 경험이 있는 인재들을 대대적으로 모집한다. 전문가 집단을 구성한 이빙이 민강의 지형과 수형 등을 종합적으로 탐사한 후 검증과 연구를 통해 도출한 결론이 바로 2,000여 년이 지난 오늘날에도 볼 수 있는 도강언 수리공정인 것이다.

어취, 비사언, 보병구가 도강언의 핵심공정인 것은 익히 알려져 있다. 어취는 물고기의 입모양처럼 생겨 붙여진 이름으로 민강의 중심에서 민강을 2개로 나누는 기능을 하고 있다. 민강의 정류인 외강은 홍수를 조절하는 역할, 내강은 인공으로 물을 끌어들여 관개의 기능을 담당한다. 홍수와 가뭄 때 수량을 조절할 수 있어 관개와 홍수재해 방지를 동시에 수행할 수 있는 것이 어취의 오묘한 점이다. 약 180m 길이의 비사언은 내강의 넘치는 물과 진흙과 모래를 자동으로 외강으로 흘려보내는 기능을 하고 있다. 쌓이는 침전물로 인해 하도가 막히는 것을 방지하고 관개를 보장하게 되는 것이다. 폭 20m, 높이 40m, 길이 80m인 보병구는 관개수로의 개폐기라 볼 수 있다. 좁게 만들어진 수로를 따라 빨라진 물의 흐름이 보병구 아랫부분에 설치된 수십 개의 작은 수로를 타고 평야 구석구석 흘러 농민들에게 목숨과 같은 물을 배급하는 기능을 수행한다.

위와 같이 몇 줄로 도강언의 수리공정에 대한 핵심을 서술할 수 있지만, 2,000여 년 전의 기술력으로 어떻게 이러한 위대한 역사를 이루어 내었는지가 무척이나 궁금해진다. 해서 이빙의 지혜가 어떻게 동원되어 온갖 어려움을 극복하고 상상조차 하기 힘든 거대 규모의 수리공정을 완료할 수 있었는지를 지금부터 들여다보려 한다.

대규모 건설을 할 때면 작업공정에 지장을 주는 거대한 암석 등을 만나게 된다. 현대의 기술은 폭약을 사용해 몇 초 사이에 장애물을 제거한다.

2,200여 년 전의 이빙에게는 이러한 문명의 이기가 있을 리 만무했다. 사람들로 하여금 목재를 장애물인 암석에 쌓게 해서 불을 내어 열을 가하게 한다. 암석이 후끈 달아오를 때쯤 찬물을 쏟아부어 극단적인 온도 변화에 의해 암석이 균열되도록 하는 방법을 사용해 해결하였다고 전해진다. 유속이 빠른 민강에 제방을 쌓을 때에는 돌들이 물살에 휩쓸려 떠내려가는 난관에 봉착하게 된다. 이를 해결하기 위해 사람들을 시켜 산에서 대나무를 벌목해 오게 하고는 죽롱을 제작해 자갈을 겹겹이 넣어 해결했다.

'어찌 어려움이 이것뿐이었을까?' 그러나 이빙은 근본적인 해결에 목말라했던 현지 주민들과 함께 온갖 장애를 극복해내고 마침내 '홍수 방지, 관개, 운송 기능 일체의 수리공정 금자탑'인 도강언을 준공하게 된다. 원시적인 방법에 의해 만들어진 도강언은 현대에 이르러 계통공정학과 유체역학 등으로 일컬어지는 과학원리가 깃든 것이라고 하니 이빙의 천재성에 감탄하지 않을 수 없다.

그러나 천재성으로만 도강언이 만들어진 것이라고 보기에는 무엇인가 허전한 느낌이다. 그렇다. 바로 고통 받는 백성들을 사랑하는 마음이 이빙으로 하여금 모든 난관을 극복하게 만들었을 것이라 믿어 의심치 않는다. 당시 그를 음해했던 진왕의 친척이었던 화양후의 질시로 중상모략을 받게 되는 기가 막힌 상황에 접하게 된다. 결국 면직의 위기에 몰리게 되자 현숙한 부인 스스로 볼모를 청해 도강언을 마무리할 수 있는 소중한 시간을 벌었다고 전해진다. 볼모로 잡혀간 부인은 볼모지인 함양에서 병으로 죽게 되는데, 이러한 내막을 모를 리 없는 백성들은 더욱더 이빙의 은혜에 감사하게 된다.

이러한 기초상식으로 무장해 도강언을 들어서면 보이는 모든 곳이 감동으로 다가온다. 입구를 지나 조금을 걸으면 그다지 크지 않은 분수에서 시원한 물을 뿜어내고 있다. 바닥을 보면 원형으로 만들어진 대나무 대롱 속에 자갈들이 빽빽이 들어 있는 것을 볼 수 있다. 바로 빠른 유속에 돌이 유실되는 것을 방지하기 위해 이빙이 만들었다는 죽롱이다. 일견 보기에는 너무나 단순해 보일 수 있지만 2,200여 년 전에는 없었던 것을 새롭게 고안해 만들어낸 창작품으로 도강언 수리공정의 큰 난관 중의 하나를 해결한 것이라 생각하니 감동스러워 한동안 들여다보게 된다.

드디어 도강언의 전모가 눈에 들어온다. 제일 먼저 보이는 것은 하류 쪽인 보병구다. 상류로부터 넓게 내려오던 물살이 빨라지며 힘차게 흘러가는 모습이 장관이다. 2,200여 년의 세월 동안 끊임없이 흘러내리며 척박했던 성도평원을 비옥한 토지로 변모시켜 백성들의 불안했던 생활을 풍요로 바꾼 역사의 현장이라 생각하니 감동이 물밀 듯하게 밀려온다. 보병구를 지나면 도강언의 댐 역할을 하고 있는 넓은 폭의 비사언을 만날 수 있다. 그다지 넓지 않아 보이는 비사언이 도강언이 존재하기 전까지 농민들에게 들이닥친 재해를 해결해 준 홍수조절과 관개기능을 하고 있다고 생각하니 감회가 더욱 새롭다. 수많은 관광객 틈에 끼어 상류로 오르다 보면 오묘한 느낌을 주는 어취가 눈에 들어온다. 지금이야 만들어진 것을 보고 있기에 그다지 대단한 것 같지 않지만 빠른 유속의 민강을 두 줄기로 가르며 우뚝하니 서 있는 모습이 장관이다. 어취와 비사언 그리고 보병구를 보며 도강언 수리공정을 이해하는 것 자체도 쉽지 않은데 이러한 역작을 무에서 창조해 내었다는 사실에 경외감을 느낄 수밖에 없다.

어취가 있는 곳 뒤쪽에서는 방수(放水)라는 공연이 행해진다. 도강언을 만드는 과정과 만들어진 도강언으로 인해 백성들의 삶이 풍요로워지고 태평성대를 누리는 백성들의 모습을 약 1시간 동안 보여 주는 공연이다.

즐거움과 감동이 넘치는 공연으로 볼만한 가치가 충분하다.

천재적인 과학자가 만들어낸 기적과 같은 도강언을 보며 이빙이 베푼 진정한 백성 사랑의 숨결을 느끼게 되고 감동하게 된다. 척박했던 땅 성도평원, 홍수와 가뭄으로 농민들을 피폐하게 만든 땅 성도평원이 2,200여 년의 장구한 세월 동안 천부의 땅으로 변화된 역사의 현장을 직접 지켜보며 벅찬 감동을 주체하지 못한다.

'도강언은 백성 사랑이 만든 금자탑'이다. 그리고 그 백성 사랑이 지나온 2,200여 년을 넘어 앞으로도 수천 년간 이어질 것이다. 백성 사랑을 실천한 이빙이란 이름 두 글자 역시 인류의 역사가 계속되는 한 영원히 기억될 것이다.

경항대운하는 도강언과는 또 다른 백성 사랑의 표현방식이다. 그러나 영향을 미친 공간적인 측면에서 본다면 경항대운하가 미친 범위가 더욱 방대했다고 볼 수 있다. 도강언이 사천성 한 지역 농민들의 풍요로운 삶을 보장했다면 경항대운하는 운하의 출발점인 북경에서 종착점인 항주뿐만 아니라 강소성 소주 등 운하가 지나는 모든 지역의 경제발전을 촉진하는 기능을 담당했기 때문이다.

2,200여 년 전 농경국가였던 고대 중국에서는 농업활동이 살아가는 중요한 방식이었다. 그러나 1,000여 년 후인 경항대운하가 뚫리게 된 6세기 말과 7세기 초는 지역 간의 무역거래가 활발하게 이루어진 시기였고 경항대운하는 그러한 시대적인 상황이 반영된 것이기도 하다.

장성과 함께 중국 고대의 위대한 공정으로 알려진 경항대운하는 1,794

㎞로 세계에서 가장 긴 인공하도로 알려져 있다. 경항대운하는 춘추시대 말 기원전 5세기에 처음 굴착이 된 후 수나라 때인 7세기와 원나라 때인 13세기에 대규모의 확장공사를 거쳐 오늘에 이르고 있는 것이라 기록되어 있다.

경항대운하가 지나는 지역은 북경, 천진의 2개 직할시와 하북, 산동, 강소, 절강 등 4개 성으로 북쪽의 북경으로부터 남쪽의 항주를 잇는 남북 교통의 대동맥이다. 수문제와 양제 때 약 20여 년간 해하, 황하, 회하, 장강, 전당강 등 5대 수계를 잇는 대규모 수리공정이 이루어졌고 마침내 사통팔달의 수운네트워크인 경항대운하가 모습을 드러내게 된다.

지역 간 복잡한 지리환경 등을 극복해야 하는 등 시공부터 관리까지 유체역학 등의 과학기술이 종합적으로 반영된 경항대운하 공정의 완성은 중국 고대인들의 지혜가 깃든 창조정신의 발로라 할 수 있을 것이다.

경항대운하의 개통은 당시 정치 중심이었던 장안과 낙양의 인구 증가로 인한 식량 부족의 고질적인 문제 해결에 숨통을 열어 주었다. 반면 절강성 일대의 풍부한 자원이 남북을 가르며 활발한 교역이 이루어지게 하는 효율적인 수단으로 활용되게 된다. 실제로 경항대운하가 개통된 수당 이후 운하가 지나는 지역인 항주, 진강, 양주, 회안, 개봉, 소주 등이 발전을 거듭하게 된다.

경항대운하의 건설배경에는 수나라 당시의 군사·정치·경제적 요인들이 종합적으로 반영되어 있을 것이다. 그러한 목적성을 떠나 1,400여 년이 흐르는 오랜 세월 동안 묵묵히 오고가는 남북 간의 교류 물자들은 지역 간 경제발전에 지대한 기여를 해오고 있다. 오늘날에도 말없이 흐르는 경항대운하 위로는 물자를 운반하는 배들의 오고감이 끊임없이 이어지고 있다. 지금부터는 중국 일대를 돌아다니며 직접 경험한 경항대운하에 대해 소개하고 나의 소회를 공유하려 한다.

풍교대운하는 강소성 소주의 풍교고진을 지나는 곳에 있는 경항대운하의 한 부분이다. 소주가 본격적으로 역사의 무대에서 이름을 알리게 되는 것이 바로 경항대운하가 개통된 7세기 초부터라고 한다. 북쪽으로의 물길이 열리면서 강남과 강북의 교역이 획기적으로 증가하기 시작했고, 경항대운하의 혜택을 직접적으로 받게 되는 소주는 이때부터 중계무역과 물자운송으로 막대한 부를 쌓게 된다.

그러한 영화가 1,400여 년을 지속해 이어지고 있으니 소주와 소주 시민들에게는 경항대운하가 무척이나 고마운 존재가 아닐 수 없을 것이다. 풍교고진은 경항대운하 연안의 상업과 무역중심이자 양식의 집산지로 발전하게 된 곳이라고 한다.

풍교고진에서는 대운하가 지나는 곳을 공원화하여 개방하고 있다. 운하 길을 따라 조성된 한적한 길을 걷다 보니 2~3분 단위로 대운하를 가르며 지나가는 선박들의 말 없는 흐름이 눈길을 사로잡는다. 무엇을 실었는지 모를 우중충한 배들의 끊임없는 이어짐이 1,400여 년을 지나는 시간 동안 지속되어 왔을 것이라 생각하니 가슴 한편이 뭉클해진다. 방문한 시간이 마침 해질녘이라 떨어지는 태양의 노을을 배경으로 묵직하게 대운하를 가르며 오가는 선박들의 실루엣 지는 장면이 너무나 낭만적이다.

1,400여 년 전 만들어진 경항대운하가 시공을 초월해 오늘날까지 이용되고 있다는 사실에 다시 한 번 경이로움을 느낄 수밖에 없다.

절강성 항주의 대운하는 경항대운하의 종점이라는 상징성이 나를 자극해 항주를 재차 방문하는 해프닝이 있었던 곳이다. 항주에서는 서호가 얼굴마담이다 보니 경항대운하가 어디에 있는지도 모르는 사람들이 태반이다. 운하광장이 있다는 정보를 입수하고는 물어물어 기차역에서 약 1시간은 소요되는 지점인 서창패에 하차한다. 오토바이를 타고 가는 젊은이를 잡아 운하광장 가는 길을 탐문하니 목적을 물어온다. 경항대운하를 보기 위함이라 알려주니 운하광장에서는 대운하를 제대로 볼 수 없다며 인근에 다리를 건설하고 있는 곳을 가리킨다. 다리 아래로 대운하가 흐르고 있다며….

어차피 대운하를 보는 것이 목적이었기에 잘되었다 여기고 다리 건설현장으로 발길을 돌려 10여 분을 걸어가니 경항대운하를 횡단하는 고가교를 건설하는 작업이 한창이다. 개통되지 않은 도로 위를 오르니 도도히 흐르는 경항대운하의 모습이 한눈에 들어온다. 얼마나 반가운지 모른다. 항주에 와보니 모든 것이 서호을 위주로 움직이고 있는 것이 너무나 두드러져 안타까웠는데 항주 발전의 한 축이 된 경항대운하를 눈앞에서 볼 수 있어 감사할 따름이다.

대운하 위를 서서히 표류하는 우중충한 배들이 1,400여 년의 공간을 뛰어넘어 묵묵하게 오고갔을 것이라 생각하니 가슴 깊은 곳에서 표현하기 어려운 감정이 용솟음친다. 북경과 항주를 잇는 경항대운하가 개통되며 경제발전의 가속화를 이루게 된 항주로서는 대운하가 가져다준 번영의 결실을 결코 잊어서는 안 될 것이다. 나이 들어 바람난 가장이 조강지처를 버리는 것이 정서적으로 받아들여지지 않듯 서호의 화려함에 빠져 묵묵히 흐르는 대운하가 가져다주는 혜택을 망각하는 우를 범하지 말아야 할 것이다.

어느 조직이든 조직의 크고 작음을 떠나 궂은일을 도맡아 하는 집사 같은 이들이 있기 마련이듯 대운하는 마치 그러한 집사의 역할을 말없이 수행하고 있는 듯하다. 대운하길 양편으로 어수선하게 들어서 있는 장비들과 선박들 그리고 무엇을 실었는지는 모르지만 너무나 우중충해 보이는 선박들이 끊임없이 교차하며 오가는 모습은 우직한 머슴 같은 느낌을 준다.

철교 아래로 들어갔다 나왔다 하는 배들의 흐름이 비록 속도는 빠르지 않지만 끊임없이 이어지는 것을 보며 물류의 한 축을 담당하는 대운하의 묵묵한 기여를 목격하게 된다. 오가는 배들이 교차하는 공간 위를 나는 하얀 비둘기의 날갯짓이 그리 정겨워 보일 수가 없다.

2,200여 년 전 천재 이빙에 의해 만들어진 도강언과 1,400여 년 전 황하 등 5대 수계를 잇는 대규모 수리공정으로 탄생한 경항대운하는 고대 중국인들의 창조정신이 만들어낸 위대한 작품이다. 이 위대한 작품들이 백성들의 삶에 미치는 영향은 그 깊이를 헤량할 수 없을 정도다. 현대와 같은 첨단 과학기술의 지원이 없었던 시대에 일궈낸 기적에 가까운 역작이라 더욱 소중하다. 백성의 고통을 함께 아파하고 그들의 아픔을 근원적으로 해결해 주고자 하는 보이지 않는 따뜻한 손길이 감지되어 더욱더 감동스럽다.

언제 기회가 된다면 배를 띄워 경항대운하를 종주하고 싶다는 생각이 불현듯 떠오른다. 1,400여 년 동안 오가는 배들을 묵묵히 바라보았을 경항대운하와 대화를 나눌 수 있게….

심장을 뛰게 하는 명소들

험한 세상을 살아가다 보면 좌절과 실의에 빠져 삶의 의욕을 상실할 때가 한두 번씩은 있을 것이다. 사업에서의 실패나 사랑하는 이의 상실 또는 연인과의 결별 등 오만 가지의 이유로 인해 어느 순간 세상이 싫어지는 순간에 부딪히는 것은 사람이면 예외가 없을 듯하다.

어떤 이는 술, 어떤 이는 춤, 어떤 이는 여행, 어떤 이는 종교에 의지해 이러한 상실과 좌절에서 벗어나려 발버둥을 치지만 벗어나기가 쉽지 않다. 때로는 생명의 원천인 심장의 박동을 잊어버리고 살아가고 있다는 사실을 발견하고는 깜짝 놀라기도 한다.

중국 대륙을 돌아다니다 보면 보는 것 자체만으로도 살아있다는 느낌을 주는 곳이 있다. 지금부터 잊어버렸던 심장의 요동을 느끼게 해주고 삶에 대한 강렬한 욕망을 불러일으키는 명소를 몇 개소 소개하려 한다.

황과수폭포는 아시아에서 최대 규모를 자랑할 뿐 아니라 세계적으로는 북미의 나이아가라 다음으로 큰 폭포이다. 높이 77.8m, 폭 101m로 그 웅장함은 말로 표현하기 어려울 정도다. 카르스트지형 중에서 보기 드문 대형의 폭포로 전후좌우상하 6개 방향에서 감상이 가능한 세계적으로 유일한 폭포로 알려져 있다.

황과수폭포는 한마디로 명불허전이다. 멀리서 보이는 폭포는 색시 같은 수줍은 모습으로, 근접해서는 고막이 터질 듯한 굉음을 내며 웅장함을 넘어서는 위압적인 모습을 보여 준다. 폭포의 내부인 수렴동을 들어서면 떨어지는 폭포의 물줄기 바깥으로 희미하게 보이는 태양과 푸른 나무들이 신비함을 전해 준다. 마치 카멜레온 같은 황과수폭포의 변화무쌍함은 보는 이의 눈과 귀를 즐겁게 해 주기에 부족함이 없다.

높은 곳에서 낙차를 일으키며 떨어지는 폭포가 일으키는 하얀색 물보라는 마치 비 오는 날을 방불케 할 정도의 운무를 만들어내고 그 운무가 주위를 온통 감싸고 있어 신비감을 더해 준다. 폭포가 일으키는 물보라를 피하기 위해 어떤 이는 우산을 받쳐 들고, 어떤 이는 우비를 입고 무장한 채 폭포로 다가선다. 그러나 나는 맨몸으로 돌진한다. 폭포가 뿜어내는 역동적인 생명의 기운을 온몸으로 느끼기 위해서….

폭포로 근접할수록 소나기를 맞은 양 온몸이 젖게 되는데 그리 상쾌할 수가 없다. 살아 있음을 온몸으로 느끼는 환희가 있다. 자연이 만들어낸 아름답고 거대한 폭포, 그 폭포가 일으키는 물보라를 온몸으로 맞이하니 자유라는 것이 이런 것인가 싶을 정도다.

가까이에서 들려오는 폭포의 우렁찬 굉음은 한동안 잊었던 심장의 박동을 감지하게 만들고 그러한 느낌 속에 내가 살아있음을 알게 되는 황홀한 순간이다. 아래에서 위를 올려다보면 힘차게 떨어지는 폭포의 역동적인 모습과 우렁찬 소리에 통쾌함을 느끼게 된다. 옆에서 그리고 위에서 아래를 내려다보니 사정없이 떨어지는 폭포의 장관에 한순간 정신이 멍해질 정도의 아찔함을 경험한다.

떨어지는 폭포가 일으키는 하얀색의 물보라가 강하게 내리비치는 햇살과 조화되어 순간적으로 만들어졌다가 사라지는 7가지 색깔의 무지개를 보는 것 역시 신비함이고 행운이다. 폭포의 내부인 수렴동을 들어서면 6개의 다른 모양 동굴의 창에서 보이는 세차게 내리꽂히는 폭포는 너무나 환상적이다.

아시아 최대의 황과수폭포는 폭포를 마치 만지는 듯한 느낌으로 즐길 수 있는 특별함이 있다. 그 특별함은 자연이 만들어낸 폭포라는 생명을 통해 스스로가 살아있음을 깨닫게 해주는 마력을 지닌 듯한 느낌을 갖게 한다. 황과수폭포를 이미 다녀간 이들은 이러한 나의 느낌을 충분히 이해할 수 있을 것으로 생각된다.

삶에 지치고 삶이 힘들다 여겨질 때 황과수폭포를 만지고 느끼며 그 생동감이 자신의 심장으로 전달되는 오묘한 경험을 해 보는 것도 나쁘지 않을 듯하다.

호도협은 운남성의 리장과 샹그릴라 사이에 위치하고 있다. 황과수폭포와는 또 다른 느낌의 생명력을 느끼게 하는 곳이다.

급한 흐름으로 내려오던 금사강은 석고진 장강이 첫 번째로 굽어지는 곳에서 평온하게 흐르다가 홀연히 북으로 방향을 선회한다. 급선회한 장강은 하바설산과 옥룡설산 사이의 틈으로 힘차게 밀고 들어와 세상에서 가장 장관이라고 알려진 협곡을 만나게 된다. 그 협곡 중에 가장 좁은 구간이 바로 호도협으로 18㎞가량 이어진다.

샹그릴라의 별천지 같은 아름다움을 충분히 즐긴 후 호랑이가 뛰어넘었다는 호도협으로 달려간다. 리장에서 3시간 소요된다는 호도협을 2시간 달리니 도착한다. 이른 아침부터 관광객들의 발길로 넘치는 것을 보며 호도협의 유명세를 알게 된다. 벽안의 외국인들도 간간히 보이는 것이 특이함을 즐기는 그들의 취향을 들여다볼 수 있다.

깎아지는 듯한 절벽 사이로 협곡을 가르는 세찬 물소리가 멀리에서부터 들려온다. 호도협을 만날 수 있다는 기대감에 심장이 벌렁벌렁할 정도다. 드디어 대형의 호랑이가 조각되어 있는 호도협을 눈앞에서 보게 된다. 장관이다. 18㎞를 이어지는 호도협 구간 중에서 가장 좁은 곳인 폭이 30여m 구간의 호도협으로 급해진 물살이 마치 못마땅한 것이라도 만난 듯이 흉포한 모습으로 보는 이들을 질타하고 있다.

넓은 공간에서 잔잔히 흐르던 강물이 호랑이가 뛰어넘었다는 호도협에 이르러 물살이 급속도로 바뀌면서 흘러내리고 있는 것이다. 거세진 물살이 뿜어내는 하얀 색깔의 물보라가 사방으로 튀며 사라지는 모습이 무척이나 아름답다. 세차게 포효하는 물소리는 내 심장의 박동 수를 급속도로 빠르게 만들며 삶의 환희를 느끼게 한다.

77.8m 높이에서 힘차게 내리꽂히는 황과수폭포와 같은 낙차가 없음에도 이렇듯 힘 있는 모습을 보여 주고 있다는 사실을 상식적으로 이해하기 쉽지 않다. 비교적 넓은 구간을 마치 모든 것을 품을 듯이 온화하게 흐르던 흐름이 호도협에서도 가장 좁은 구간을 만나자마자 한순간에 난폭한 흐름으로 바뀌는 것이 신기할 뿐이다.

좁아진 협곡에서 낙차가 5m도 채 되지 않는 듯한 높이의 호도협이 보여 주는 힘찬 물길의 생동감은 색다른 경험이다. 산서성 임분시 길현에 있는 호구폭포의 웅장함과 겹치는 듯한 느낌을 받는다. 아무려나 순식간에 변화하는 호도협의 물줄기가 나의 존재를 확인하게 하는 표현 못 할

쾌감을 전해 주고 있다는 사실에 흡족할 뿐이다. 바위에 부딪히며 부서지는 포말과 물과 물이 부딪히며 용솟음치는 소용돌이 그리고 그 소용돌이가 만들어내는 우렁찬 소리는 마치 심장이 뛰고 있는 듯한 착각을 하게 만들고 흥분하게 된다.

사실 호도협은 호랑이가 뛰어넘을 정도의 좁은 협곡은 아니다. 다만 중국인들의 풍부한 상상력이 만들어낸 이름일 뿐이다. 아름다운 샹그릴라와 리장의 중간 지점에 있는 호도협은 내가 살아 있음을 깨닫게 해 주는 또 다른 심장박동기로 오랫동안 기억될 듯하다.

표돌천은 황과수폭포나 호도협의 웅장함과 역동성이 주는 생명력이기보다는 투박한 모습으로 심장의 박동이 영원히 끊어지지 않고 이어질 것 같은 끈질김의 생명력을 보여 주는 곳이다.

높은 곳에서 큰 폭의 낙차로 떨어지며 포효한다거나 물과 물이 부딪히며 물보라와 굉음을 일으키는 화려함은 전혀 없다. 다만 땅 밑으로부터 샘이 솟아오르는 것이 한순간의 멈춤도 없다. 매초 당 1.6ℓ의 물을 내뿜고 가장 높게 분사되는 높이가 5~6척에 이른다고 하니 그 지속성과 힘을 알 수 있다.

표돌천은 산동성 제남의 72개 샘 중에서 천하제일천으로 알려져 있기도 하다. 대부분의 샘들이 기능을 유지 못 할 정도로 말라버린 상황에서 유일하게 끊임없이 솟아오르는 것이 표돌천이라 더욱더 특별해 보인다. 표돌천은 산동성에 흐르는 낙수의 수원으로 지금까지 2,700년의 역사를 품고 있다고 한다. 2,700년이라는 세월 동안 쉼 없이 분출하고 있는 것이니 그 장구함에 놀라게 된다.

이러한 표돌천을 만나게 되지만, 너무나 보잘것없어 보여 실망하게 된다. 천하제일천과 표돌천이 좌우로 적혀 있는 정자 앞에 조그마한 연못이 있다. 사방으로 에워싸고 있는 관광객들의 눈길을 따라가다 보면 연못의 가장자리 가까이에서 미묘한 움직임이 포착된다. 자세히 살펴보니 연못 아래로부터 세 줄기로 솟아오르는 샘이다. 바로 천하제일천이라 불린다는 표돌천이다.

힘차게 솟아오르는 모습을 한참 동안 지켜보게 되면 처음의 실망감이 경외감으로 서서히 바뀌어가는 자신을 발견하게 된다. 우리의 심장이 한 순간도 쉬지 않고 박동하고 있음에 생명을 유지하듯 표돌천 역시 쉼 없이 분출하고 있다. 마치 3개의 심장이 동시에 뛰고 있는 듯한 착각을 하게 될 정도다. 어느 순간 나의 심장이 뛰는 속도와 표돌천이 분출해 내는 물줄기의 속도가 일치한다는 환상에 빠져들게 된다.

비록 화려함은 보이지 않지만 투박함 속에 담긴 표돌천의 끊임없는 생명력은 지나온 2,700여 년의 역사를 지나 영원히 계속될 듯하다. 표돌천의 솟구침은 마치 온천에서 뜨거운 물이 용솟음치는 듯, 화산의 용암이 요동하는 듯, 사람의 심장이 박동하는 듯하다. 3줄기로 분출하는 연못 주위로는 각양각색의 물고기들이 무리를 지어 표돌천이 만들어내는 생명의 환희를 즐기고 있다. 세 줄기로 힘차게 분출되는 표돌천은 지속되는 생명의 원동력이다.

지금까지 살아 있다는 환희를 느끼게 해 주는 명소를 소개해 보았다. 명소들 각각이 보여 주는 모습은 다르지만 하나같이 생명의 소중함을 일

깨워 주는 곳이라고 개인적으로 생각한다. 황과수폭포의 폭발적인 역동성, 호도협 계곡이 만들어내는 물과 물의 부딪힘 그리고 표돌천의 투박하고도 은근함이 만들어내는 것은 바로 생명이다. 사람으로 따지면 심장이다.

사람은 지위고하와 남녀노소를 떠나 누구나 태어나는 순간 죽음이라는 종착점을 향해 달려가고 있다고 할 수 있을 것이다. 살아 있다는 것은 심장이 뛰고 있다는 것이다. 빡빡한 일상에 지쳐 심장의 움직임을 느낄 수 없다고 여겨질 때 모든 것을 훌훌 털어버리고 찾아볼 만한 가치가 충분한 곳들이라 여겨진다. 자신의 심장이 뛰고 있음에 표현을 넘어서는 환희를 느끼게 되고 새로운 각오로 세상을 향해 힘차게 발걸음을 내디딜 수 있을 것이기 때문이다.

강남 3대

명루
나들이

중국 대륙의 어느 곳을 가든 아름다운 누각들이 보는 이들의 눈을 즐겁게 한다. 그 많은 누각 중에 유독 알려진 곳이 있어 소개하려 한다. 호북성 우한의 황학루와 강서성 남창의 등왕각 그리고 호남성 악양의 악양루가 바로 그것이다. 사람들은 이들을 강남 3대 명루라고 부른다.

황학루는 천하강산제일루라고 불릴 정도로 유명세를 타고 있는 누각이다. 역사적으로 수많은 문인과 시인들이 황학루에 올라 그 위용과 주위 경관의 빼어난 아름다움을 노래한 것으로 알려져 있다. 다만 동한 말에 지어진 황학루가 숱한 세월의 흐름에 훼손이 되어 지금 우리가 보게 되는 것은 1985년 재건한 것으로 세월의 흔적이 배어 있는 고색창연한 아름다움을 기대할 수 없다는 것이 조금은 아쉬울 뿐이다.

멀리서 바라보는 황학루의 위용은 기대를 벗어나지 않는다. 황색의 색상으로 하늘을 향해 유려한 곡선을 그리며 올라가 있는 층층의 처마가 아름답기 짝이 없다. 밀려드는 관광객들 틈에 끼어 황학루를 들어서면 황학루의 전설이 담긴 그림이 1층 벽면을 장식하고 있다. 중국인들의 기발한 상상력이 한 폭의 그림으로 구현된 것으로 생각하고 감상하면 된다. 전해오는 전설을 간단히 소개하면 다음과 같다.

'오늘날 우리가 보고 있는 황학루 터는 원래 신씨라는 이가 운영하는 주막이었다고 한다. 어느 날 한 노인이 찾아와 6개월 동안 돈도 내지 않고 술을 요구했는데, 주인장은 술값을 달라는 얘기를 한 번도 하지 않았다고 한다. 괴상한 노인도 공짜 술에 미안했는지 귤껍질을 이용해 벽에 학을 그린 후, 그림 앞에서 손뼉을 치고 노래를 부르면 학이 그림에서 날아 나올 것이라는 황당한 말을 남기고 사라진다.

반신반의하던 주인장은 주막을 찾은 손님들과 함께 노래를 부르니 노인의 말대로 그림 속의 학이 날아 나와 춤을 추었다고 한다. 소문을 타고 주막은 번성했고 공짜 술을 주었던 주인장은 부자가 된다. 10년이 지난 후 노인은 학을 데리고 홀연히 사라졌다고 한다. 노인과 학을 기념하기 위해 주인장 신씨는 주막을 헐고 정자를 지었는데 그것이 바로 황학루의 시초다.' 이상이 내려오는 전설의 내용으로 참으로 황당하지만 전설은 전설일 뿐이다.

각 층에는 황학루와 관련된 자료들이 전시되어 있어 볼만하다. 특히 황학루에 올랐던 이백, 왕유, 악비 등의 소회가 담긴 글들이 눈에 띈다. 현대식 건물로 들어선 황학루 주변이기에 그들의 글을 통해 당시의 아름다웠던 정경을 떠올려볼 수밖에 없다.

정상에 오르면 황학루가 세워진 사산 자락 주위로 장강대교와 대교 아래로 흐르는 도도한 장강 그리고 고층 건물들로 들어차 있는 우한 시내를 덤으로 즐길 수 있어 좋다.

등왕각은 강서성의 성도인 남창을 흐르는 감강변에 지어진 서강제일루(西江第一樓)로 불리는 누각이다. 당 태종 이세민의 동생인 등왕 이원영이 지은 것이라 해서 붙여진 이름이라 전한다. 당나라 때인 653년 지어진 등왕각 역시 세월의 질곡을 버텨내지 못했고 황학루와 같은 해인 1985년 다시 지어진 것이다. 당나라 시대의 고건축의 모습을 기대했다면 실망할 수도 있을 듯하다.

우여곡절 끝에 찾아온 등왕각을 눈앞에서 보게 되니 와 보길 잘했다 여겨질 정도로 아름다운 모습을 보여 준다. 초록 색깔의 지붕이 특색인 등왕각은 총 9층으로 57.5m의 높이를 자랑한다. 늦은 시간에 도착한 등왕각은 해지는 서녘하늘의 노을과 어울려 아름다움을 더해 준다. 노을에 비치어 반사되는 등왕각의 실루엣이 황홀하다.

등왕각을 들어서면 층별로 등왕각과 관련된 자료들을 전시해 놓고 있어 이해에 도움이 된다. 특히 송나라 때 시인 소식 등의 문인과 시인들이 등왕각을 오른 후 감상을 표현한 글들을 통해 당시의 정경을 들여다 볼 수 있다. 소식은 황학루에 올라서도 소회를 글로 남겼는데, 아름다운 누각들을 유람하며 시상을 떠올린 듯하다.

정상에 오르니 사방으로 펼쳐지는 남창의 아름다운 모습이 저물어가는 저녁 무렵의 노을과 어우러져 너무나 맛깔스럽다. 유유히 흐르는 감강과 감강 위를 떠다니는 유람선의 여유로운 흐름, 높게 세워진 고층 건물들이 붉은 노을에 물들여지며 환상적인 분위기를 연출하고 있다.

축축하게 비가 내리는 날 등왕각에 올라 앞으로 가로놓인 감강으로 떨어지는 빗방울을 바라다보고 있노라면 참으로 낭만적이겠다는 생각에 웃음 짓는다.

악양루는 호남성 악양시에 위치한 누각으로 한나라 때 지어진 것으로 전해지고 있다. 이후 역대 왕조를 거치며 수십 차례의 보수를 거친 후 1,700여 년을 전해져 오는 아름다운 누각이다.

원래는 군사 목적으로 지어졌던 망루였는데 송나라 군사가이자 문학가였던 범중엄이 악양루기를 남긴 이후로 악양루로 알려지기 시작했다. '동정천하수, 악양천하루(洞庭天下水, 岳陽天下樓)'라는 악양루와 악양루 주위 경관의 아름다움을 찬사하고 노래한 명사들이 시대를 통틀어 수를 헤아릴 수 없을 정도라고 한다. 그들이 남긴 아름다운 시와 글들은 악양루가 시대를 초월하는 명루로 자리 잡게 만든다. 그중에서도 당나라 때 대시인 두보가 남긴 등악양루는 지금까지도 사람들의 입에 회자되고 있다.

악양루를 들어서면 마치 공원 같은 분위기를 느낄 수 있을 정도로 깔끔하게 정돈되어 있다. 악양루풍경구의 끝자락에 자리하고 있는 황금색 지붕의 악양루는 귀족적인 분위기를 풍기고 장엄하게 서 있다. 1,700여 년의 역사가 무색할 정도로 새롭게 단장되어 있어 고건축의 분위기를 전혀 느낄 수 없는 것은 황학루와 등왕각과 별반 차이가 없어 조금은 아쉽다.

악양루는 3층으로 그다지 높지 않은 누각임에도 자리하고 있는 위치가 고지대라 앞쪽으로 바다처럼 펼쳐진 동정호가 한눈에 들어온다. 악양루는 단순해 보이면서도 품위가 느껴지는 누각이다. 하늘로 향한 지붕의 유려한 곡선이 돋보이는 악양루는 지붕 색깔이 온통 황금색으로 햇살을 받아 더욱 화려하게 보인다. 황금색 지붕의 모서리가 층별로 겹쳐져 오묘한 조화를 보여 주는 것도 특별하다.

악양루의 아름다운 건축미를 사방을 돌아가며 충분히 감상한 후 입구를 들어서면 1층과 2층의 벽에 두보가 남겼다는 등악양루의 전문이 적혀 있어 관람객들의 시선을 끌고 있다. 3층에는 모택동이 필사했다는 등악양루의 일부가 전각되어 있어 볼만하다.

정상을 오르면 끝이 보이지 않는 동정호가 한눈에 들어온다. 악양루 정상에서 비 내리는 동정호, 노을이 지는 동정호를 바라보게 된다면 참으로 낭만적이겠다는 생각을 해 본다. 악양루와 동정호 그리고 운치 있는 분위기와 시성 두보의 천재성이 어우러져 지금까지도 회자되고 있는 등악양루가 탄생하게 된 것이 아닐까 미루어 짐작해본다.

강남 3대 명루를 두 눈으로 직접 확인하며 느끼게 되는 것은 누각이 위치한 곳이 모두 강이나 호수를 끼고 있어 주위 경관이 무척이나 아름답다는 사실이다. 황학루 앞의 장강과 등왕각 옆을 흐르는 감강 그리고 악양루 앞으로 넓게 펼쳐진 동정호가 그렇다.

대규모 건축물과 도로 그리고 대교 등이 우후죽순으로 들어서 있는 지금에야 그 운치를 느끼기 힘들지만 강과 누각만이 존재했을 당시에는 사시사철 보이는 아름다움이 무척이나 낭만적이었을 것으로 추측된다. 시대를 아우르며 다녀갔다는 숱한 문인과 시인 그리고 명망가들이 시상을 떠올리고 세상을 다스릴 웅지를 품기에는 이보다 더한 장소가 없었을 것으로 여겨진다.

오악 정복기

중국에는 아름다운 산들이 대륙의 크기에 걸맞게 널려 있다. 그 많은 명산들 중에서도 유독 오악으로 불리며 중국인들의 사랑을 독차지하고 있는 산들이 있다. 동악 태산, 서악 화산, 남악 형산, 북악 항산, 중악 숭산이 바로 그것으로 오악 명산으로 일컬어지고 있다.

악의 의미를 사전에서 찾아보면 '높은 산'으로 정의되어 있다. 사실 중국에는 오악보다 높은 산들이 수두룩하다. 운남성의 옥룡설산은 해발 4,500m를 초과할 뿐 아니라 해발 4,000m가 넘는 산들도 적지 않다. 이에 비하면 태산의 주봉인 옥황봉 1,544m, 화산 남봉 2,160m, 형산 축융봉 1,289.8m, 항산 천봉령 2,016m, 숭산 준극봉 1,491.73m로 높이로만 따지면 비교가 되지 않는다.

'그럼에도 오악으로 불리는 것은 어떤 의미일까?'가 무척이나 궁금하다. 이리저리 자료를 찾아도 답이 나오지 않아 혼자만의 결론을 내려 본다. '전문적인 등산가가 극한을 극복하기 위해 오르는 산이 아닌 일반적인 사람들이 걸어 오를 수 있는 높이의 산 중에서도 역사성도 있고 아름다움도 겸비한 산들을 지정한 것이 아닐까'라고…. 아무려나 중국 대륙을 돌며 오악의 정상을 모두 정복할 수 있었고 그러한 과정에서 느낀 소회들을 지금부터 공유하고자 한다.

동악 태산은 남쪽 기슭에는 대문구문화, 북쪽 기슭으로는 용산 문화의 유적이 남아 있는 황하유역 고대문화 발상지 중의 하나이다. 뿐만 아니라 고대 정권의 상징으로 제왕의 자리에 오른 이들이 빈번하게 태산에 올라 봉선의식을 집행한 신성한 곳이기도 하다.

방대한 지역의 태산에는 역사적인 가치가 있는 고건축 군이 22개소, 2,200여 년의 역사를 지닌 석각들 그리고 12개의 봉우리 등을 포함한 볼거리들이 널려 있다. 태산이 품고 있는 아름다운 곳들을 모두 돌아보는 것은 현실적으로 불가능하다. 해서 오악독존이 새겨진 비석과 무자비가 있는 주봉인 옥황봉을 오르는 것으로 목표로 하고 2014년 12월 중순의 어느 겨울 태산을 찾았다. 여러 개의 코스 중에 이왕이면 공자와 당 태종 이세민을 포함한 수많은 위인들이 올랐다는 홍문코스를 선택한다. 그들이 올랐던 길을 오르며 그들이 가졌을 호연지기를 느껴보고 싶은 욕심이 강하게 나를 움직인 것이다.

일천문을 지나니 공자등래처라는 석방이 눈에 들어온다. 공자가 여기서 태산 등반을 시작했는가 보다 여기며 그가 걸었던 길을 따라간다. 만선루에서 102위안의 입장료를 지불하고 들어서니 본격적인 등반코스가 나타난다. 초입부터 좌우에 있는 돌에 붉은색의 글자들이 조각되어 있다. 남긴 이들과 남긴 시대도 다양하다. 이러한 조각 글씨들이 정상까지 계속해서 눈에 들어온다. 다녀간 족적을 남기고 싶어 하는 이들의 발칙한 생각이 여느 선진국 같으면 환경 훼손으로 치부되었겠지만 태산이기에 가치가 부여되는 것이 아닐까 싶다.

태산의 겨울 정취를 즐기며 오르다 보면 등산길 오른쪽으로 두모궁이 가장 먼저 모습을 드러낸다. 대부분의 중국인 등산객들은 그냥 지나쳐

가는 분위기이지만, 나는 발품을 팔아본다. 두모궁은 북두칠성의 어머니인 두모여신을 모신 도교사원이다. 사원을 들어서서 8개의 팔을 가진 황금색의 두모여신상을 만나고는 한참을 신기하게 바라다본다.

두모궁을 지나니 오른쪽으로 경석곡으로 가는 길이 열려 있다. 한참을 망설이다가 태산을 다시 들를 기회가 앞으로는 없을 듯해 찾아보기로 했다. 빨간색 글씨들이 온 사방으로 바윗돌에 새겨져 있다. 특이한 것은 비스듬한 바윗돌에 금강바라반야밀경이 금빛색의 글자로 새겨져 있다. '태산의 초입에 있는 바윗돌에 불경을 새겨놓은 이유가 무엇일까?'가 무척이나 궁금하다.

조성된 계단 길을 부지런히 오르다 보면 호천각이 모습을 드러낸다. 사방이 산으로 둘러싸인 작은 공간인데 특별한 감흥을 느끼지는 못한다. 중천문을 오르며 고개를 들어보니 아름다운 태산의 산세가 갑작스럽게 눈에 들어온다. 너무나 반갑다. 바위산의 아기자기한 모습이 소나무 숲들에 가렸다 보였다 하는 것이 매력적이다. 너무나 푸른 하늘과 하얀 색깔의 암석 그리고 암석 위의 푸른 소나무가 조화를 이루는 것이 아름답다.

겨울을 시샘하는 듯 세차게 부는 바람을 온몸으로 맞으며 숨 가쁘게 오르다 보면 운보교가 눈에 들어온다. 조그마한 흰색의 다리가 맛깔스럽게 걸려 있는 모습이 보기 좋다. 낙엽이 형형색색으로 물드는 가을에 걷게 되면 참으로 낭만적이겠다 싶다. 운보교를 지나니 오대부송이 지지물의 힘을 빌려 힘겹게 버티고 서 있다. 진시황이 봉선의식을 지내기 위해 태산을 오를 때 비를 피하게 해 준 소나무로 오대부라는 벼슬을 하사받았다는 것은 알려진 사실이다.

드디어 태산의 가장 난코스라는 십팔반이 모습을 드러낸다. 십팔반 아래에서 올려다본 태산의 푸른 하늘이 흰색의 바위산과 어울려 환상적인 모습을 선사한다. 가파른 십팔반 코스를 올라야 하는 수고로움을 충분히 보상해 주고 남는다. 십팔반은 경사 50도의 가파른 계단 1,633개가 1㎞ 정도 연결된 구간이라 오르는 데 적지 않은 공력을 소요해야 한다. 같이 오르는 생면부지의 중국인들과 서로를 격려하며 무사히 십팔반을 통과한다.

앙상한 가지만이 남아 있는 겨울 태산이지만, 나름대로의 멋을 보여 주고 있어 얼마나 감사한지 모른다. 십팔반의 난코스를 오른 중국인들이 남천문 앞에서 만세를 부르는 모습을 흥미롭게 바라다본다. 추운 날씨에도 불구하고 태산을 찾은 많은 중국인들을 보며 그들의 태산 사랑을 느낀다.

남천각을 지나니 평탄한 하늘길(天街)이 이어지며 한숨을 돌리게 된다. 태산의 아름다운 모습을 내려다보다가 문득 얼굴을 옆으로 돌리면 태산의 정상 아래에 웅장하게 들어서 있는 벽하사가 눈에 들어온다. 벽하사는 옥황상제의 딸로 태산의 여신이기도 한 벽하신군을 모신 사원이라고 한다. 3,000㎡의 거대한 사원을 태산의 꼭대기에 어떻게 지었는지 마냥 신기할 뿐이다. 태산에 올라 벽하사를 들르지 않을 수는 없는 노릇 보무도 당당히 들어선다. 화려한 내부 건물들 곳곳에 달려있는 붉은 색 리본은 태산을 찾은 이들의 소망의 크기라 할 수 있을 것이다.

벽하사를 돌아 나오면 대관봉이라는 곳이 모습을 드러낸다. 경석곡과 크게 다를 바 없이 벽에 새긴 글자들로 가득 차 있다. 커다란 돌에 붉은 색과 금색의 글자로 새겨진 한자들이 무척이나 아름답게 여겨진다.

대관봉을 지나니 태산의 주봉인 옥황봉이 드디어 모습을 드러낸다. 주봉의 상징이라 할 수 있는 오악독존이란 글자가 새겨진 바위에서는 추운 날씨임에도 태산을 정복했다는 증명사진을 남기는 이들로 분주하다. 오악독존이란 글자가 새겨진 바위 옆에는 무자비가 서 있는데 태산에 대한 자부심을 표현한 것으로 보인다. 옥황봉에서 사방으로 보이는 웅장한 태산의 모습을 바라다본다. 수많은 세월, 최고 권력자로부터 평범한 시민에 이르기까지 숱한 사람들이 밟았을 태산의 정상에서 그들의 생각과 나의 생각이 크게 다르지 않을 것이라는 생각을 하게 된다.

4시간 이상의 공력을 들여서 오른 태산의 정상에서 세찬 겨울바람으로 얼어버린 몸을 주체하지 못하고 떠나야 하는 것이 무척이나 아쉽지만 어쩔 수 없다. 인생이라는 것이 등산과 다를 바가 없다고 여기기 때문이다. 정상에 오르려 숱한 세월을 고생하지만 정상에 머무는 시간은 그다지 길지 않음에….

서악 화산은 남봉, 북봉, 동봉, 고봉, 중봉 등 5개의 봉우리로 이루어져 있다. 봉우리마다 앞다투어 자신의 절경을 뽐내고 있는 아름다운 산으로 오악 중에서도 가장 험난하기로 알려져 있기도 하다. 제왕들의 봉선의식이라는 스토리와 역사적인 가치가 있는 고건축이 산재한 태산과는 또 다른 묘미를 주는 산이다. 기괴한 암석으로 이루어진 바위산들이 각양각색의 형상으로 아름다움을 뽐내고 있어 보는 것 자체가 즐거움인 산이다.

해발 1,614m의 북봉에서 중봉, 동봉, 고봉, 그리고 가장 높은 봉우리인 해발 2,160m의 남봉으로 이어지는 등산길이 80도 각도의 등반길을 통과해야 하는 등 오르기가 만만하지 않다. 하루를 묵고 아침 일찍 올라야 완주할 수 있는 거리라 나 같은 외지인이 전 코스를 소화하기 힘든 것이 사실이다. 서안 시내에서 약 120㎞ 떨어진 화산은 국경절을 즐기는 차량들로 인해 3시간 이상이 소요되어서야 도착할 수 있었다. 2014년 국경절

기간인 가을 화산은 7일이라는 황금연휴를 맞이해 엄청난 인파로 덮여 있다. 입장권을 구입하는 데에만 2시간을 기다리는 우여곡절을 겪다보니 대부분의 사람들이 오른다는 북봉에 도전하는 것으로 결정할 수밖에 없다. 가을이 무르익어 가는 10월의 화산이 발산하는 아름다움들을 있는 그대로 즐기면 될 뿐이라 여기며….

잔뜩 흐린 날씨라 청명한 하늘 아래 놓인 화산의 아름다움을 볼 수 없어 아쉽다. 시간이 지나면 푸른 하늘이 모습을 드러낼 것이라는 기대를 안고 산을 오르기 시작한다. 북봉 등반의 출발점이라 볼 수 있는 옥천원을 지나면 약 2.5㎞ 구간의 비교적 평탄한 구간이 연결된다. 가족 단위로 국경절 연휴를 즐기고 있는 중국인 등산객들의 유쾌한 대화와 행복한 표정들을 지켜보는 것이 즐겁다. 등산길 좌우로 그리고 앞으로 전개되는 하얀 바위들과 바위들을 덮고 있는 초록 나무들의 아름다운 조화를 감상하다 보면 세상사의 모든 근심을 잊게 된다.

평탄하게 이어지던 등산길은 회심석이란 곳에서 급변한다. 화산에서 가장 험난한 코스로 알려진 곳이다. 80도 각도의 깎아지른 길 위로 370여 개의 그다지 넓지 않은 계단길이 조성되어 있다. 올려다보는 것만으로도 현기증이 날 정도다. 앞서가는 많은 이들이 80도의 절벽에 대롱대롱 매달려 있는 것이 장관이다. 나 역시 순서에 맞추어 조심조심 오른다. 오르는 중간 아래를 내려다보니 올려다 볼 때와 또 다른 차원의 아찔함을 느끼게 한다. 어린 아이, 몸집이 있는 아주머니, 배나온 아저씨들이 힘에 겨운 모습으로 한걸음씩 전진하고 있다. 회심석과 같은 구간은 북봉을 오르는 동안 여러 군데에서 만나게 되는데 회심석을 지난 경험이 있어 그리 힘들지 않다.

이렇게 3시간 정도를 오르니 드디어 북봉의 정상이다. 북봉의 정상에서 보이는 화산은 아름답다 그리고 장관이다. 그리고 5개의 봉우리가 보여 주는 전체적인 모습은 웅장함이다. 사방을 둘러싼 하얀색의 암석과 암석들을 감싸고 있는 푸른 소나무 그리고 가을 단풍들의 조화가 마치 산수화를 보는 듯한 착각을 하게 한다. 화산이 보여 주는 디테일이 너무나 아름다워 한동안 빠져나올 수가 없다.

산을 오르는 동안 흐렸던 날씨가 청명하고 푸른 하늘로 전환되어 그 아름다움을 더해 준다. 화산의 주봉인 남봉을 눈앞에 두고 오르지 못하는 것이 못내 아쉬웠지만 화산에서 가장 아름다운 봉우리이자 대부분의 사람들이 오르는 북봉의 아름다움을 즐길 수 있었음에 자족하기로 한다. 기괴한 모습의 돌산, 그러한 기괴함이 오묘한 아름다움을 전해주는 산이 서악 화산이다.

남악 형산은 형양 회안봉으로부터 남에서 북으로 72개의 봉우리가 8백 리에 걸쳐 광범위하게 펼쳐져 있는 산이다. 주봉은 형양의 축융봉으로 해발 1,289.8m다. 오악 중 높이가 가장 낮은 셈이다. 유려한 산세의 흐름 속에 수풀이 무성하게 자라 있어 푸르른 아름다움을 자랑하는 것이 특색이다. 불도의 성지로 사찰과 암자 그리고 도관이 넓은 지역에 200여 개나 분포되어 있다고 한다.

형산의 주봉인 축융봉을 오르기 위해서는 많은 공력을 들일 필요가 없다. 물론 등산 마니아라면 등산로를 이용해 오르는 것이 최고의 즐거움이겠지만, 그렇지 않다면 형산풍경구에서 운영하는 미니버스를 타고 축융봉을 오르는 입구인 남천문까지 갈 수 있다. 미니버스로도 30~40분은 소요되는 듯하다. 미니버스를 타고 가다 보면 사찰 등 볼거리들이 있는 곳에서 내려 감상할 수 있도록 배려를 해놓아 편리하기도 하다. 축융봉에 올라 형산 자체의 아름다움을 즐기려는 목적을 가진 나로서는 굳이 중간에 내려 시간을 낭비할 필요가 없다.

미니버스라는 문명의 이기에 의지해 남천문에 도착한다. 남천문은 푸른 하늘을 배경으로 맛깔스럽게 서 있다. 10㎞ 안팎의 거리만 소화하면 축융봉에 도착할 수 있다는 안내표지가 보인다. 느긋하게 걸으며 옆에서 조잘거리며 유쾌한 담화를 나누는 중국인 관광객들을 바라보기도 하고 산 아래로 펼쳐진 푸른 나무들로 무성하게 덮여 있는 형산의 아름다움을 감상한다.

축융봉에 도착하니 많은 이들이 폭죽을 터트리며 소원을 비는 모습이 눈에 들어온다. 특이하다 여기며 한참을 바라다본다. 향화의 형식을 빌려 소원이 이루어지기를 비는 다른 곳과는 달라 고개를 갸우뚱한다. 뒤에 알아보니 축융은 신화전설 중의 화신(火神)으로 이곳 남악에서 도를 닦고 사후에 남악의 가장 높은 봉우리에 묻혔다고 전해진다. 이러한 전설에 따라 후세 사람들은 남악의 가장 높은 봉우리를 축융봉이라 이름 붙였다고 한다. 명나라 때에는 축융봉 정상에 축융전을 지어 화신 축융을 제사지냈다고 기록되어 있다. 신화전설의 내용을 알게 되니 그 많은 사람들이 폭죽을 터뜨리며 소원을 비는 것이 이해가 된다.

연속해서 터져 나오는 폭죽을 뒤로하고 축융봉의 가장 높은 지점에 올라 주위를 바라본다. 사방으로 뻗어나가는 푸르른 능선이 유려한 아름다움을 보여 준다. 마치 푸른 용들이 좌에서 우로 우에서 좌로 그리고 앞에서 뒤로 뒤에서 앞으로 날아다니는 듯한 착각을 일으키게 한다. 옆에서 열정적으로 형산의 아름다움을 카메라에 담고 있는 유럽에서 온 듯한 청년 2명의 민첩한 모습에서 젊음의 향기를 느낀다. 8월 하순의 여름 남악 형산은 화려함보다는 부드러움이고 포근함이다.

북악 항산은 주봉인 천봉령이 해발 2,016m로 항악 또는 상산으로 불리기도 한다. 진시황 때 천하의 명산 12개를 정해 공포하고, 천하의 2대 명산으로 추앙받았다고 전해지고 있다. 산허리에 도교사원이 횡으로 이어져 자리하고 있다. 주묘는 북위시대에 지어져 당, 금, 원으로 이어지며 중수된 고건축군이다. 명·청시대에 이르러 사묘가 군집을 이룬 채 대규모로 들어서 성황을 이루었다고 전해진다.

현공사의 아찔함을 감상한 후에 약 2㎞ 이동하면 만날 수 있다. 항산에 도착해 위를 올려다보면 최고봉의 해발이 2,000여m에 이르는 산치고는 그리 높아 보이지 않는다. 황토고원 지대로 산서성의 최북단인 대동지역의 평균 해발 자체가 높기 때문이다. 입구에 조성되어 있는 도교사원인 진무궁을 감상하고 나오면 주봉인 천봉령으로 향하는 등산로가 나온다.

2015년 5월 5일 푸름으로 넘치는 봄, 도교 성지 탐방과 북악 항산을 친견하러 온 중국인 관광객들이 가족들과 유쾌한 대화를 나누며 산을 오르고 있다. 태원으로 나오기 전에는 한국 사람들이 유난히 즐기는 등산을 중국인들은 그다지 좋아하지 않는다는 편견을 가지고 있었다. 그러나 섬서성 서안에 있는 서악 화산, 산동성에 있는 동악 태산 등 그다지 쉽지 않은 등산길을 오르내리는 수많은 중국 사람들을 보며 그 편견이 잘못된 것이라는 사실을 깨닫는다.

오늘따라 유난히 부는 세찬 바람에 흔들리는 나무들 사이로 보이는 산등성이의 유연한 이어짐이 볼만하다. 항산은 나무가 많지 않아 푸른 숲들로 뒤덮여 아기자기한 아름다움을 보여 주는 산들과는 또 다른 분위기를 풍긴다. 조금은 황량해 보이는 듯하면서도 중간중간에 푸름을 보여 주는 소나무들이 그나마 황량함을 보완해 준다.

한참을 오르다 보면 산허리에 걸려 있는 사묘군이 좌에서 우로 길게 늘어서 있는 것이 눈에 들어온다. 도교사원에 들어서서 중국 전통 종교의 현장을 감상해 보는 것도 나쁘지 않다. 사묘군을 나와 주봉으로 계속 걷다가 문득 아래를 내려다보면 산허리에 걸려 있는 사묘군의 질서정연한 모습이 한눈에 들어온다. 위에서 내려다보니 마치 절벽에 사묘군들이 걸려 있는 듯한 아찔함을 느끼게 한다.

약 2시간 정도밖에 걷지 않은 듯한데, 항산의 주봉이 눈앞에 보인다. 정상에 도착하니 천봉령의 해발이 2,016.1m임을 국무원이 비준한 비석이 꽂혀 있다. 정상을 밟은 이들 모두가 순서를 다투며 기념사진들을 남기느라 여념이 없다.

중악 숭산은 소림사를 품고 있어 불교도들에게 있어서는 성지로 통하는 오악 명산의 하나이다. 중국 무술과 선불교의 본산인 소림사에 가려진 듯한 느낌을 받아 안타깝게 생각한 너무나 아름다운 산이다. 대부분의 관광객들이 소림사를 둘러본 후 달마의 수제자로 선불교의 제 2조인 혜가가 머무르며 수행을 했다는 이조암을 방문하고는 소림사를 떠나는 듯한 분위기다.

이조암은 숭산의 한줄기인 소보산에 위치하고 있어 소림사를 돌아본 후 리프트에 의지에 찾아 나선다. 리프트에서 오르내리며 보이는 숭산은 아름답다는 표현이 어울린다. 무성한 숲이 사람의 손이 닿지 않음에도 질서정연하게 배열되어 있어 무척이나 보기 좋다. 리프트로 이동하는 시간이 16분이라 8월 초 여름 숭산의 정취를 느긋하게 즐길 수 있다. 리프트에서 내리니 소보산 정상에서 사방으로 펼쳐지는 숭산의 유려한 자태가 한눈에 들어온다. 너무나 아름답다.

다음날은 아름다운 숭산을 온몸으로 느끼기 위해 주봉이 있다는 태실산으로 향한다. 이른 아침의 등산길이라 그런지 사람이 많지 않아 한적한 것이 너무 좋다. 사람으로 북적이던 어제의 소림사와는 완전 딴판이다. 아무려나 정갈하게 조성된 등산길을 오르며 좌우로 펼쳐지는 숭산의 아름다움을 즐기다 보니 마음이 정화되는 느낌이다.

사람 없는 산길을 고즈넉이 걷다 보니 노군동이라는 도교 건축군이 모습을 드러낸다. 노자가 이곳 태실산에서 6년간을 은거하며 도덕경을 집필한 곳이라고 한다. 동한 때에는 도사 장도릉이 9년간을 은거하며 도교문화를 연구한 후 오두미교를 만들어낸 곳이기도 하다. 도교의 근본을 아우르는 신령한 곳이라는 생각에 들어가 보니 향화와 기도를 올리고 있는 많은 신자들로 붐비고 있다. 노자의 기를 충분히 받은 후 다시 정상을 향해 발길을 옮긴다.

8월의 울창한 나무들 사이로 보였다 말았다 하는 숭산은 마치 수줍어하는 새색시 같다. 한참을 오르니 취선정이라는 정자가 눈에 띄어 휴식을 취하며 위아래 그리고 좌우로 보이는 숭산을 느긋하게 감상한다. 대수롭지 않게 휴식을 취하며 취선정을 소개한 내용을 들여다보니 한 무제의 발길이 여기까지 닿았다고 기록되어 있다. 걸출했던 황제의 숨결을 느낄 수 있다 생각하니 취선정이 예사롭지 않게 보인다.

충분한 휴식을 취하고는 띄엄띄엄 보이는 등산객들과 정상으로 향하는 걸음을 옮긴다. 정상을 눈앞에 둔 곳에 등봉단이라 적힌 곳이 있어 눈길을 끈다. 기록을 살펴보니 695년 최초의 여성 황제였던 무측천이 이곳에서 봉선의식을 거행했다고 적혀있다. 노자, 한 무제 그리고 무측천까지 일세를 풍미했던 대단한 인물들의 발길이 닿은 곳이라 생각하니 나도 모르게 옷매무새를 고치게 된다.

8월의 무더위에 쉼 없이 흘러내리는 땀방울이 온몸을 적시지만 이렇게 상쾌할 수가 없다. 등산이라는 것이 언제나 그렇듯이 정상을 보는 것이 쉽지가 않다. 한고비를 넘기고 정상이겠지 하면 여태까지 오른 길보다 더 험한 코스가 기다리고 있을 때가 다반사다. 이런 과정을 지칠 정도로 반복하다가 힘들어서 정상이냐고 물어보는 것을 포기할 때쯤에야 정상이란 녀석이 얼굴을 내밀고 사람들은 환호하고 감격한다.

해발 1,491.73m인 준극봉의 정상에 오르니 숭산의 주위 경관이 한눈에 들어온다. 너무나 아름다워 사방을 돌아가며 정신없이 눈에 담는다. 어느 산이나 나름대로의 정상이 보여 주는 매력이 있겠지만, 태산이나 황산이 사람들로 가득한 번잡함이라면 숭산은 한적함과 여유로움이다. 도교의 창시자인 노자의 숨결이 깃들어 있고, 선불교의 본산인 소림사를 품고 있는 숭산은 종교철학의 신비함이 숨쉬고 있는 아름다운 산이다.

오악을 섭렵하며 5개의 산 모두가 나름대로의 스토리를 안고 있으면서도 산 자체가 보여 주는 아름다움이 두드러진다는 것을 알게 된다. 역대 제왕들의 봉선의식이 행해졌고 공자를 비롯한 숱한 명사들이 찾았던 태산, 다섯 개의 봉우리가 만들어내는 아름다움이 돋보이는 화산, 불도의 성지로 무성한 숲으로 덮인 유려한 산세가 독특한 형산, 도교 성지인 항산, 노자의 도교철학과 선불교의 철학이 신비롭게 얽혀있는 숭산…. 모두가 유구한 중국의 역사와 문화를 전해주는 아름다운 명산들이다.

강남

원림문화 탐구

강소성 소주는 예로부터 아름다운 도시로 알려져 있다. 옛 거리를 흐르고 있는 대운하, 대운하 곳곳에 세워져 있는 고풍스러우면서 우아한 다리들, 그 사이를 오고가는 배들과 배 위에 다정히 앉아 사랑을 속삭이는 아름다운 청춘 남녀들, 상상만 해도 낭만적인 곳이 바로 소주다. '하늘에 천당이 있다면, 땅에는 소주가 있다'라는 표현은 이러한 연고에서 나온 것이 아닌가 싶다. 답답한 북경의 구중궁궐에서 지내다가 강남으로 순행을 나갔던 황제들이 강남의 아름다움에 반했다는 얘기는 흔히 듣는 얘기이다.

소주는 중국의 강남이라 불리는 곳으로 중국에서 손꼽히는 원림(園林)들이 몰려있어 많은 관광객들의 발길을 유혹하고 있다. 도시 자체의 아름다움도 뛰어난 강남의 정취를 보여 주고 있을 뿐 아니라 개인 또는 국가가 조성해 놓은 원림들이 다양하면서도 독특한 아름다움을 뽐내고 있기 때문이다.

이러한 원림들은 세상에 있는 온갖 아름다움을 집대성한 듯한 느낌을 준다. 중국 원림의 세 가지 요소라는 수목과 물 그리고 암석을 적절히 배치하는 것은 기본이다. 이렇게 예술적으로 배치된 아름다운 경관을 여러 가지 형태의 창과 호수, 정자 그리고 다리 등을 통해 수시로 변화하는 아름다움을 즐기도록 만들어 놓은 것이 원림이라 보면 틀림이 없을 듯하다. 지금부터 중국의 4대 원림과 나의 눈에 아름다움으로 비추인 원림들을 공유하려 한다.

4대 원림

졸정원은 지금부터 연속해서 소개하게 될 유원, 피서산장, 이화원과 함께 중국 4대 원림의 하나다. 세계유산이기도 한 졸정원은 중국 원림의 대표주자로 관광객들의 발길이 가장 많이 몰리는 명소다. 물의 이미지를 극대화시킨 원림으로 총 51,000㎡의 넓은 부지 위에 조성되어 있다. 문을 여는 시간인 아침 7시 30분 졸정원으로 향하는 도로 위는 국적을 가리지 않는 관광객들이 마치 순례행렬처럼 걸어가고 있다. 참으로 장관이다. 졸정원 입구부터가 원림식이다. 원형으로 뚫려있는 입구를 통해 오가는 사람들과 나무들이 제한되어 보이는 것이 참신하다.

입구를 들어서면 지상으로 보이는 건물과 수목, 정자 그리고 다리들의 배치가 그다지 눈길을 끌 정도로 아름답다는 느낌이 들지 않는다. 그러나 수면 아래를 바라다보는 순간 후다닥 놀라게 된다. 지상의 모든 것들이 수면 아래로 투영되어 비추이는 것이 기가 막힐 정도로 아름답다. 푸른 하늘과 막 떠오른 강렬한 태양이 수면 아래에 떠있는 장면이 너무나 낭만적이고 별세계를 보는 듯한 착각을 일으키게 한다. 수면 아래로 잠겨있는 태양은 흔들리는 수면 위로 강렬한 빛을 발산하고 있다. 연꽃의 넓은 잎과 능수버들의 가느다란 나뭇가지들 그리고 웅장한 나무의 두꺼운 줄기까지 물속에서 살아 움직이고 있다.

명나라 때인 1509년 어사 왕헌신이 관직을 버리고 낙향해 지은 것이라는데, 지금으로부터 약 500년 전에 만들어진 원림이라는 사실이 믿기지 않을 정도다. 미를 추구하는 인간의 열정이 시대를 초월한다 여길 뿐이다. 예술이다. 수면 아래에 또 다른 세계를 만들어낸 것 같은 환상에 빠진다. 원림을 걷다 보면 다양한 모양 또는 문양으로 만들어진 창을 통해 보이는 아름다움 역시 그냥 지나치기에는 아깝다. 지상의 다양한 모습들을 새로운 아름다움으로 창조해 내는 수면 아래의 경관들이 한 폭의 수채화를 보는 듯하다. 한걸음 한걸음 옮기는 각도에 따라 그 아름다움이 다른 향기로 전해오는 것이 말로 표현하기 어려울 정도다.

졸정원이라는 이름은 서진 반악의 한거부라는 시의 한 대목인 '졸자지위정'에서 따온 것으로 어리석은 자가 정치를 한다는 의미를 담고 있다고 한다. 원림의 이름을 보게 되면 자의에 의해서 벼슬을 내놓은 것이 아니라 권력에 의해 강제로 밀려난 듯한 인상을 강하게 받는다. 권력에 대한 실망감에 젖었을 원림의 주인은 그래도 재력가였나 보다. 엄청난 비용을 투자했을 졸정원의 아름다움이 그의 원통함과 실망감을 달래주었을지 궁금해진다.

졸정원에서 수면 아래의 아름다운 모습을 들여다보고 있노라면 어느 순간 발걸음이 수면으로 이동하려 한다는 느낌이 드는 아찔한 순간이 수시로 발생하니 조심해야 한다.

유원은 졸정원의 1/2이 조금 넘는 규모인 28,050㎡의 부지 위에 아기자기한 모습으로 들어서 있는 원림이다. 명나라 때 서태시라는 개인이 지은 원림을 19세기말 소주에 있는 모든 원림의 장점을 모아 현재의 유원으로 재단장한 것으로 알려져 있다. 관광객들 대부분이 소주 원림의 상징적인 존재인 졸정원을 먼저 들른 후 유원을 찾게 되는데 아담한 규모에 볼 것이 없다는 선입관을 가지게 된다. 나 역시 마찬가지다. 그러나 그러한 선입관은 유원을 들어서자마자 버릴 수밖에 없게 된다.

지상으로 보이는 아름다움과 수면 아래로 보이는 아름다움이 공존하는 하나도 버릴 것 없는 곳이 유원이다. 돌과 수목과의 조화, 돌과 수목과 물과의 조화, 돌과 수목 그리고 창과의 조화 등이 그리 아름다울 수가 없다. 한마디로 꽉 차 있다는 느낌을 준다. 물에 중점을 둔 졸정원과는 또 다른 매력을 발산하고 있어 만족스럽다. 특히 700m의 복도를 통해 연결되어 있어 통로에 뚫려 있는 다양한 모양의 창을 통해 보이는 아름다움이 특별한 곳이 유원이다.

지상에 있는 건물, 정자, 수목, 암석이 합해져 보여 주는 조화가 돋보이는 것도 유원의 장점이다. 유원의 상징이라는 태호석은 관광객들의 기념사진을 남기는 장소로 언제나 사람들로 에워싸여 있다. 용 모양 같기도 하고, 공룡 모양 같기도 한 것이 기괴하게 생긴 돌인데 높이가 6.5m, 무게는 5톤에 이른다고 한다. 관운봉으로 불리는 태호석 하나만 하더라도 엄청나게 비싸 보인다.

어지간한 재력이 아니면 이 정도 규모의 원림을 조성한다는 것은 엄두도 못 낼 일이라는 사실을 실감한다. 충분한 재력으로 아름다운 강남의 정취를 자신의 집으로 끌어들이는 것이 당시 돈 있는 이들의 여유 있는 사치가 아니었을까 싶다. 하기는 그러한 그들의 취미가 세월의 간극을 뛰어넘어 외국인인 나까지 기꺼이 돈을 지불하며 보는 명소가 되어 있으니 아이러니가 아닐 수 없다.

피서산장은 청나라 황제들의 여름 휴양지다. 만주족 출신의 황제들에게는 북경 자금성은 그들이 익숙해 있던 드넓은 초원지역에 비하면 무척이나 답답했을 것이다. 한여름의 답답한 북경을 떠나 휴식을 취하며 정무도 처리할 수 있도록 북경에서 그다지 멀지 않은 거리에 위치한 하북성 승덕에 황실 원림을 조성하게 된 것이고 그것이 바로 피서산장이다. 590만㎡의 넓은 땅에 강희제와 건륭제에 이르는 약 80여 년간 조성한 것으로 세계적으로도 규모가 가장 큰 것으로 알려져 있다. 피서산장은 궁전구, 수원구, 평원구, 산구로 나뉘어 있으며 그중 산구가 전체의 80%를 점유한다.

피서산장의 정문은 여정문으로 1754년 강희제 때 지어졌다는데 한자, 몽골어, 만주어, 티베트어, 위그루어 등 총 5개 언어로 현판이 걸려 있다. 다른 곳에서는 본 적이 없어 한참을 신기하게 들여다보며 다민족 단일국가를 꿈꾸었던 강희제의 웅지를 느낀다. 정문을 들어서면 궁전구가 먼저 모습을 나타낸다. 만주족인 청나라 황제들은 실제로 뜨거운 여름철을 포함한 5개월 정도를 이곳에 머물며 정무를 보았다고 하니 피서산장은 제2의 청나라 정부 역할을 수행한 곳인 셈이다. 정문 내오문과 후문인 외오문, 궁전구의 핵심인 황제가 정무를 보던 곳인 담박경성전 등으로 이루어져 있어 몽고족 청나라 황제들의 풍취를 느낄 수 있다. 화려함보다는 소탈함이 배어 있는 곳이라 자금성과 같은 부담은 전혀 느낄 수 없어 좋다.

특히 황제의 침실인 연파치상은 건물의 장식이 무척이나 아름다워 많은 관광객들의 발길이 머물고 있다. 한편 연파치상의 부속건물인 서난각은 1860년 아편전쟁에서 패한 함풍제가 치욕의 북경조약을 맺은 곳이기도 하다. 연파치상의 외견적인 아름다움 속에는 이러한 아픈 역사의 흔적이 남아 있기도 한 것이다. 국권을 빼앗긴 함풍제는 수치스러움에 고통스러워하다가 이듬해 이곳 연파치상에서 병으로 죽게 되고 이후 서태후의 손아귀에 들어간 청나라는 멸망으로 향하는 길로 들어서게 된다.

피서산장이 중국의 4대 원림으로 분류되는 이유는 지금부터 소개하는 수원구의 아름다운 경관 때문이다. 실제로 궁전구를 벗어나면 곧바로 이어지는 수원구는 강남의 풍광을 보는 듯한 착각을 하게 만든다. 호수와 호수 위의 다리, 수목과 주위를 둘러싸며 유려하게 이어지는 산들이 그렇다.

청나라 황제들은 자신들이 사는 곳에는 없는 강남의 호수와 누각 등이 그려내는 아름다운 풍광에 반하게 된다. 그러한 황제들의 속내를 훤히 들여다 본 신하들은 강남에서 아름답다고 하는 곳들의 풍광을 이곳 피서산장에 그대로 옮기게 된다. 이리하여 탄생한 것이 바로 피서산장의 수원구다. 예를 들면 강희제 때 만들어졌다는 지경운제는 절강성 항주의 서호에 있는 백제를 옮겨놓은 것이라고 한다.

한편 연우루는 나이 들어 거동이 불편해진 건륭제의 희망을 이루어주기 위해 절강성 자오싱에 있다는 연우루를 이곳 피서산장에 그대로 구현한 것이라고 전해진다. 실력 있는 황실의 화공을 보내 실물 그대로를 그려와 재현한 것이라 피서산장 내 최고의 모조품으로 알려져 있다. 건물의 아름다움뿐 아니라 연우루 주위의 풍광이 참으로 아름답다 여겨져 한참을 바라다보게 된다. 특히 늦가을 노랗게 단풍 든 나무들과 호수 위로 떨어져 있는 낙엽들이 저물어 가는 서녘 노을과 조화되는 것이 참으로 낭만적이다.

백제를 모방했다는 지경운제을 걷다 보면 서호의 절경이 보여 주는 것에 미치지는 못하지만 나름대로의 운치를 보여 준다. 앞에서 손잡고 지경운제를 걸어가는 다정한 연인들의 모습이 너무나 정겹다. 강남지역이 보여 주는 아름다운 정취를 황실의 원림으로 그대로 옮겨놓겠다는 것은 사실 있을 수 없는 일이라고 개인적으로 생각한다. 지역이 보여 주는 고유의 아름다움이라는 것이 수목과 나무 그리고 호수라는 몇 가지 요소에 의해 결정되어지는 것이 아니라 인문과 자연 그리고 인간의 힘으로는 어찌할 수 없는 요소가 복합이 되어 만들어지는 것이기 때문이다.

그러나 절대 권력이 보고 싶어 하는 것을 구현해내려 한 그들의 노력이 가상하기는 하다. 뿐만 아니라 그들이 남겨놓은 유산들이 후세를 살아가는 우리들에게 볼거리를 제공해주고 있으니 또 하나의 즐거움이다. 피서산장의 원림은 모방된 것이라 강남지역의 항주, 소주, 자오싱이 보여 주는 본류의 아름다움은 아니지만, 나름대로의 묘미가 있어 보는 이들의 눈길을 머물게 하는 특별함이 있는 명소다.

이화원은 2002년과 2007년에 이어 세 번째로 방문을 한 곳이다. 사시사철 국적을 가리지 않는 수많은 인파로 넘치는 곳이 이화원이라는 사실을 올 때마다 알게 된다. 1750년부터 약 14년 동안 지어진 청나라 황제들의 행궁이자 화원으로 원래는 청의원으로 불렸다. 수면이 약 3/4를 차지하는 290만㎡로 피서산장의 1/2에 조금 못 미치는 규모이다. 그러나 피서산장의 경우에는 산이 80%를 점유하고 있기 때문에 순수한 부지면적을 따져본다면 이화원이 피서산장보다 더 큰 규모로 볼 수 있을 것이다.

말하자면 5개월 간 피서산장에서 보던 강남의 정취를 나머지 7개월마저도 북경에서 향유하고 싶었던 황제와 황실의 욕망의 발로라 하겠다. 항주의 서호를 기본으로 해서 강남의 원림 설계기법을 도입해 만든 것이라고 전해진다. 250여 년간 황제들의 사랑을 받아온 청의원은 제 2차 아편

전쟁 이후 영불연합군에 의해 전소되는 아픔을 겪게 된다. 광서제 14년인 1888년, 자희태후의 개인적인 욕심에 의해 해군 경비로 빌린 돈 3,000만 량 백은을 도용해 청의원을 중건하고는 이화원으로 부르게 되었다고 한다. 나라를 지킬 돈을 개인의 위락시설 용도로 집행한 자희태후의 도덕적 해이가 눈길을 끌고 청나라가 망할 수밖에 없었음을 극명하게 보여 주는 사례라 하겠다.

이화원은 낙수당과 옥란당 그리고 의운관 등 정원구, 인수전 등 정치활동구, 만수산과 곤명호 등 풍경구로 구분되어 볼거리들이 분포되어 있어 보는 이들의 눈을 즐겁게 하고 있다. 이중에서도 이화원이 중국의 4대 원림으로 분류되는 이유는 정원구가 보여 주는 아름다움들 때문이라 하겠다.

옥란당을 들어서면 곤명호가 한눈에 들어온다. 원림식 건물인 옥란당에서는 건물의 아름다움보다는 서태후에 의해 권력을 박탈당하고 옥란당에 유폐되었던 초라했던 광서제의 서글픔이 더 진하게 남아 있을 뿐이다. 덕화원은 경극광이었던 서태후가 무려 백은 71만 냥을 투자해 지었다는 경극무대인 대희루의 사치스러운 자태가 눈길을 사로잡는다. 3층 21m의 높이로 중국에서 가장 아름다운 무대 건물로 알려져 있다. 신낙전이라는 곳은 40명만이 관람 가능한 로얄석으로 가장 끝자리를 광서제와 황후에게 제공했다고 하는데 서태후의 악독한 취향에 끔찍할 뿐이다.

이어지는 장랑은 강남의 원림을 그대로 옮겨놓은 곳으로 천간낭하라 불리기도 한다. 273칸의 회랑이 728m 정도 이어지며 다양한 창들을 통해 보이는 아름다움이 탁월하다. 많은 관광객들이 모방된 강남의 정취도 즐기면서 휴식을 취하는 곳이기도 하다. 회랑의 문설주에 그려진 그림들은 역사적 사건과 아름다운 풍경 등을 묘사해 놓았는데 야외 미술관이라는 애칭을 얻을 정도로 수준이 뛰어나다.

만수산 중턱에 세워진 불향각을 오르면 넓은 곤명호의 아름다운 모습이 한눈에 들어온다. 곤명호를 가르며 배를 즐기는 시민들의 평화로운 모습을 감상하는 것도 또 하나의 즐거움이다. 불향각 반대편에 있는 인공섬 남호도를 연결하는 다리는 서호의 백제를 모방한 듯 관광객들의 발길이 끊임없이 이어지고 있는 모습이 장관이다.

'당시 3,000만 량의 백은을 전비로 집행했다면 청나라의 멸망을 막을 수 있었을까?'가 갑작스럽게 궁금해진다. 아마도 총체적으로 쇠약해진 청나라의 멸망을 막을 수는 없었을 것이라 개인적으로는 생각을 하게 된다. 그러나 현재에 와서 수많은 관광객들을 끌어들이며 막대한 관광수입을 벌어들이는 것을 보니 '서태후의 선택이 옳았던 것이 아닐까?'라는 착각에 빠지기도 한다. 강남을 모방했다는 이화원은 오늘날에 이르러 북경의 독특한 명소로 자리하고 있다. 어떻게 보면 이화원은 강남 원림문화의 확대판이라 할 수 있을 듯하다.

기타 아름다운 원림들

중국 4대 원림으로 불리는 졸정원, 유원, 피서산장, 이화원 이외에도 강남지역에는 독특한 아름다움을 보여 주는 원림들이 적지 않다. 그중에서 나의 발길이 닿은 곳들을 소개하고자 한다.

예원은 상해에서 최고의 볼거리로 명나라 때인 1559년에 16,800㎡ 규모로 지어진 사가원림이다. 현재의 예원은 태평천국의 난을 평정한 정부군에 의해 파괴된 것을 1950년대 중반에 상해시 정부가 복원한 것으로 대가산, 득월루, 청도각 등 40여 개의 건축물들이 들어서 있다. 상해에서 강남원림의 정취를 즐길 수 있는 유일한 곳이라 사시사철 국적을 가리지 않는 사람들로 붐비는 곳이다.

예원을 들어서면 사람들의 행렬이 끊임없이 이어져 조금은 번잡하다는 느낌을 받게 된다. 가장 먼저 눈에 들어오는 것은 역사적으로 논란이 있었다는 날아갈 듯한 용을 조각한 지붕이다. 명나라의 세도가였던 반윤단이 부친의 노후를 위해 18년에 걸쳐 조성한 것이라고 전해지는 예원은 황제를 상징하는 용을 지붕으로 사용하여 당시 권력층의 오해를 받았다고 한다.

이에 반윤단은 담장에 조각된 용의 발톱이 진짜 용의 5개가 아닌 3개로 용을 닮은 짐승이라는 논리를 내세워 위기에서 벗어날 수 있었다고 한다. 그의 억지 논리가 통한 것을 보면 반윤단의 권세가 황제에 버금갈 정도로 막강했던 것으로 추측해 본다. 중국 전역을 돌면서 황궁을 제외한 곳에서 용의 문양을 대놓고 지은 곳은 보기 힘들어 한참을 바라다보게 되는데 내가 볼 때는 발톱 두 개를 숨겨놓은 진짜 용이다.

미로 같은 예원의 내부를 사람들에 치이며 돌아다니다 보면 반윤단의 부친이 매일 밤 회춘용 기생을 간택했다는 점춘당과 예원에서 가장 화려한 건물인 고희희대를 감상할 수 있다. 특히 고희희대는 온통 황금색의 빛깔로 도배되어 있어 용을 조각한 지붕과 함께 권력층의 오해를 충분히 받을 여지가 있을 정도로 화려하다. 북경에 황제가 있다면 남쪽에는 반윤단이 있다는 것을 노골적으로 나타내고 있다는 생각이 들게 한다.

기묘한 모양의 돌과 울창한 수목 그리고 연못이 만들어내는 강남원림의 풍취가 풍겨나는 곳에는 이국적인 정취를 즐기는 사람들로 넘쳐난다. 상해 사람들은 아이들을 데리고 예원을 찾아 반윤단이 행했던 효를 가르친다고 한다. 너무나 사치스러운 예원을 보며 아이들이 스트레스 받지 않을까라는 쓸데없는 걱정을 해본다.

예원 앞에 이어지는 넓은 옛길은 또 하나의 명소다. 물건 구경과 여러 국적의 사람 구경에 시간 가는 줄 모른다. 예원은 명·청시대의 대표적인 강남원림으로 소주의 4대 원림과 더불어 강남명원으로 손꼽힌다고 한다.

첨원은 남경에 현존하는 2개의 강남원림 중의 하나로 명나라 홍무연간의 공신이었던 중산왕 서달의 왕부였다고 한다. 600여 년의 역사를 자랑하고 있는 첨원은 지금은 태평천국박물관으로 개조되어 개방되고 있다. 방문할 당시 박물관은 수리 중이었지만 첨원이라도 개방을 해 얼마나 다행인지 모른다.

그다지 넓지 않은 공간에 버릴 곳이 하나 없는 너무나 아름다운 강남 원림의 모습을 가지고 있는 명품 중의 명품이다. 공간을 가득 채운 수목들이 한여름의 무성함으로 돌과 물 그리고 건물들과 만들어내는 경관들이 걸음을 걸을 때마다 다르게 조망되는 것이 기가 막힌다. 졸정원 등 소주의 유명한 원림들을 돌아보았지만 원림의 품격이 그들에 비해 결코 밀리지 않는다.

원림 문화가 발달한 강소성에서도 남경에서는 보기 드문 원림인데 각양각색 나무들의 녹색 향연과 예술적으로 조성된 자그마한 호수 그리고 기괴한 모양의 돌들이 오묘한 조화를 이루며 보여 주는 아름다움이 넘치는 곳이다. 걸어가는 요소요소마다 또는 보이는 각도마다 그 아름다움이 다른 맛으로 전해지는 것이 눈길을 어디다 고정해야 할지를 모를 정도다.

물위에 떠 있는 나뭇잎들과 바위들 그리고 그다지 높지 않은 곳에서 떨어지게 만든 한 줄기의 폭포, 이 모든 것이 원림을 조성하며 치밀하게 고려한 것이 눈에 드러날 정도로 뛰어난 예술성을 보여 주어 눈이 즐거울 뿐이다. 거울을 통해서 들여다보이는 아름다움과 다양한 모양의 창을 통해 보이는 아름다움도 다른 원림 이상의 색다름을 제공한다.

망사원은 송나라 순희 초년에 지어져 어은으로 불리다가 청나라 건륭 연간에 망사원으로 이름이 바뀐 것으로 전해지는 강남원림이다. 소주 4대 명원 중의 하나로 일컬어지며 압축의 묘미를 보여 주는 특별한 곳이다. 560여㎡밖에 되지 않는 공간에 꽉 들어찬 아름다움들은 놓칠 것이 하나도 없는 작지만 아름다운 곳이다. 방문한 날 유난히 눈에 많이 띄는 젊은 남녀 학생들이 설계도를 꺼내어 놓고 열띤 토의를 하는 것을 보니 건축학도들을 위한 교육의 장이기도 한 듯하다.

또 하나 특별한 것은 관람객의 1/2 이상이 외국인이라는 사실이다. 어느 여행지를 가도 이런 장면을 본 적이 없어 특이하다. 한편으로는 크기를 중시하는 중국인들이 망사원을 찾는 발걸음이 뜸하다는 것이고 다른 한편으로는 외국인들에게 망사원의 아름다움이 많이 알려졌다는 의미일 것이다. 망사원의 아름다움에 매료되었는지 어느 위치에서든 아름다움을 카메라에 담으려 애쓰는 남녀 외국인들의 모습이 그리 정겨워 보일 수가 없다.

망사원은 청나라 때 송종원이라는 이가 사들여 개인 원림으로 조성했다고 한다. 어부가 되어 자유로운 삶을 살고 싶어 했던 전직 관료의 뜻대로 그의 소박한 희망이 충분히 이루어졌을 법한 소박한 원림이다. 화려함보다는 무언가 예술적인 요소가 가미된 듯한 투박한 아름다움이 넘치는 곳이라 무척이나 마음에 든다.

졸정원의 웅장한 나무기둥이 아닌 가늘고 자그마한 나무들이 수면 아래로 잠겨 있다. 크고 작음을 떠나 같은 세상이기는 마찬가지라 여겨지기도 한다. 망사원의 수면 아래로 비추이는 작은 하늘이 많은 것만을 추구하는 오늘을 사는 우리들에게 과욕을 버리라는 무언의 교훈을 주는 듯하다. 사각형, 육각형, 원형의 창문 공간 사이 그리고 격자 사이로 보이는 미를 표현한 것은 다른 원림들과 별 차이가 없다. 그러나 그 미적 감각은 다른 곳에 비해 뛰어나 보인다. 작은 공간을 많은 아름다움으로 채우려 하다 보니 더 많은 신경을 쓴 듯한 느낌이다.

방문한 날 유난히 많이 낀 푸른 하늘을 가린 하얀색의 뭉게구름이 수면 아래로 비치고 바람에 살랑살랑 이는 물결을 따라 이동하는 듯한 착각을 들게 한다. 졸정원이나 유원에 비하면 무척이나 작은 곳, 작지만 아기자기한 아름다움이 있는 곳, 유독 외국인이 많이 눈에 띄는 곳이 바로 망사원이다.

사자림은 졸정원에서 걸어서 10분 거리에 위치한 기암괴석 위주로 지어진 특이한 원림이다. 원나라 지정 2년인 1342년 제자들에 의해 스승으로 추대되어진 천여선사가 그의 스승 중봉화상을 위해 젊은 시절 수행을 했던 절강성 천목산의 사자암과 같은 환경으로 조성했다고 전해지는 선림(禪林)이다.

사자림을 들어서면 생각 외로 많은 관람객들이 약 1,153㎡의 규모인 그다지 크지 않은 가짜 산을 오르내리고 있다. 좁은 가짜 산길 통로를 미로 찾기 하듯 다니는 사람들의 얼굴 표정에서 어릴 적 보물찾기 하는 듯한 짓궂음을 발견할 수 있어 무척이나 흥미롭다.

스승을 위해 인공적인 산을 조성한 정성도 정성이지만, 예술적인 아름다움까지 가미되어 있어 보는 이들의 눈을 즐겁게 한다. 좁은 공간에 각양각색의 기묘한 돌들이 연결되어 있고 암석 중간중간에 뚫려 있는 구멍을 통해 보이는 경관이 아름답기 그지없다. 기가 막힌 것은 산맥을 표현하기 위해 태호석이라는 돌을 사용했다는 사실이다. 중국인들의 예술에 대한 도전이 산맥이라는 거대한 형상에까지 이루어지고 있음에 탄복할 뿐이다. 석회암의 일종으로 오랜 시간 물의 흐름 속에 방치되어 주름과 구멍이 많은 기묘한 모습을 하고 있는 태호석은 신비감을 더해 준다.

해설사들의 쉰 목소리와 여행객들의 깔깔거리는 웃음소리 그리고 온갖 포즈를 짓는 연인과 아내를 위해 열심히 사진을 찍어주고 있는 착한 남편들…. 이 모든 것이 어우러진 사자림은 낭만과 열정으로 넘치고 있다. 사자림은 원림의 3대 요소인 수목과 물 그리고 암석 중에서 암석의 비중이 절대적인 원림이다. 돌의 투박한 모습들이 탁월한 아름다움을 만들어 낼 수 있다는 것을 보여 주는 또 다른 사례로 소주의 4대 명원으로 불린다.

창랑정은 북송 경력 5년인 1045년에 지어진 것으로 현존하는 소주의 원림 중 역사가 가장 오래된 곳이다. 북송의 시인이었던 소순흠이 원림의 주인이었다고 전해지고 있다. 약 11,000㎡ 규모의 창랑정은 그다지 크지 않은 규모를 보완하기 위해 차경이라는 기법을 최초로 도입했다고 한다. 말하자면 가까이에 있는 산을 빌려 산 쪽을 향해 나무와 연못을 조성해 산과 이어지게 하는 착각을 일으키도록 하는 기법이다. 이러한 연고로 창랑정은 송대 원림 건축예술의 가작으로 인정받고 있다고 한다.

많은 기대를 안고 찾은 창랑정은 관람객의 발길이 뜸해 의아해하며 입구를 들어선다. 입구에 연못이 조성되어 있고 큼직큼직한 수목들이 좁은 공간에 많이 심어져 있는 것이 다른 원림들과 차별화된다. 차경이라는 기법을 적용해 외향적으로 보이는 원림은 실제보다 커보일지는 몰라도 원림 내부에서 보이는 아기자기한 아름다움은 느끼기 힘들다. 건축 전문가가 아닌 일반인들이 보기에는 이해하기 힘든 요소가 반영되어 있어 찾는 이들이 많지 않다고 여겨진다. 나 역시 마찬가지 느낌을 받게 되었으니까…. 특히 원림의 구성요소 중 물이 규모를 강조하기 위해 원림 내부가 아닌 바깥으로 나와 있다 보니 그러한 느낌이 더 한 듯하다.

창과 통로를 통해 보이는 아름다움은 다른 원림들과 별반 차이가 없다. 규모를 키우기 위해 외부를 지향한 창랑정은 원림에 차경이라는 독창적인 기법을 획기적으로 적용한 곳으로 건축 전문가의 사랑을 듬뿍 받고 있다. 그러나 전문가가 아니면 이해하기 힘든 창랑정은 대중이 다가가기 어려운 홀로만의 고고함이다.

심원은 절강성 소흥의 루쉰고리에서 약 200m 떨어진 곳에 위치하고 있다. 남송시대인 1151년 육유와 당완의 채두풍이라는 애절한 사랑의 이야기가 얽혀 있는 곳으로 더욱 알려져 있다. 심원을 들어서면 입구 쪽으로 길게 사랑의 언약이 대롱대롱 걸려 있는 것을 볼 수 있다. 육유와 당완의 이루지지 못한 사랑에 안타까워한 젊은 연인들이 자신들의 사랑은 깨어지지 않기를 바라는 소원을 담아놓은 듯하다.

심원은 그다지 큰 규모는 아니지만 무성한 수목이 원림의 구석구석에 조화롭게 배치되어 아름다움을 뽐내는 것이 보기가 좋다. 중간 부분에는 조그마한 연못도 조성해 놓아 수면 아래에 비치는 아름다움도 함께 즐길 수 있다. 특히 애절했던 육유와 당완의 슬픈 사랑의 스토리가 심원 전체적으로 반영되고 있어 더욱 낭만적으로 보인다.

격렬했던 이들의 사랑은 결혼까지는 성공했으나 전통의 관습과 양가의 극렬한 반대는 결국 그들을 강제로 갈라놓게 된다. 그러나 첫사랑을 잊기가 예나 지금이나 쉽지 않듯이 서로를 잊지 못하는 것은 인지상정이었을 것이다. 남의 남편, 남의 아내가 되어버린 처지의 두 사람은 어느 봄날 이곳 아름다운 심원에서 우연히 재회하게 된다. 꿈에서조차 사모했던 서로는 어쩔 수 없는 현실에 안타까워하며 뜨거운 눈물을 흘린다.

이 짧았던 만남은 육유의 시상을 자극했고 채두풍이라는 애절한 글을 남긴다. 채두풍이 적힌 곳은 심원의 뒤쪽에서 만날 수 있다. 육우의 자신을 향한 사랑이 담긴 채두풍을 읽게 되는 당완은 얼마 지나지 않아 죽게 되는데, 사랑의 힘이 대단함을 느낄 수밖에 없다. 심원 내부에는 육우기념관도 있는데 여유가 있으면 둘러보아도 나쁘지 않다. 로미오와 줄리엣으로 통하는 서양의 사랑 이야기나 육우와 당완에서 보는 중국의 사랑 이야기나 남녀 간의 사랑이라는 것은 시대와 공간을 떠나 영원한 것임을 이곳 심원에서 다시 확인하게 된다.

아름다운 도시 소흥, 시민들의 얼굴에서 순박함이 묻어나는 도시 소흥에 들를 기회가 있으면 한편으로는 강남원림 심원의 아름다움을 즐기고 한편으로는 약 900년 전 육유와 당완의 절실하고 애절했던 사랑의 흔적을 돌아보며 자신의 사랑을 확인해 보는 것도 좋을 듯하다. 활짝 만개한 연꽃 위로 걸려 있는 심원을 방문했던 젊은 연인들이 남긴 사랑들이 지금까지 유효한지가 문득 궁금해진다.

여원은 강소성 우석에 위치하고 있는 원림으로 태호와 인접해 있다. 춘추시대 범려와 서시의 고사를 기념해 비교적 현대인 1927년 지은 것이라고 한다.

와신상담의 고사를 떠올리게 하는 춘추시대의 오나라와 월나라 간의 전쟁은 너무나 잘 알려진 역사의 한 페이지다. 오월전쟁을 끝으로 중국은 춘추시대를 지나 전국시대로 넘어가게 된다. 두 나라 간의 전쟁에서 또 하나 빠지지 않는 것이 오나라를 멸망으로 이르게 한 범려의 미인계이다. 경국지색의 미녀였던 서시는 오나라 왕 부차의 혼을 빼놓았고 월나라는 최후의 승리를 얻게 된다. 범려는 은퇴 후 이곳에서 서시와 함께 여생을 보냈다고 한다.

개인의 소유가 아닌 듯한 여원은 들어가는 입구부터가 소주의 개인 원림들과는 남다르게 화려해 보이는 것이 특징이다. 큰 규모의 원림이 길게 연결된 것이 통쾌함을 느끼게 할 정도다. 태호의 물을 끌어들인 듯한 넓은 연못은 졸정원의 그것보다 더 크고 수면 아래로 비추이는 지상의 모든 것들이 장관이다.

여원에서 가장 볼만한 곳은 289m로 이어지며 89개 다양한 격자무늬의 창을 통해 다른 풍경을 감상할 수 있도록 만들어 놓은 천보장랑이다. 창의 모양들이 하나도 같은 것이 없고 바깥으로 보이는 풍경들도 모두 달라 다양한 형태의 아름다움을 즐길 수 있다. 계절이 바뀌며 주위의 경관도 바뀔 것이고 매일 매일을 새로운 모습의 경치를 조망할 수 있는 조건을 인위적으로 만든 곳이 천보장랑이다. 천보장랑을 바깥에서 감상한 후 안으로 들어서면 작은 연못이 모습을 드러내는데 여러 개의 연못이 이어진 곳에서 동시다발적으로 눈에 들어오는 경치가 무척이나 아름답다. 수면 아래에 다리가 있고 다리 안에 주택이 들어가 있는 것이 환상적일 정도의 아름다움을 보여 준다.

춘추각을 들어서면 범려와 서시의 고사가 그려진 벽화가 있고, 배를 타고 노닐며 사랑을 나누는 모습을 볼 수 있다. 춘추각을 뒤로 빠져나오면 서시의 동상이 세워져 있다. 그 앞으로 놓여 있는 작은 연못으로 보이는 경관 역시 중국 4대 미녀의 하나인 서시의 아름다움만큼이나 아름답다.

기창원은 석혜공원의 내부에 위치하고 있는 강남 원림이다. 명나라 때 지어진 것으로 진원으로 불리기도 한다. 사실 기창원은 애초의 방문계획에는 포함되지 않았던 명소다. 강소성 우석에서 알려진 니인박물관을 찾아가는 길에 우연찮게 현지 주민에 의해 소개 받은 곳으로 소주의 원림들과 어떤 차이가 있을까 궁금해 발품을 판 곳이다.

기창원은 들어가는 입구부터 온통 수목으로 덮여 있다. 졸정원이 물 위주, 사자림이 돌 위주의 원림이었다면 기창원은 수목 위주의 원림이다. 입구에 무성하게 들어서 있는 수목이 보여 주는 경관이 기가 막힐 정도다. 수목이 만들어내는 조화도 이렇듯 아름다울 수 있음을 기창원에서 확인하는 순간이다.

울창한 수목이 만들어내는 아름다움을 감상하며 내부로 들어가다 보면 그다지 크지 않은 규모의 연못이 모습을 드러낸다. 자그마한 연못 주위로 보이는 경관 역시 강남 원림들과 별반 차이가 없다. 단지 수목의 조화가 더 가미된 듯한 느낌 이외는…. 기창원은 다양한 창을 통해 보이는 수목들의 아름다움이 다른 곳에 비해 더 화려한 느낌을 주는 곳이다.

지금까지 중국 4대 원림인 졸정원, 유원, 피서산장, 이화원과 기타 아름다운 강남 원림들 소개했다. 절대 권력의 비호 아래 조성된 이화원이나 피서산장과는 달리 개인이 원림을 만들기 위해서는 엄청난 재력이 뒷받침되어야 했을 것으로 여겨진다. '기암괴석과 아름다운 수목 등을 조달하는데 그 어느 누가 공짜로 제공했겠는가?' 뿐만 아니라 원림을 설계하고 조성하는데 모든 것이 돈으로 연결되었을 것이니 막대한 자금소요는 기본이었을 것이다. 결론은 명·청시대 소주에 재력가들이 많았다는 얘기가 되겠다.

소주의 역사 속으로 들어가 보면 그 이유를 알 수 있다. 7세기 초 수나라 문제와 양제에 의해 강북과 강남을 연결하는 경항대운하가 개통된 후 소주는 발전의 기틀을 마련한다. 강남지역의 풍부한 물자들이 북으로 유통되는 수단이 생기면서 중계무역과 물자운송 등을 통해 막대한 부를 쌓게 된다. 지역의 경제발전은 지역의 재력가를 만들어 내었고 그 재력가들은 밖에서 볼 수 있는 아름다움들을 모두 모아 자기 집 뜰 안에 조성한 것이 원림이 아니었을까 여겨진다. 개인적인 추측일 뿐이다.

내 눈에 들어온

명산

드넓은 중국 대륙을 가로지르고 있는 무수한 산들 중에 아름다움이 빼어나기로 소문난 곳이 한두 곳이 아니다. 성과 시 그리고 자치구 모두에 적어도 한두 개 이상의 명산들이 있다고 보면 될 것이다. 아마도 모두가 아름다운 절경을 자랑하는 곳들일 터이다.

그 많은 산들을 모두 돌아보지도 않고 산의 아름다움을 논한다는 것은 어불성설이라 여긴다. 그러나 내가 다녀본 곳 중에서 중국을 떠난 지금까지 나의 뇌리를 점하고 있는 곳이 있어 지면을 빌려 소개하려 한다. 대부분의 중국인들과 중국에 대해 관심이 있는 이들이라면 한 번씩은 다녀온 곳일 것이라 여겨져 아름다운 추억들을 공유하는 것도 의미가 없지 않을 듯하다. 그곳은 바로 안휘성의 황산과 복건성의 우이산이다.

황산은 수식어가 필요 없는 최고의 산이라는 것은 자타가 공인하는 사실일 터이다. 해발 1,860m의 연화봉을 중심으로 72개의 봉우리가 각각 독특한 모양으로 아름다움을 뽐내고 있다. 황산이 보여 주는 신비로움은 수많은 전설을 만들어 내었다. 전설상의 황제 헌원이 이곳 황산에서 수행을 하고 신선이 되었다는 신화를 비롯해 그 수를 헤아릴 수 없을 정도다. 그만큼 황산이 뿜어내는 분위기가 예사롭지 않다는 반증일 것이다.

황산의 광범위한 지역을 모두 본다는 것은 황산 인근에 거주하며 살아가는 이들에게나 가능한 일일 것이다. 대부분의 외지 관광객들에게는 시간적인 제약을 무시할 수가 없는 것이 현실이다. 해서 산서성에서 휴일을 이용해 찾아온 나 역시 대부분의 관광객들이 이용하는 코스로 황산을 오를 수밖에 없다. 2014년 6월 여름 황산을 찾았을 때에는 한국에서 날아온 아내와 함께하다 보니 케이블카를 이용해 오르는 선택을 했다. 북해에 오르고서도 운무로 가득한 황산은 자신의 모습을 수줍은 듯이 감추는 바람에 그 아름다움을 충분히 즐기지 못한 아쉬움이 진하게 남아 있었다. 그러나 2014년 12월에 다시 찾은 겨울 황산은 청명한 푸른 하늘 아래 그 수려한 모습을 보여 주어 얼마나 반가운지 모른다.

운곡사에서 백아령까지 향하는 길은 많은 중국인 관광객들로 들어차 있다. 케이블카에 의지하지 않고 오르는 길에 보이는 황산의 아름다움을 감상하려는 이들이다. 그들과 함께 황산이 발산하고 있는 겨울의 정취를 흠뻑 즐기며 여유로이 걸음을 옮긴다. 좌우를 올려다보면 창백할 정도로 하얀색의 바위산들이 수려하게 이어져 있다. 겨울이 무색할 정도의 푸르른 소나무들이 하얀색 바위들 위로 펼쳐져 있는 모습이 그저 아름다울 뿐이다. 아름다움을 말로 표현할 필요 없이 눈으로 느끼며 즐기면 될 일이다.

황산의 허리와 정상에 위치하고 있는 호텔에 물품을 공급하는 이들의 무거운 발걸음이 안타까이 여겨져 가지고 간 초콜릿을 내밀고 말을 붙여 본다. 무거운 짐을 어깨에 지고 4시간 이상을 올라야 하는 고난의 길이라고 한다. 하루를 일하면 이틀은 쉬어야 할 정도로 고된 과정이라 하면서도 해맑게 웃는 모습이 참으로 존경스럽다. 황산의 정상에서 파는 물품들의 가격이 터무니없이 비싸기는 하지만 이들의 고된 발걸음을 고려하면 그만한 가치가 있다 여겨지기도 한다.

안휘성은 중국의 남쪽 지방이라 12월임에도 그다지 추위를 느끼지 못하는 쾌적한 환경 속에 청량한 황산의 공기를 마음껏 들이킨다. 운곡사에서 백아령까지 이어지는 2시간 30분에서 3시간 정도의 등산로는 그리 험하지 않아 아래에서 위로 보이는 황산의 아름다움을 만끽하기에 적절하다. 등산로 중간중간에 보이는 산세의 아름다움은 조금씩 무거워지는 발걸음을 가볍게 만들기에 충분하다. 겨울의 앙상한 나뭇가지와 사시사철 변함이 없는 푸른 소나무 사이로 보이는 바위산이 무척이나 아름답다. 겨울바람에 살랑살랑 흔들리는 나뭇잎과 우직하게 하늘을 향해 뻗은 푸르른 소나무, 하얀 바위 위에 생명을 이어가는 나무들이 푸른 물이 뚝뚝 떨어질 것 같은 하늘과 조화되어 눈을 즐겁게 한다. 올라가는 등산길이 마냥 즐거울 뿐이다.

황산의 바위들을 자세히 살펴보면 사람 형상의 조각인 듯 또는 동물의 모습인 듯 착각할 정도로 조각감이 느껴지는데 그 조화를 보는 것 역시 또 다른 즐거움이다. 시신봉, 사자봉, 청량대, 광명정 등 가장 좋은 위치에서 보이는 황산의 장관도 장관이지만 어느 각도에서든 황산이 보여 주는 산세의 아름다움 역시 지나치기 아깝다. 겨울 산의 아름다움이 이 정도일진대 가을철 단풍들 때와 봄철 화사한 꽃이 무성한 때의 아름다움은 상상이 불가능할 정도다. 겨울철 눈이 덮인 산이라면 더 황홀할 듯하기도 하다. 한낮의 뜨거운 햇살을 받아 비추이는 황산의 실루엣까지 멋있다. 황산의 아름다움에 푹 빠져 정신없이 걷다보니 어느새 백아령이다.

여기서부터 이어지는 모든 코스는 황산의 아름다움들이 집결되어 있어 한시도 눈길을 뗄 수 없다. 시신봉을 오르면 발밑으로 전개되는 황산이 보여 주는 절경에 입이 떡 벌어질 수밖에 없다. 기괴한 모양으로 생긴 기암괴석들이 겹겹이 이어지는 모습에 표현의 한계를 느끼게 된다. 좁은 시신봉을 함께 오른 중국인 관광객들의 입에서 연신 장관(壯觀)이라는 감탄사가 속출하는데, 그들의 표현도 장관이라는 두 글자로 함축되어진다. 나 역시 그들이 연발해 대는 감탄사에 속으로 동감할 수밖에 없다.

어느 각도에서 바라보아도 아름답고 웅장하다는 표현이 무색할 정도다. 푸른 색, 흰색, 그리고 녹색이 조화를 이루며 빚어내는 절경이 마치 유명한 화가의 수묵화를 보는 듯하다. 천하제일명산 황산이라는 주위의 평가가 허명이 아님을 알게 된다. 명불허전이다. 멀리서 조금씩 보이는 운무와 햇살이 부딪히며 얇은 금색 빛깔을 빚어내어 황산의 아름다움에 신비함을 더해 준다. 바위 위에 하늘을 향해 서 있는 푸른 소나무의 늠름한 자태에서 사시사철 변함없는 생명력을 보게 된다. 시신봉 위에서 보이는 바위산과 소나무, 푸른 하늘 그리고 적당한 운무가 그려내는 아름다움은 표현을 넘어서는 아름다움이다. 바위산들이 빚어내는 각양각색의 모양들이 마치 천재 조각가의 작품인 듯하다. 하늘의 조화가 이렇게 맛깔스런 아름다움을 황산에 부여한 것 같아 복 받은 산임을 알게 된다.

시신봉을 벗어나면 몽필생화가 모습을 드러낸다. 오뚝이 솟은 바위 위에 아름다운 나무 한 그루가 고고하게 서 있는 모습을 붓처럼 비유한 중국 사람들의 상상력에 감탄할 뿐이다. 몽필생화 주위로 전개되는 경관 역시 아름다워 한참을 바라다보게 된다. 몽필생화를 지나면 만나게 되는 청량대에서 보이는 경관 역시 장관이다.

해발 1,690m에 위치한 사자봉은 황산에서 가장 경관이 좋은 위치이자 아름다운 촬영지로도 알려져 있다. 켜켜이 이어진 바위산들이 옆으로 누워있는 것 같은 느낌은 마치 층층의 조각품을 보는 듯하다. 옆으로 보이는 정경이나 아래에서 위로 올려보는 경관 모두가 감탄을 자아낸다. 멀리 보이는 하얀 구름과 운무가 햇볕을 받아 만들어내는 금빛의 파노라마는 황산의 아름다움을 신비로움으로 승화시키고 있다.

사자봉을 벗어나 조금을 걷다 보면 비래석이라는 기이한 모양의 바위를 만나게 된다. 약 12m의 길쭉한 바위로 손오공이 먹다 버린 복숭아가 떨어져 바위가 된 것이라고 하는데 여기서도 중국인들의 기발한 상상력을 들여다보게 된다. 12m나 되는 복숭아가 있었는지 따질 필요 없이 황산의 대표적인 기암괴석이라는 비래석을 한참 동안 바라다볼 뿐이다. 끊임없이 이어지는 기념사진 촬영 행렬을 신기하게 바라다보며….

비래석에서 약 30분 정도를 걷다 보면 연화봉 다음으로 높은 해발 1,840m의 광명정이 모습을 드러낸다. 광명정에서는 황산의 주봉인 연화봉이 한눈에 들어온다. 옥병루에서는 영객송을 만날 수 있다. 영객송은 해발 1,600m의 고산에서 자라나 줄기가 옆으로 길게 퍼진 소나무이다. 1972년 황산 대화재 발생 당시 영객송을 보호하기 위해 특별 대책을 강구했을 정도로 유명세가 있는 소나무다. 영객송을 1년 365일 관리하는 담당자가 배정될 정도로 황산의 상징적인 존재이기도 하다.

이외에도 황산에는 아름다운 곳들이 널려 있다고 보면 된다. 시간적인 여유가 없는 관광객들을 위해 황산에서도 가장 아름다운 곳을 감상할 수 있는 장소를 조성해 놓은 곳이 바로 시신봉, 사자봉, 청량대 등이라 보면 틀림이 없을 것이다. 황산을 찾는 대부분의 관광객들이 거치는 코스이기도 하기에 황산의 가장 아름다운 곳은 들여다 본 것으로 생각하면 될 듯하다. 느껴보지 못한 봄 황산과 가을 황산을 멀지 않은 시기에 다시 한 번 찾아볼 것을 스스로에게 약속한다.

우이산은 우이산시 서북부 지역 일대에 570㎢로 넓게 뻗어 있는 산이다. 해발 2,000m 이상의 봉우리가 7좌로 주봉인 황강산은 해발 2,158m이며 중국 동남지역에서 가장 높은 것으로 알려져 있다. 우이산은 우리가 흔히 보는 구곡계의 낮은 봉우리들과는 달리 산세가 험준하고 수많은 봉우리가 즐비한 웅장한 모습을 보이고 있는 산이다. 그러나 통상적으로 우리가 찾아가는 곳은 아름다운 경관으로 널리 알려진 구곡계이다.

구곡계는 우이산의 주봉인 황강산 서남기슭에서 뻗어 나온 것으로 약 60㎞의 구간으로 이어지고 있다. 우이산의 웅장한 봉우리들을 가르며 3번 굽이치고 9번 꺾이는 구곡계는 보는 이들의 경탄을 자아내는 절경을 뽐내고 있다. 총면적 8.5㎢의 구곡계는 9.5㎞ 거리의 대나무 뗏목을 타고 유람하며 일곡에서 구곡이 보여 주는 아름다움을 감상하는 것이 기본이다. 통상적인 등산과는 또 다른 방식으로 그다지 깊지 않은 물길을 헤치며 굽이치는 계곡마다 보이는 기암괴봉들을 즐기다 보면 마치 신선이 사는 세계로 들어와 있다는 착각에 빠지게 된다. 뗏목 유람을 통해 아래에서 위로 보이는 구곡계의 아름다운 경관을 즐기고 난 후에는 위에서 내려다보이는 구곡계 전체의 수려함을 감상하면 된다.

대왕봉, 천유봉, 은병봉, 옥녀봉, 쌍유봉 등 여러 개의 봉우리들이 있다. 그중 가장 아름다운 경관을 보여 주는 천유봉을 보는 것이 시간에 쫓기는 대부분 관광객들의 선택이다. 여유가 되는 이들은 명차의 반열에 들어가는 우이암차의 재배지인 대홍포를 들러 우이암차의 재배현장과 주위의 아름다운 경관을 즐기기도 한다. 나 역시 마찬가지로 대나무 뗏목을 타고 1시간 30분 신선놀음을 한 후 천유봉을 올라 정상에서 보이는 구곡계의 전체 모습을 눈에 담아 보았다. 구곡계에서 가장 높은 봉우리인 대왕봉과 우이암차의 산지인 대홍포 역시 나의 발걸음이 닿은 곳이다.

대나무 뗏목 유람은 첫 출발시간인 아침 7시 30분을 맞추기 위해 부지런을 떨게 된다. 그러나 부지런함이 주는 좋은 점이 없는 것은 아니다. 새벽녘에 도착한 뗏목 선착장에는 마침 떠오른 붉은 해가 우이산의 아름다운 산세를 배경으로 조그마한 호수에 내려앉은 환상적인 아름다움을 덤으로 제공해 넋을 잃고 바라다본다. '일찍 일어나는 새가 먹이를 먼저 발견한다.'는 속담이 틀리지 않음을 새삼 확인하는 순간이다.

뗏목은 6인이 조를 짜서 타게 되어 있는데, 조 편성하는 사람들의 움직임을 지켜보는 것도 재미있다. 혼자 여행을 하는 나의 입장에서는 생면부지의 중국인들과 엮일 수밖에 없다. 상해에서 혼자 여행 나온 듯한 젊은 친구의 주선으로 흑룡강성에서 온 나이 지긋한 부부, 복건성 남평에서 왔다는 젊은 여자 2명, 상해 친구 그리고 나, 이렇게 6명이 함께한 1시간 30분의 뗏목 여행은 유쾌하기 짝이 없다. 물길의 흐름이 구곡에서 일곡으로 이어지며 이른 아침의 구곡계 뗏목 여행을 시작한다. 대나무 뗏목은 대나무를 이어 만든 것인데 양말을 벗고 맨발인 채로 물에 담그면 그리 시원할 수가 없다. 신선놀음이 따로 없다.

낮게 깔려 겹겹이 이어지는 구곡계의 봉우리들이 참으로 아름답다. 광서자치구의 양숴에서 보여 주는 울퉁불퉁함 그리고 불규칙한 묘미와는 또 다른 유려하고도 우아한 흐름의 아름다움이다. 뗏목 구간에는 물살이 급하게 흐르는 곳도 있는데 빨리 지나가는 아름다움을 놓치지 않으려는 이들의 눈길이 바쁘게 움직인다. 천유봉을 비롯해 굽이치는 구곡의 중간중간 불쑥 나타나는 봉우리들이 온화한 흐름의 산세에 더해 순간순간 장대한 모습을 보여 주는 것도 또 다른 묘미다.

나이 들어 보이는 부부의 남편이 아내를 위해 정성껏 사진을 찍어주는 모습이 정겹고, 흥에 겨워 부르는 노랫가락도 보통 수준은 넘는다. 앞뒤로는 다른 조로 편성된 이들의 뗏목이 줄줄이 이어지고 있는 것도 장관이다.

300여m에서 600여m에 미치지 못하는 높이의 봉우리들이 구곡계에 이어져 있는데, 아래에서 올려다보면 낮게 이어지던 산세가 갑자기 우뚝 솟은 모습을 보이게 되니 상당히 높다는 착각을 하게 된다. 그러한 조화가 있는 곳이 바로 구곡계다. 아래에서 보이는 천유봉은 영상에 담기가 쉽지 않을 정도로 웅장하다. 천유봉으로 이어지는 다리 위에는 많은 관광객들이 우이산의 풍광을 즐기는 모습을 볼 수 있다. 뗏목이 흘러가는 중간중간에 보이는 기암괴석과 기암괴석을 덮고 있는 푸른 나무들을 보는 것 역시 눈을 즐겁게 한다. 기괴한 모양의 돌들과 너무나 짙푸른 강물 그리고 우이산 자락이 만들어낸 순록의 나무들이 구곡계 전반을 아우르고 있는 모습이 환상적이다. 옆에 앉은 젊은 상해 친구의 아름답다는 잇단 감탄사에 속으로 동감하지 않을 수 없다.

이런 식으로 팔곡의 쌍유봉, 육곡의 천유봉, 오곡의 은병봉, 사곡의 옥녀봉, 일곡의 대왕봉 등이 각기 아름다움을 경쟁하고 있는 것을 즐기다 보니 1시간 30분이 어떻게 지나갔는지 모를 정도다. 우이산과 구곡계가 제공하는 우월한 아름다움에 어느 순간 푹 빠진 스스로를 발견하고는 놀라게 된다. 앞으로 나가는 뗏목에 교차되며 흘러가는 풍경들이 너무나 매력적이다. 뗏목 유람이 끝나는 지점 양옆으로는 숲의 향연이 이어진다. 참으로 멋진 풍경이다. 생면부지의 중국인 5명과 함께한 뗏목 여행은 구곡계가 발산하는 우월한 아름다움을 유쾌한 분위기에서 충분히 만끽한 잊지 못할 추억이다.

신선놀음에서 빠져나와 구곡계의 봉우리 중 가장 아름다운 경관을 자랑한다는 천유봉으로 향한다. 구곡계의 많은 봉우리를 다 오를 수 없는 관광객들에게 천유봉은 필수 방문지이다. 수많은 중국인 관광객 틈에 끼어 오르는 천유봉은 명불허전이다. 천유봉을 오르는 중간중간 보이는 경관도 절경이지만, 정상에서 조망되는 우이산 전체의 아름다움 역시 기가 막힌다. 400여m의 높이밖에 되지 않는 봉우리 자체가 아름다움이라고 보면 된다. 천유봉을 오르는 산허리의 나무들 사이로 보이는 산세의 아름다움, 선욕담에서 조망되는 절묘한 경관, 정상에서 내려다보이는 구곡계의 아름다운 모습들이 버릴 것 하나 없다. 뿐만 아니라 겹겹으로 뻗어나가는 우이산의 웅장하고도 유려한 산세 역시 감탄을 자아내기에 부족함이 없다.

아름다움을 하나도 놓치지 않으려는 듯 천유봉 정상을 향하는 험난한 길을 끊임없이 오르는 관광객들의 발길이 볼만하다. 특별한 아름다움이 있는 우이산과 구곡계를 더욱 빛나게 해 주는 곳이 천유봉이다. 말하자면 천유봉은 우이산과 구곡계의 아름다움을 가장 잘 감상할 수 있는 최적의 장소라 하겠다. 구곡계의 봉우리들 중에서 가장 높다는 대왕봉은 잘난 동생 천유봉 때문인지 사람의 발길이 거의 닿지 않는 한적한 곳이다. 봉우리 자체의 아름다움이나 정상에서 조망되는 경관이나 천유봉을 따라갈 수가 없다. 해발 530m의 대왕봉은 잘난 아우를 둔 못난 형님이다. 우이산 시내의 정경을 내려다 볼 수 있어 그나마 위안이 되기는 한다.

우이암차로 유명한 대홍포는 차 재배 현장을 보는 것 외에도 무성한 숲과 기괴한 모양의 바위들이 만들어내는 조화가 매력적인 곳이기도 하다. 우이암차는 반발효차인 청차의 일종이다. 깨끗한 향을 특기로 하는 일반적인 청차와는 달리 훈제한 듯한 구수한 맛이 특징이라고 한다. 계곡 마다마다에 재배되고 있는 우이암차를 넋을 놓고 즐기다 보면 절벽 위에 대홍포가 걸려 있는 기이한 현장을 만날 수 있다.

무슨 얘기인가 해서 자세히 들여다보니 넓고 높게 서 있는 절벽 중간으로 지상에 심는 대홍포와 똑같은 모양의 대홍포가 걸려 있다. 평지 위의 대홍포가 아니라 절벽 위의 대홍포인 셈이다. 신기한 조화라 여기며 한참을 바라본다. 우이산 대홍포의 골짜기를 졸졸 흐르는 청명한 물소리를 들으며 짙은 녹음을 뽐내는 나무들의 향연을 즐기고 계곡 사이로 보이는 환상적인 풍경을 음미하다 보니 복잡한 인간사의 모든 번뇌가 사라지는 느낌이다.

통상적인 등산에서 벗어나 구곡을 흘러내리는 아름다운 물길을 따라 우이산의 아름다운 정취를 즐길 수 있는 특별한 곳이 바로 우이산 구곡계다.

황산은 내게 있어서는 표현을 넘어서는 아름다움으로 나의 눈을 정화시켜 준 고마운 곳이다. 마치 1년 365일 각기 다른 모습으로 신비로움을 보여 줄 듯한 황산은 언제든 다시 찾아보고 싶은 강렬한 욕망을 불러일으킨다. 반면 우이산 구곡계는 인간세계의 무릉도원에서 신선놀음을 즐길 수 있는 특별한 곳으로 내게 각인되어 있다. 많은 이들이 황산과 구곡계를 찾아보았을 것이고 아마도 나의 이러한 감상에 동의할 듯싶다.

중국 대륙에는 황산과 구곡계가 보여 주는 아름다움 이상을 보여 주는 곳이 적지 않을 것으로 여겨진다. 그러한 아름다움들을 찾아 언제든 발길을 옮기고 싶다. 체력이 닿을 때까지….

4대 불교

명산 참배

3대 강남 명루, 3대 석굴, 4대 원림, 5악 명산 등 중국 대륙에는 명소들을 소위 3대, 4대 또는 5대라는 방식으로 그 우열을 가려놓은 곳들이 있어 흥미롭다. 그러한 곳들을 돌아다니며 중국인들의 독특한 취향이라 느끼곤 한 적이 한두 번이 아니다. 많은 명산들 중에서도 중국인들은 산서성의 오대산, 사천성의 아미산, 안휘성의 구화산, 절강성의 보타산을 4대 불교 명산으로 일컫고 있다.

4대 명산이 각각 모시는 보살이 다른 것이 특색인데, 오대산은 문수보살, 아미산은 보현보살, 구화산은 지장보살, 보타산은 관음보살의 도장으로 각각 알려져 있다. 지금부터는 중국의 4대 불교 명산을 돌아보고 느낀 소회를 소개하고자 한다.

오대산은 4대 불교 명산 중에서도 우두머리다. 다섯 개의 높게 솟은 산봉우리로 이루어져 있어 붙여진 이름으로 북대인 엽두봉이 해발 3,061m로 가장 높다. 아름다운 자연 풍광, 역사성 깊은 문물, 고건축의 예술성, 불교 성지, 더위를 피하는 휴양지 등 다양한 요소가 혼재하는 보기 드문 관광지이다. 현재는 다섯 개의 봉우리에 둘러싸여 있는 대회진을 중심으로 불교의 고찰들이 들어서 있다. 웅장하고도 아름다운 고찰들은 마치 인간세계의 불국과 같은 분위기를 연출한다.

동한 영평 10년인 67년 인도로부터 처음 중국으로 넘어온 불교는 이듬해 오대산으로 전파된 것으로 기록되어 있다. 오대산에 발길이 닿은 인도 고승 가엽마등과 축법란은 웅장한 산세가 석가모니가 수행했던 천축의 영취산과 비슷하게 생긴 것을 확인한다. 이에 한 명제에게 사찰 건립을 건의하고 세운 절이 영취사다. 낙양의 백마사와 같은 해에 지어진 사찰로 중국에서 가장 오래된 사찰인 셈이다. 이러한 역사적인 배경 하에 한나라 명제 때부터 오대산에 사찰이 지어지기 시작한다.

당나라 때에는 문수신앙이 널리 보급되면서 사원이 360여 개소로 번성하였다고 한다. 청나라 때에는 라마교가 전파되어 청나라 황제사찰의 모습으로 화려하게 단장한다. 중국에 불교가 전파된 시기부터 불교 역사의 굴곡을 함께한 오대산의 사찰들은 2,000년 가까운 역사가 알려 주듯 수많은 스토리를 지니고 있다.

전문적으로 불도를 닦는 이가 아닌 일반 관광객들이 오대산 곳곳에 분포한 사찰들을 반나절 또는 하루에 모두 돌아본다는 것은 사실상 불가능하다. 5개의 봉우리를 오르내리며 각 봉우리의 절을 찾는다는 것이 비현실적이기 때문이다. 실제로 오대의 정상마다에는 남대의 보제사, 동대의 망해사, 중대의 연교사, 북대의 영응사, 서대의 법뢰사가 들어서 있다. 해서 대부분의 관광객들이 집중적으로 돌아보며 불심을 비는 곳이 바로 사찰들이 집중적으로 모여 있는 대회사묘군이다. 그중에서도 현통사, 탑원사, 수상사, 라후사 그리고 보살정은 오대산의 5대 사찰이다.

오대산은 문수보살의 도장이기도 하다. 화엄경의 문수보살 거처인 청량산의 모습이 오대산과 흡사한 평평한 산봉우리로 이루어졌기 때문이라고 한다. 오대산은 산 자체는 그다지 높아 보이지 않는다. 황토고원으로 평균 해발고도가 높은 산서성 북부의 흔주시에 위치하고 있기 때문이다.

아기자기한 산등성이가 유려한 곡선을 그리며 사방으로 이어지고 있는 모습이 아름답다. 대회사묘군에 도착하면 오대산 5개 봉우리의 중간 오목한 평지에 사찰들이 옹기종기 모여 있는 모습이 눈에 들어온다. 아름답다 그리고 장관이다. 전체적인 모습만 보아도 불심이 활활 불타오름을 느낄 정도다.

먼저 찾은 곳은 많은 절중에 가장 크고 오래된 현통사다. 현통사는 한 명제 영평 연간인 58년에서 75년 사이에 지어진 것으로 전해지는데, 현존하는 건물은 대부분 명·청시대에 건축된 것이다. 내부를 들어서면 대불전과 관음전 그리고 대문수전으로 구분되어 있는 것을 볼 수 있다. 대문수전 내부 중간에 있는 대지문수(大智文殊)를 중심으로 좌우로 6존 등 총 7존의 문수보살상이 세워져 있는 것이 특별하다.

사찰의 가장 뒤쪽에 위치한 동전과 8m 높이의 동탑은 온통 금빛이다. 햇볕에 반사되어 비추이는 것이 화려하기 짝이 없다. 동전 양쪽의 하얀색 건물들과 대비를 이루는 모습이 신비로워 보인다. 표면에 1만 자의 불경을 조각해 두었다는 무게가 약 1만 근에 이르는 2.5m의 동종도 볼만하다. 현통사는 입구에서부터 뒤로 갈수록 지대가 높아지는 구조다. 높은 지대에 들어서 있는 건물들이 아래에 위치해 있는 건물들을 호령하는 듯한 웅장함이 볼만하다.

현통사를 나오면 바로 옆에 위치한 라후사를 만날 수 있다. 라후사는 당나라 때 지어진 사찰로 문수보살이 이곳에서 머물며 설법을 했다고 전해지고 있다. 청나라 때 대규모로 개축한 것으로 승려묘에서 황묘로 이름을 바꾸었다. 오대산 내에서 보존이 완벽한 10대 황묘 중의 하나라고 한다. 실제로 라후사 경내를 돌아다니다 보면 사찰의 화려함이 뛰어남을 알 수 있다. 황제가 예불을 드리는 곳이니 그 격에 맞추려 한 것이 눈에 두드러지게 보인다. 라후사에서 가장 눈에 띄는 것은 개화현불이다. 한 그루 성수(聖树)로 만든 것이라는데, 자동기계장치가 설치되어 있어 움직일 수 있도록 되어 있다. 현대의 기술로 생각하면 유치해 보일 수도 있지만, 당시에는 획기적인 발상과 기술이 아닐 수 없어 감탄하게 된다.

라후사를 나와 백색의 탑이 위용을 뽐내고 있는 곳으로 이동하다 보면 탑원사가 모습을 드러낸다. 원래는 현통사의 탑원이었는데, 명나라 때 사리탑을 중수하면서 독립된 사찰로 만들고 탑원사로 이름 지어졌다 한다. 탑원사는 오대산의 상징적인 명물로 우뚝 서 있는 사리탑인 대백탑이 유독 눈에 띄는 곳이다. 대백탑은 73.5m 높이로 티베트 불교의 상징이다. 검은색 지붕으로 둘러싸인 탑원사의 중간에 너무나 순백의 빛깔로 웅장하게 솟아 있어 그 신비감을 느끼기에 부족함이 없다. 가까이 다가서서 대백탑을 보게 되면 웅장함은 기본이고 세월에 깎여 순백의 모습이 바래져 고색창연하다.

수상사는 원나라 때 지어진 것으로 명나라 홍치 연간과 만력 연간에 중수한 것이다. 문수보살을 전문적으로 모시는 곳으로 오대산에서 가장 큰 문수보살의 소상이 있는 곳이다. 문수보살의 도장으로 수많은 방문객들의 향화가 이어지는 필수 방문지라고 한다. 방문한 날 공교롭게도 건물 전체가 보수 또는 확장 중이라 어수선하다. 아쉽지만 대문수전을 중심으로 뿜어내는 성스러움이 볼만하다.

현통사, 탑원사, 수상사, 라후사와 함께 오대산의 5대 사찰인 보살정은 대회사묘군의 가장 높은 곳에 위치해 그 위용을 자랑하고 있다. 문수보살의 거처로 전해지고 있으며 진용원 또는 문수사로도 불린다. 청나라 조정에 의해 황제의 사묘로 격상이 되어 황제와 동등한 대우를 받는 황묘다. 보살정에 오르기 위해서는 108개의 가파른 계단을 올라야 한다. 마치 황제를 배알하는 듯한 느낌이다. 아무려나 정상에 오르면 아래로 펼쳐지는 대회사묘군의 질서정연한 모습이 한눈에 들어와 통쾌하다.

보살정을 들어서면 마치 황궁과 같은 화려한 사찰 건물들과 조각들을 볼 수 있다. 청나라 강희제와 건륭제가 예불을 드린 후 숙식까지 했다고 하니 그럴 만도 하다 싶기는 하다. 황제의 상징인 용 문양을 비롯해 건물의 구석구석에 권력의 입김이 미치지 않은 곳이 없다. 이곳이 절인가 싶을 정도다. 한편으로는 황제가 모시는 부처는 민초들이 모시는 부처와는 달리 온통 황금색으로 치장해 있을 듯하다는 엉뚱한 생각을 해 본다. 뒤에서 소개할 윈강 석굴에서 권력과 야합한 불교의 행태와 같이, 보살정 역시 권력에 기대는 불교 권력의 기울임이 없지 않다 생각되어 씁쓸하다.

보살정 산문 밖 패루에 적혀 있는 영봉성경(靈峰胜境)은 강희제가 직접 쓴 것이라는데 봉(峰)자의 획이 하나 빠져있어 특이하다. 아버지 순치제를 그리워하는 아들 강희제의 마음을 표현한 것이라고 전해진다. 황제의 자리를 박차고 나가 출가해 중이 된 순치제의 일화와 그로 인해 어린 나이에 청나라를 이끌어 나가야 하는 막중한 책임을 질 수밖에 없었던 강희제의 숙명은 익히 알려진 사실이다.

대회사묘군의 5개 주요 사찰을 돌아본 후 반대편을 바라보면 산꼭대기에 세워진 대라정이 눈에 들어온다. 1,080개의 계단을 올라야 만날 수 있는 곳이다. 가파른 계단을 오체투지(五體投地)의 고행을 하며 오르는 불심 깊은 이들이 여럿 눈에 들어온다. 대단한 열정이라 감동스럽기까지 하다. 대라정은 오대산의 다섯 개 봉우리에 있는 문수보살을 모두 모셔 놓아 공봉할 수 있는 곳으로 소조대(小朝臺)로 불린다. 대라정을 오르면 마치 다섯 봉우리를 모두 올라 각 봉우리에 있는 문수보살에게 공봉한 셈이 되는 것이니 의미가 적지 않은 장소라 할 수 있겠다. 대라정에서는 대회사묘군의 전체적인 모습을 조망할 수 있는 또 다른 묘미가 있다.

아미산은 시선(詩仙) 이백에 의해 "촉에 많은 선산이 있지만 아미산에 미치지 못한다."라고 칭송받을 정도의 아름다움을 뽐내는 곳으로 널리 알려진 명산이다. 그러기에 내게는 아쉬움이 많이 남는 곳이기도 하다. 힘들게 방문한 이틀 내내 비가 내리는 날씨에 운무가 가득 차 소문난 아름다움을 전혀 볼 수 없었기 때문이다. 4대 불교 명산인 보현보살의 도장으로서 아미산을 찾은 것이 주된 목적이었기에 아쉬움을 달랠 수 있기는 했지만, 그래도 서운한 마음을 떨치기는 쉽지 않다.

아미산은 총면적이 300㎢로 광범위한 지역에 걸쳐 수많은 기암이 수직으로 뻗쳐 있어 다양한 경관을 자랑한다. 주봉인 만불정의 해발이 3,099m이고 산 아래 평원지역의 해발이 400여m로 높이차가 2,600m 이상이다.

2015년 여름이 깊어가는 6월 말의 어느 날 아미산을 찾았다. 잔뜩 흐린 날씨에 떨어지는 빗방울을 원망스럽게 바라보며 새벽부터 부지런을 떤다. 아침 7시가 되지 않는 시간임에도 아미산 입구는 사람들로 넘쳐난다. 대부분이 금정을 오르기 위한 행렬들이다. 금정은 해발 3,079.3m에 위치한 아미산 서봉의 정상으로 산세가 웅장하고 험할 뿐 아니라 가장 경관이 뛰어난 곳이다. 한마디로 아미산의 상징적인 존재로서 아미산을 들르는 누구나가 찾는 곳으로 보면 된다.

금정은 화엄사에 있는 동전(속칭 금전)에서 유래된 것이라고 한다. 명나라 만력 연간에 지어졌다는 건물 내부에 비스듬히 세워져 있는 기둥과 창문 사방으로 황금이 들어간 청동주조가 태양이 비치면 금빛이 사방으로 반사되어 백 리 너머 먼 곳에서도 보였다고 전해지고 있다. 지금의 건물은 훼손된 것을 1990년에 새로 지은 것이지만, 과거 이상으로 화려한 금빛이 발산된다고 한다. 나 역시 화엄사 동전에서 발산되는 금빛과 코끼리 등에 앉은 십방보현보살의 화려하고 아름다운 모습을 보기 위해서 금정으로 발길을 향하고 있는 셈이다. 그러나 간헐적으로 비가 흩날리는 날씨로 인해 일출, 운해, 불광, 성등으로 알려진 금정사기(金頂四奇) 중 그 어느 것도 만날 수 없는 여건이라 안타깝기만 하다.

새벽녘 일출을 보기 위해 부지런을 떨었던 이들을 금정으로 향하는 뇌동평에서 마주친다. 일출을 보았냐고 물어보니 한 치 앞도 보이지 않는 상황에서 일출 감상이 가능했겠냐며 허탈하게 웃음 짓는다. 불광, 성등과 같은 특이한 자연 현상은 며칠 몇 밤을 지켜보아도 보기 힘든 경관이기에 기대 자체도 하지 않았지만, 운 좋으면 볼 수도 있는 운해 역시 볼 수 없는 조건이다. 궂은 날씨임에도 적지 않은 이들이 삼삼오오 짝을 지어 금정을 오르고 있다. 금정으로 향하는 길 중간에 있는 뇌동평의 풍광이 볼만하다 해서 기대를 많이 했는데, 안개비를 머금은 날이라 시야가 확보되지 않는다. 안타까울 뿐이다. 생전에 다시 오기 힘든 곳이기에 아쉬움을 달래며 가랑비 내리는 뇌동평이 주는 운치를 즐기려 무던히도 노력한다.

금정을 오르니 가시거리가 전방 1m도 되지 않을 정도로 보이는 것이 없다. 화엄사 동전에서 발산되는 금빛은 태양이라는 유발요소가 없기에 어쩔 수 없다 하더라도 코끼리 등에 앉은 십방보현보살은 볼 수 있을 것이라 기대했는데 그것도 아니다. 하기는 잔뜩 흐린 날씨로 인해 그 화려함이 감추어진 십방보현보살이 오히려 신비함을 더해주는 듯하다.

해발 3,000여m, 비가 오며 차가워지는 날씨임에도 혹시나 날이 갤까 1시간여를 기다려도 개선되는 기미가 보이지 않고 오히려 악화되는 분위기다. 어쩔 수 없이 하산을 결정한다. 금정을 오르자마자 추위에 움츠리며 기념사진 찍고 서둘러 하산하는 관광객들 틈에 끼어 허탈한 걸음을 옮긴다. 금정에 상징적으로 솟아 있는 십방보현보살을 운무 속에 만날 수밖에 없었지만, 보현보살의 도장인 아미산에서 보현보살을 모시고 있는 만년사를 만나러 간다는 기대감을 안고….

보현보살의 도장임을 알려주듯 수많은 관광객의 발길이 만년사로 이어지고 있다. 만년사는 진(晋)나라 때 지어진 것으로 원래 이름은 보현사였다고 한다. 명나라 때인 1601년 신종황제가 태후의 70세 생일을 축하하기 위해 성수만년사라 개명하고 오늘에 이르고 있다. 성수만년사의 무량전은 벽돌로 만든 것으로 인도 양식을 적용한 것이라고 한다. 기둥 없이 지어진 건물로 400여 년이 흐르는 동안 여러 차례의 5~7.9급 규모에 이르는 지진에도 손상 없이 버텨온 것으로 고대 건축의 기적으로 일컬어지고 있다. 무량전에 모셔진 보현기상동상은 980년 무진선사가 황제의 명을 받들어 성도에서 주조한 것이라 한다. 당시 황금 삼천 냥을 소모했다고 전해지니 엄청난 공력을 들인 셈이다. 천여 년 전에 62톤에 달하는 무거운 동상을 성도에서 어떻게 운반해 와서 아미산에 설치했는지도 신비에 가까울 따름이다. 모든 것이 보현보살의 공덕이 없었으면 불가능했을 것으로 여겨진다.

만년사를 오르는 계단 양옆으로는 원숭이들이 재롱을 피우고 있고 그것을 지켜보며 여행객들이 한없이 즐거워한다. 보현보살의 도장인 만년사는 사람들로 인산인해를 이루고 있다. 궂은 날씨로 금정을 제대로 보지 못한 아쉬움을 달래는 듯 향을 올리는 사람들로 성황이다. 향냄새가 진동하고 향이 타오르며 뿜어내는 연기에 눈이 따가울 지경이다. 영험해 보이는 보현기상동상이 있는 곳은 더 말할 필요가 없다.

강희 42년 강희제가 하사했다는 편액이 걸려 있는 보국사 역시 관람객들의 발길이 이어지고 있다. 보현전에는 보현보살상 뒤로 수백 개의 작은 금색 불상들이 늘어서 있는 것도 볼만하다. 나라의 은혜를 갚으라는 의미를 담고 있는 보국사는 1930년대에 중경에 머물던 장개석이 자주 찾았던 곳이라고도 한다.

복호사는 울창한 숲에 감추어져 있어 '울창한 숲이 엎드린 호랑이를 숨기고 있다'는 의미를 안고 있는 사찰이다. 수많은 숲에 싸여 있음에도 사찰 내에 낙엽 하나 떨어져 있지 않다 하여 청나라 강희제가 이구원(离垢园)라는 편액을 하사했다고도 전해진다. 현재의 복호사는 비구니들이 거주하는 곳이라 왔다 갔다 하는 비구니들을 많이 만날 수 있다. 많은 사찰들을 찾아보았지만 비구니를 직접 보게 된 것은 처음이라 마냥 신기할 뿐이다. 대웅보전을 비롯한 나한전 등 사찰 내 모든 건물에는 관람객들의 발길이 이어지고 있다. 푸른 숲과 화려한 꽃들로 둘러싸인 복호사는 질서 있는 아름다움으로 마음이 저절로 평화로워지는 듯한 느낌을 주어 너무나 좋다. 불상 4,700여 존과 195,048 자의 화엄경이 새겨진 5.8m의 자동고탑 주위로는 아리따운 비구니와 그 뒤를 잇는 관람객들의 기도와 염원이 이어지고 있다.

구화산은 불교문화와 자연 그리고 인문이 결합된 명승지이다. 총면적 330㎢로 70여 개의 봉우리가 유려하게 솟은 아름다운 산으로 주봉인 십왕봉이 해발 1,344.4m이다. 특히 지장보살의 도장으로 대내외에 널리 알려진 곳이기도 하다.

719년 신라의 왕자였던 김교각이 바다를 건너 당나라로 와서 구화에 터를 잡고 75년간 수행한 후 99세에 입적했다. 그의 생전과 사후의 상서로운 징조가 불경에 기록되어 있는 지장보살과 흡사해 승도들에 의해 지장보살이 현신한 것으로 받아들여져 존경을 한몸에 받았다고 기록되어 있다. 지장보살에게만 나타난다는 대표적인 현상으로 스님의 열반 후 3년이 지나도록 사체가 부패하지 않는 기적이 지장보살로 받아들여진 결정적인 계기가 된 것이다. 승도들은 그를 통해 지장보살의 감화를 받았다고 전해진다. 김교각에 의해 지장보살의 도장으로 알려지기 시작한 당나라 이후 사원은 나날이 커지고 신도가 폭발적으로 늘어나 향화가 끝도 없이 이어졌다고 한다.

이러한 신비한 역사적인 배경을 안고 있는 구화산은 산세의 아름다움도 빼놓을 수 없다. 구화산을 오르내리는 케이블카와 구화산에서 가장 높은 사원 중 하나로 전망대를 겸하고 있는 천대사에서 조망되는 구화산의 빼어난 아름다움은 보는 이의 눈을 즐겁게 하기에 부족함이 없다. 지장보살 김교각의 흔적이 남아 있다는 천대를 오르기 위해 문명의 이기인 케이블카에 오른다. 너무나 짧은 시간이지만, 강렬한 인상의 아름다움이 여운으로 남는 케이블카에서 내리니 야생 원숭이가 천진하게 노는 모습이 눈에 들어온다. 원숭이가 도처에서 출몰한다며 조심할 것을 요구하는 안내 표지를 보며 괜히 움츠러드는 자신이 우스워 보인다. 멀리로 가파른 산 정상에 보이는 천대와 천대사의 모습이 아득하게 눈에 들어온다.

눈이라도 쏟아질 법한 잔뜩 흐린 날씨에 같이 하는 중국인 관광객들과 함께 경건한 마음으로 천대로 향하는 길로 들어선다. 한참을 걷다 보니 오체투지를 행하며 그 높은 천대 길을 한걸음 한걸음 오르는 고행을 하는 젊은 스님 세 분을 만나게 된다. 마침 시장할 때 먹기 위해 가지고 간 초콜릿이 있어 드시겠냐고 여쭈니 고맙다며 받아 드신다. 짬을 내어 어디서 오시는 길이냐고 물어보니 산서성 오대산에서부터 줄곧 오체투지의 고행을 통해 여기까지 온 것이라 일러준다.

나 역시 산서성에서 오기는 했지만 산서성 오대산에서 안휘성의 구화산까지 비행기로는 2~3시간, 기차나 버스로는 10시간 이상이 걸리는 거리를 오체투지를 행하며 왔다는 사실에 경외감이 생길 수밖에 없다. 뿐만 아니라 정상적으로 오르는 구화산 길도 이렇듯 힘든데 오체투지로 오르는 것을 보니 참으로 대단하다 여겨진다. 짧은 대화를 마친 후 계속해서 묵묵히 오체투지로 산을 오르는 그들을 바라보며 '무엇이 그들에게 그러한 동력을 부여했을까?'라는 생각을 하게 된다. 그들이 추구하는 것이 무엇인지는 모르겠지만 결국은 '깨달음을 얻기 위한 것이 아닐까?'라고 속으로 혼자만의 결론을 내려 본다.

문수보살의 도장인 오대산에서 지장보살의 도장인 구화산까지의 오체투지 고행이 그들에게 큰 깨달음을 줄 것 같다는 생각을 하게 된다. 깨달음을 위해 속세를 떠나 몸소 체험하고 있는 저들과 같이 평범한 인간인 나 역시 이러한 의문을 항상 달고 살고 있지만, 답을 찾지 못하고 있는 것은 너무나 당연하다고 여긴다.

2시간여를 걷다 보니 천대가 눈앞에 모습을 드러낸다. 천대는 구화산의 남동쪽에 위치한 산봉우리로 지장보살의 화신인 김교각 스님이 수행을 했던 곳이다. 스님의 발자국이 새겨진 고배경대, 거처로 쓰던 지장고동 등을 돌아보며 고결했던 스님의 향기를 느낀다. 일국의 왕족이라는 신분을 초개처럼 버리고 낯선 곳에 정착해 깊은 수행으로 깨달음을 얻게 되고 그 깨달음을 중생에게 계도한 그의 삶을 한참 동안 되돌아본다.

바위산 아래 다소곳이 안겨 있는 고배경대의 희고 노란 건물이 푸른색 나무, 그리고 하얀 바위들과 조화를 이루는 것이 보기 좋다. 옆에 서 있는 바위가 관음보살과 지장보살의 고사가 깃든 관음봉이다. 천대사를 오르는 가파른 계단의 양옆으로는 방문자들의 염원이 담긴 열쇠들이 빽빽하게 달려 있다. 천대사를 오르면 가파른 절벽 위에 고배경대가 들어서 있는 아찔한 모습이 조망된다. 멀리로 보이는 봉우리마다 가장 좋은 곳에 들어앉아 있는 절들이 눈에 들어온다. 구화산에 들어 있는 사찰의 수가 무려 99개에 이른다고 하니 그 많은 절들을 찾아본다는 것은 현실적이지 않다.

천대사에서 조망되는 구화산과 사찰들을 감상하고 있으려니 눈발이 날리기 시작한다. 낭만적이다. 궂은 날씨에도 추운 겨울 천대사를 찾은 방문객들의 염원을 비는 모습들과 가끔씩 오가는 스님들의 분주한 모습이 활기차다. 천대사는 구화산에서 가장 높은 사찰로 전망대 역할을 할 만하다 여겨질 정도로 주위 경관이 아름답다. 천대사에서 일선천까지 이어지는 계단 옆에 있는 나무든 난간이든 염원의 자물쇠가 빽빽이 묶여 있는 것을 보며 연약한 인간들의 간절한 소망을 본다. 조금씩 흩날리는 눈발과 세찬 바람을 온몸으로 맞으며 방문객들의 염원이 담긴 붉은 리본과 자물쇠들을 하염없이 바라본다.

귀한 신분을 버리고 출가해 수많은 중생을 계도한 지장보살 김교각 스님의 발자취를 돌아본 구화산은 한국 사람으로서 특별한 감회를 가질 수밖에 없는 경험이다. 오늘날에 이르러서도 구화산 인근의 사람들은 신라라는 나라를 기억하고 있다고 한다. 그가 중생을 위해 베푼 음덕이 천여 년이라는 세월의 간극을 뛰어넘어 전해지고 있는 것이다. 그 촌로들은 한국이라는 나라가 어디에 붙어 있는지도 모른다고 한다.

보타산은 사면이 바다로 둘러싸여 있는 아름다운 섬에 위치한 해천불국으로 남해성경(南海聖境)으로도 불리는 관음보살의 도장이다. 남국의 정취가 깃든 아름다움 속에 관음보살의 자비가 깃들어 있어 포근하면서도 신비한 기운을 발산하고 있는 곳이 바로 보타산이다.

보타산으로 가는 길은 조금은 특별하다. 다른 불교 명산들인 오대산, 아미산 그리고 구화산은 높은 산을 올라야만 만날 수 있지만, 보타산은 유람선을 타고 바다를 건너야 하기 때문이다. 그러기에 만나는 과정부터가 번잡하게 여겨질 수도 있다. 그러나 전혀 그렇지가 않다. 페리호에 오르는 순간부터 약 20여 분 보타산과 점점 가까워지며 보여 주는 특별한 아름다움에 푹 빠져들게 되기 때문이다. 바다 위로 솟아오른 낮은 섬들이 겹겹이 이어지며 보여 주는 경관이 기가 막히다. 바닷속 깊이 뿌리를 내렸을 섬들이 해면 위로 그 수려한 곡선을 만들어내며 유려하게 이어지는 것이 넋을 빼놓을 정도다.

광서자치구의 계림과 복건성의 우이산이 보여 주는 풍광에 전혀 떨어지지 않을 듯하다. '산과 호수의 으뜸은 서호에 있고, 산과 강의 명승은 계림에 있으며, 산과 바다의 절경은 보타에 있다'는 속설이 틀리지 않음을 눈으로 확인하는 순간이다. 유람선에 올라탄 수많은 관광객들의 입에서 끊임없이 감탄사가 터져나오는 것이 그 아름다움을 대변하고 있다. 온갖 포즈를 지으며 즐거워하는 아내와 여자 친구를 위해 열심히 사진을 찍어

대는 남자들의 모습이 가상하게 여겨진다. 유람선이 보타산에 접근하면서 보타산의 상징인 관음보살의 거대한 입상이 반갑게 미소 지으며 관광객들을 맞이한다. 보타산은 섬 한가운데 솟아 있는 그다지 높지는 않지만, 웅장해 보이는 산들이 드넓은 바다와 환상적인 조화를 이루고 있어 특별한 아름다움을 전해 주어 무척이나 즐겁다.

유람선에서 한꺼번에 쏟아져 나오는 관광객들의 틈에 끼어 드디어 보타산에 발을 내딛는다. 감회가 새롭다. 거의 10분 단위로 페리여객선이 사람들을 뱉어내는 모양새가 참으로 장관이다. 많은 사람들로 인해 숙소가 부족하지 않을까 걱정이 될 정도다. 한참을 걷다 보니 중신보타대주점이라는 호텔이 눈에 띈다. 비교적 비싼 가격에 짐을 풀고는 아름다움을 하나라도 더 눈에 담기 위해 부지런히 숙소를 벗어난다.

보타산 주위는 새하얀 백사장이 깔려 있는 완만한 해안선으로 이어져 있어 마치 아름다운 해수욕장을 보는 듯하다. 한편으로는 섬 가운데로 우뚝 솟은 산들이 그다지 높지는 않지만 웅장하게 보이는 것이 사면의 바다와 어우러지면서 신비한 기운을 발산하고 있다. 이러한 감흥에 행복해 하며 가장 먼저 찾은 곳은 바로 보제사다. 관음보살의 도장인 보타산의 사찰 중에서도 보제사의 대웅전 격인 원통보전에 모셔진 관세음보살을 먼저 찾아보는 것이 예의일 것 같아서이다. 원통보전의 관세음보살은 중국 10대 불상의 하나일 정도로 신비한 불상이기도 하다.

현지인들에게 가는 길을 탐문해 보니 걸어서 15분 정도의 거리에 위치하고 있다고 알려 준다. 아름다운 경치도 즐길 겸 천천히 걸어서 보제사를 찾아 나선다. 도로는 중국인 관광객들로 가득 차 있다. 미니버스 정류장에 길게 줄을 선 사람들, 명소라는 명소에 넘쳐나는 관광객들…. 참으로 볼만하다.

1080년에 지어졌다는 보제사는 10개의 전각, 12개의 누각, 300칸의 방으로 이루어진 보타산에서 가장 큰 고찰이다. 보제사를 들어서니 여러 가지에 놀라게 된다. 사찰의 규모, 강남의 원림에 필적하는 아름다운 조경, 보제사를 꽉 채우고 있는 사람들의 행렬이 그것이다.

보제사의 명물 중의 하나라는 다보탑은 바깥에서 보이는 탑의 모습이 탑을 둘러싼 벽의 굴곡 있는 지붕과 조화되며 너무나 예술적이다. 한참을 매력에 빠져있다 직접 들어가서 감상하려하니 개방이 되지 않아 아쉽다. 다보탑을 지나면 해인지라는 연못이 눈에 들어온다. 연꽃이 빽빽하게 들어서 있는 연못인데 관세음보살이 직접 물고기를 방생했다고 전해지고 있다. 그래서인지 연못의 수면 아래로는 수를 헤아릴 수 없을 정도의 많은 물고기들이 활기찬 유영을 하고 있다. 강한 생명력을 느끼게 되는 순간이다.

보제사의 내부에 들어서 있는 모든 건물들은 4대 불교 명산의 사찰에 걸맞게 웅장하기 짝이 없다. 그중에서도 원통보전은 압권이다. 1731년에 지어졌다는 원통보전은 황금색 지붕 아래 웅장하고 화려한 모습을 하고 있다. 원통보전 앞에는 경건하게 향을 올리는 관광객들의 발길이 끊임없이 이어지고 있다. 원통보전을 들어서면 중국 10대 불상의 하나라는 황금색의 관세음보살이 영험함을 뽐내고 있다. 관세음보살의 얼굴에 깃든 온화한 미소가 관람객들의 염원을 끊임없이 경청하고 있는 듯하다.

보제사에서 나와 조금을 걸으면 백보사(百步沙)라는 작은 규모의 모래사장을 만날 수 있다. 규모는 작지만 너무나 아기자기한 아름다움을 보여 주는 하얀색 모래가 깔려있는 곳이다. 어찌 백보 밖에 되지 않을까 싶지만 백보사라 이름 지은 중국 사람들의 발상에 감탄하며 백사장을 걷는다. 모래의 곱기가 마치 여인네의 살결을 만지는 듯하다. 중간중간에 있는 암석들과 멀리 또는 가까이로 보이는 녹음으로 덮여있는 섬들과 조화를 이루며 환상적인 모습을 연출하고 있다. 해변 휴양지로 최적의 조건이라는 명성이 하나도 틀림이 없음을 눈으로 직접 확인한다. 마치 옴폭하게 조성한 개인 수영장 같은 모양을 하고 있는 주위로 관광객들의 발길이 닿고 있다. 혹은 손을 맞잡은 연인들끼리 혹은 연로한 부모와 그들을 부축하고 길을 열어주는 효자 효녀들과….

법우사는 보제사에서 약 2.2㎞ 떨어진 거리라 미니버스를 이용해 찾는다. 2.2㎞ 거리에 5위안의 요금이 조금은 비싸다 여겨지지만 다른 이동수단이 없어 어쩔 수 없는 노릇이다. 법우사 입구에는 사찰 참배 후 강희제가 내렸다는 천화법우(天華法雨)라는 편액이 걸려 있다. 원래는 해조암이라는 사찰이었는데 강희제가 편액을 하사한 후 법우사로 바뀌었다고 한다.

법우사는 보타산에서 두 번째로 큰 사찰이다. 1580년 세워진 후 화재로 소실된 것을 1699년에 새로 지은 것으로 알려져 있다. 천왕전, 옥불전, 구룡보전 등 사찰 건물 전체의 외형이 엄청나게 화려하고 웅장한 것이 특징이다. 특히 구룡보전은 명나라 남경의 궁전을 그대로 본뜬 것이라고 하는데, 황제를 상징하는 황금색 지붕을 올려놓아 화려하기 그지없다. 구룡보전을 들어서면 천정에 조각된 구룡조정의 아름다움에 한참 동안 눈을 뗄 수가 없다. 목이 아프다고 느껴질 때에야 눈을 떼게 되니 그 정교한 아름다움을 알 만하다. 뒤에 알고 보니 중국 내에서도 국보급으로 통한다고 한다.

법우사에서 빠져나와 조금을 걷다 보면 천보사(千步沙)라는 모래사장이 모습을 드러낸다. 백사장의 길이가 약 1,270여m 정도 된다고 하는데 천보는 훨씬 넘을 듯한 크기다. 백보사의 10배 정도 규모는 되지 않을 것 같은데 모를 일이다. 보타산의 백보사와 천보사가 해변의 이름으로는 독특함을 가지고 있어 오래 기억되는 것은 부인할 수 없는 사실이다. 여름철이면 해수욕객으로 넘쳐난다는 곳이지만 지금은 철지난 바닷가에 혹은 가족 단위로 혹은 연인끼리 다정히 해변을 거닐고 있다. 평화롭고 낭만적이다. 망망대해에 떠있는 섬들의 부드러운 이어짐이 자연스럽고 찰랑거리는 파도소리가 귓가에 맴도는 것이 정겹다.

유람선에서 보았던 대형의 남해관음을 찾아가는 길 위로는 보타산이 4대 불교 명산 중에서도 관음보살의 도장인 것을 말해 주듯 스님들의 오체투지 행보가 눈에 뜨인다. 한쪽으로는 일반인인 듯한 이들이 어설픈 오체투지로 남해관음상을 향해 다가가고 있다. '그들이 갈구하는 것이 도대체 무엇일까?'라는 의문이 생기며 순간 경건해진다. 웅장한 모습으로 만면에 온화한 미소를 띠고 서 있는 남해관음 앞에는 수많은 이들이 자신의 소원을 빌고 있다. 불교신자인 듯한 40~50명의 무리들이 순례를 온 듯 관세음보살을 중얼거리며 남해관음을 알현하는 모습을 한참 동안 신기하게 바라다본다.

남해관음상에서 조금 떨어진 해변에 위치한 관음도(觀音跳)는 관음보살이 설법도장을 만들기 위해 낙가산에서 보타산까지 한걸음에 내려온 발자국이 남겨진 곳이라는 암석이다. 황당하지 않은 측면이 없지는 않지만, 백성들을 계도하는 설법을 전하기 위한 일념이 그런 기적을 만들 수 있을 것 같기도 하다는 생각을 해 본다. 관음보살의 발자취를 보는 것도 의미가 없진 않지만 관음도에서 보이는 경관이 너무나 아름다워 한동안 발을 뗄 수가 없다. 가을로 접어드는 9월의 말 해질녘 관음도에서 바라다보이는 노을 지는 보타산의 아름다운 풍경을 한동안 잊지 못할 듯하다.

중국의 4대 불교 성산은 각각 지니고 있는 품격과 의미가 다른 특별함을 보여 주는 명소들이다. 중국으로의 불교 전래와 맥을 같이한 문수보살의 도장 오대산, 아름다운 경관을 자랑하는 보현보살의 도장 아미산, 바다를 건너 이역만리 중국에서 지장보살의 자비를 베푼 신라 왕족 출신인 김교각 스님의 숨결이 남아 있는 지장보살의 도장 구화산 그리고 남국의 정취가 살아 있는 관음보살의 도장인 보타산….

모두가 부처님의 자비가 넘치는 곳들이다. 불교신자든 불교신자가 아니든 부처님의 가르침을 간접적으로 체험하고 각각의 불교 명산이 주는 아름다운 경관을 즐기는 것도 어쩌면 빡빡한 삶에 윤기를 불어넣는 좋은 경험이 될 수도 있을 듯하다.

독특함을 찾아서

넓디넓은 중국 대륙을 돌아다니다 보면 통념을 뛰어넘는 경관을 보여 주는 곳들을 만날 수가 있다. 그것이 기괴한 지질의 형상이든, 상상력을 벗어나는 수준의 발상이든, 생존을 위해 어쩔 수 없이 만들어내야만 했던 것이든…. 모두가 특별함이 넘치는 곳들임에 틀림이 없다.

자연이 만든 혹은 자연의 혹독한 시련을 극복하기 위한 노력이 만든 작품들을 감상할 수 있다는 자체가 행복한 우리들일 뿐이다. 지금부터는 그러한 명소들을 묶어서 소개하려 한다.

용척제전은 해발 1,916m인 숭산준령의 깊은 곳에 자리하고 있다. 인류가 만들어낸 우공이산의 금자탑이라 불려도 부족함이 없는 이중계단식 밭이다. 제전이 위치하고 있는 곳은 해발 1,180m에서 380m 사이로 수직 고도차가 800m에 이른다. 총 면적이 70.1㎞에 이르는 인간 승리의 현장은 대채촌과 평안촌 등에 나뉘어 분포되어 호기심 많은 관광객들의 발길을 유혹하고 있다.

계림에서 비교적 가까운 거리에 위치한 평안장족제전으로 향하는 미니버스는 꾸불꾸불 산길을 아찔하게 달린다. 분지지역인 계림과 양숴의 아기자기한 산들이 제전이 위치하고 있는 룽성으로 들어서면서 웅장한 산들로 모양새가 급변한다. 비 오는 날 차창 밖으로 보이는 웅장하면서도 유려하게 이어지는 산의 계곡 사이로 낀 운무가 신비함을 더해주고 있다.

약 한 시간을 달린 버스는 평안용척제전 입구에 도착한다. 험한 산길이라 대형버스는 운행하지 않는 듯 한 대도 보이지 않는다. 잇달아 도착하는 미니버스에서는 끊임없이 사람들을 뱉어내고 있다. 국적을 불문하는 다양한 사람들이 인류가 만들어낸 기적 같은 현장을 방문하러 먼 길을 달려오고 있는 것이다.

입구에 적혀 있는 자료를 읽어 보니 평안촌은 190가구에 800여 명의 인구가 살고 있는 작은 마을이다. 료씨 중심의 장족(壯族)이 대부분인 소수민족의 삶의 현장인 셈이다. 크고 작은 제전 15,862개가 곳곳에 흩어져 있다. 이 모두가 그들이 흘린 피와 땀의 산물이라 여겨져 감동이 물밀 듯이 몰려온다. 평안용척제전에는 구룡오호와 칠성반월이란 이름으로 불리는 아름다운 제전이 있다. 시간적인 여유가 충분하지 못해 입장권에 사진으로 아름답게 찍혀 있는 칠성반월을 찾아보기로 하고 밀려드는 인파에 휩쓸려 발길을 옮긴다. 제전을 개발할 당시 7개의 작은 산에 조성된 제전이 별처럼 초롱초롱하게 보였다고 해서 칠성반월이라 이름 붙여진 것이라고 한다.

료씨 장족의 삶의 터전은 평지를 찾기 힘든 산악지역이다. 어디든 인간의 족적이 닿는 곳이면 자연에 굴복하지 않고 끈질기게 살아왔던 것이 인류가 보여 준 모습이다. 이곳의 사람들도 열악한 환경에 굴복하지 않고 도전하는 강인한 모습을 보여 주었다. 산을 일구어 계단식 논을 만드는 도전을 시작한 것이다. 그 도전은 200년 가까이 이어진다. 자자손손 대를 이어 이어진 인간 의지의 위대한 결과물이 바로 용척제전인 것이다. 우공이산이란 고사의 내용을 행동으로 실천한 역사적 현장이다.

촉촉하게 내리는 빗속에 용척제전을 둘러싼 산허리로 운무가 깃들어 신비감을 더하는 가운데 부지런히 발걸음을 옮긴다. 해발 880m에 위치하고 있는 칠성반월 전망대로 향하는 중간에 멀리로 보이는 산들의 유려한 흐름이 무척이나 아름답다. 제전을 오르며 스스로에게 많은 질문을 던져본다. '많지 않은 가구에 아이와 노인을 제외하면 노동인구도 절대적으로 부족했을 상황에서 어떻게 불모의 땅을 일으켰을까?', '과학이 뒷받침되지 않는 상황에서 겪었을 좌절과 눈물을 어떻게 극복했을까?' 등등….

한참을 이런저런 생각에 빠져 있는 나를 일깨운 것은 사람들의 탄성 소리다. 서서히 모습을 드러내는 칠성반월의 위용에 외국인이나 중국인이나 이구동성으로 아름답다는 감탄사를 연발하고 있다. 정신을 차리고 내려다보니 과연 명불허전이다. 멀리로 운무에 덮인 신비로운 산을 배경으로 늦여름 너무나 짙푸른 녹색의 물결이 계단식으로 뻗어나가는 제전이 환상을 불러일으킨다. 료씨 장족 삶의 터전 옆으로 앞으로 그리고 위로 아래로 전방위로 전개되고 있는 그들이 일구어낸 제전이 그저 감동일 뿐이다.

칠성반월은 관광객의 편의를 위해 붙여진 이름일 뿐이다. 관망대로 올라오는 길에 보이는 곳곳의 제전 모두가 평안촌에서 터전을 일구어 왔던 증조할아버지, 할아버지, 아버지, 아들 그리고 손자까지 이어진 아름다운 노동의 산물이라 생각되어 감동스럽다. 잘생긴 제전 못생긴 제전 모두가 그저 아름다울 뿐이다. 계절이 바뀌면서 바뀔 제전의 모습을 상상해 본다. 한여름은 지금 보는 것과 같은 푸른 녹음의 유려한 이어짐이고, 가을에는 황금색, 겨울에는 눈에 덮인 하얀 설원으로 바뀔 것이라 생각하니 설레는 마음을 주체할 수 없다.

척박한 자연은 그 자연을 기반으로 삼아 살아가는 인간들에게 많은 시련을 주는 것은 당연한 이치다. 그러나 그것은 도전을 포기하는 사람들에게 닥치는 시련일 뿐이다. 포기하지 않는 정신으로 척박한 자연의 환경을 극복한 역사적 현장인 평안용척제전은 오늘날에 와서는 료씨 장족에게 일용할 양식을 제공하고 있다. 뿐만 아니라 기적의 현장을 보러 오는 사람들이 지불하는 막대한 수입을 올리는 황금의 보고로 탈바꿈했다.

사시사철 자연이 만들어내는 조화와 인간이 만들어낸 걸작이 보여 주는 환상적인 아름다움은 후세를 살아가는 우리들에게 감동과 아름다움을 선사하고 있다. 200여 년의 세월을 지나며 수없이 겪었을 시행착오를 극복해 내고 불모의 땅을 일구어 내었다는 사실에 존경의 염이 가슴 깊은 곳에서 우러나올 뿐이다.

야단국가지질공원은 감숙성 둔황시의 서북부에 위치하고 있는 보기 드문 지질구조를 가진 특별한 곳이다. 행적구역상 감숙성에 속해 있는 지질공원은 자세히 들여다보면 감숙성과 청해성 그리고 신장자치구 등 2개의 성과 하나의 자치구가 서로 인접하고 있는 지역이다.

황량한 사막에 형성되어 있는 돌무덤들이 기상천외한 모습들을 하고 있는 것을 처음 대면하였을 때 충격으로 다가와 숙소로 돌아온 후에도 한동안 잠을 이루지 못할 정도였다. 야단이란 용어 자체부터 생성원리 등 모든 것들이 전문적인 요소가 많아 설명하는 것조차 힘들다 보니 여행기에서 어떤 방식으로 소개할 것인가를 두고 한참을 고민한 명소이기도 하다. 그러나 용기를 내어 충격적인 특이함을 겪은 나의 느낌을 최대한 쉽게 소개해 보려 한다.

야단이라는 용어는 주로 서장(西藏)에 살고 있는 소수민족인 웨이우얼족이 사용하는 언어로 원뜻은 가파른 절벽의 흙 언덕(土丘)이라고 한다. 야단지형은 전형적인 풍식지모(風蝕地貌)로 극단적으로 또는 부분적으로 건조한 지역에 형성되는 특수한 지모이다. 지금으로부터 약 2천만 년 전인 신근기 또는 제4기에 형성된 완전하게 굳어지지 않은 강과 호수의 침전물들이 오름 작용과 풍력, 유수, 중력 등의 영향을 받아 형성된 것이 바로 야단지모이다. 이러한 야단지모는 주로 언덕모양(垄岗状)과 유선형(流線型) 그리고 탑기둥모양(塔柱状)의 형태를 만들어낸다고 한다.

야단지모는 서장 동남부에 위치한 염호인 라포박 지구에 광범위하게 분포되어 있다. 감숙성 둔황의 야단국가지질공원에 있는 야단체는 생김새의 종류가 다양한 것으로 알려져 있다. 야단체들이 들쭉날쭉한 것이 섬세하고도 특별해 중국을 비롯한 세계를 통틀어 전형적인 야단지모로 인정을 받고 있다 한다.

야단국가지질공원은 총면적이 346.35㎢로 넓은 지역에 야단지모들이 산발적으로 분포되어 있다. 공원을 들어서면 광활한 사막지대에 기괴하게 생긴 모양의 크고 작은 흙무덤들이 곳곳에 흩어져 있는 것을 볼 수 있다. 워낙 넓은 지역이라 내부에서 운행하는 버스를 타고 특이하게 생긴 야단체 앞에 차를 세우고는 자유시간을 주는 형식으로 투어가 진행된다.

처음 내려다 주는 곳은 금후영빈(金猴迎賓)이라는 원숭이 모습을 닮은 탑기둥모양의 야단체다. 버스가 정지하는 순간부터 기념사진의 위치를 선점하려는 관광객들의 치열한 경쟁이 시작되는 것을 재미있게 바라다본다. 과연 생긴 모습이 원숭이를 꼭 빼어 닮은 듯하다. 중국인들의 상상력이 뛰어남을 다시 확인하는 순간이다. 광활한 사막지역으로 세차게 불어닥치는 바람과 바람에 이는 모래가 시야를 가릴 정도지만 관광객들의 즐거움을 날려버릴 수는 없다.

다음에 들른 곳은 사신인면(獅身人面)이라는 벽모양의 야단체다. 사자의 몸에 사람의 얼굴을 닮은 형상인 듯한데 뚫어지게 쳐다보아도 구별해 내기가 쉽지 않다. 괴이하게 생긴 형상을 있는 그대로 즐길 뿐이다. 다음은 공작옥립(孔雀玉立)이라는 기둥모양의 야단체인데 이번에 것은 정말 공작을 빼닮아 신기할 뿐이다.

마지막으로 방문한 곳은 서해함대(西海艦隊)라는 벽모양의 야단체다. 장관이다. 5~30m의 폭으로 수천 미터로 전개되는 모양이 너무나 웅장하게 펼쳐지고 있다. 마치 수백 대의 대형 함정들이 작전을 수행하듯 바다 위에 떠 있는 모습으로 착각을 일으키게 할 정도다. 수천만 년에 걸쳐 자연의 조화가 빚어낸 기이한 모습들은 인간의 한계를 넘어서는 영역의 특별함을 보여 주는 것 같아 감탄하지 않을 수 없다.

이외에도 기이하고 특이한 형상들이 부지기수다. 이름이 붙여지지 않은 어떤 곳은 기괴한 모양의 돌들이 마치 푸른 바다 위에 떠있는 듯한 느낌을 주는 곳도 있다. 어느 순간 한쪽을 바라다보면 그 많은 돌무덤이 하나도 보이지 않는 사막이 눈에 들어온다. 그저 황량할 뿐이다.

야단국가지질공원은 이처럼 보여 주는 지질경관의 종류가 다양하고 고비와 각종 사구(沙丘) 등 사막의 경관까지 볼 수 있는 소중한 자연유산이다.

운석박물관은 길림성 길림시에 위치하고 있다. 운석과 관련한 박물관으로는 중국에서 유일한 곳이다. 길림시박물관의 1층을 사용하고 있는 운석박물관은 길림시가 자랑하는 세계에서 가장 큰 운석을 전시하고 있는 곳이다. 진열실 입구는 온통 푸른 빛깔의 우주와 같이 조성이 되어 있어 마치 우주로 향해 걸어가고 있는 듯한 환상적인 느낌을 주는 것이 너무나 특별한 경험이다. 운석진열실을 들어서면 최첨단 기술로 제작된 입체영상관에서 생성원리 등 운석과 관련한 전반적인 내용이 담겨 있는 영상물을 보여 준다.

특히 1976년 3월 8일 15시 경 길림지역 약 500㎞의 광범위한 지면에 떨어진 운석우를 시연하는 장면은 마치 내가 앉아 있는 자리로 운석우가 사정없이 떨어지는 듯한 착각을 들게 할 정도로 생동감이 넘친다. 아름다운 우주의 모습이 전개되며 관람객들의 탄성이 연이어 튀어나온다. 360도 회전하는 입체영상관은 막고굴에서 처음 본 듯한데 그보다는 규모는 작지만 효과는 만점이다.

10여 분간의 환상적인 체험을 하고 영상관을 나오면 진열실에서 각종 운석들을 만나볼 수 있다. 운석진열실은 4개의 구역으로 구분하여 체계적으로 정리되어 있어 운석에 대한 지식이 없는 이들에게도 전혀 불편함이 없다. 제 1진열실에는 운석과 지구 그리고 운석과 유성과의 관계, 운석의 분류 등에 관한 자료들이 전시되어 있다. 다양한 운석의 종류와 전시된 세계 각국의 운석 견본을 통해 운석의 아름다움을 즐길 수 있다. 제 2진열실에는 운석과 우주 그리고 운석의 생성원리를 자세히 설명해 놓아 운석에 대한 이해에 도움을 준다.

제 3진열실은 가장 핵심 진열실로 중량이 1,770kg에 이르는 세계에서 가장 큰 운석을 만날 수 있다. 1976년 우주에서 길림지역으로 내린 운석우는 세계에서 유래를 찾아볼 수 없는 대규모의 우주 쇼로 과학적인 의의가 무척이나 크다고 한다. 길림운석우가 끝난 후 수집한 운석이 2,770

kg에 이르고 그중 가장 큰 것이 1,770kg인 길림운석 1호인 것이다. 실제로 진열실의 자료를 보면 세계에서 두 번째로 큰 것이 1948년 미국에 떨어진 1,079kg의 운석이고 10번째로 큰 것이 1918년 구소련에 떨어진 221kg의 운석이라고 한다. 세계 2위인 운석의 1.6배 그리고 세계 10위인 운석의 8배에 해당하는 크기이니 길림운석 1호의 진가를 알 만하다.

'이렇게 거대한 운석이 인구가 밀집된 지역에 떨어졌다면 어찌되었을까?'를 생각하니 아찔해지기도 한다. 길림운석 2호와 길림운석 3호도 함께 전시되어 있어 볼만하다. 한 가지 더 특이한 것은 운석의 모습을 컴퓨터그래픽으로 입체화하여 360도 전방위로 회전시키며 감상할 수 있도록 만들어 놓은 것이다. 아름다운 운석의 모습이 더욱 아름답게 보여 인상적이고 관람객을 배려한 디테일이 무척이나 마음에 든다. 마지막으로 제4진열실에서는 운석과 인류와의 관계에 대해 언급해 놓아 볼만하다.

중국에서 유일하다는 운석박물관은 최첨단의 장비로 최첨단의 우주를 보여 주려는 노력이 돋보이는 박물관이다. 한참 우주에 관심이 많은 아이들을 위한 살아 있는 교육의 현장이다.

석림은 운남성 쿤밍시 석림이족자치현에 자리하고 있다. 감숙성의 야단국가지질공원과는 또 다른 형태의 기이한 지질경관이다. 총면적 350㎢의 광범위한 지역에 대석림, 소석림, 내고석림, 대첩수, 장호 등으로 구분하여 공개되고 있다. 수억 년의 세월을 거치며 자연이 오묘하게 만들어낸 암석들의 신기에 가까운 예술작품들이 끝없이 펼쳐지는 곳이다. 석림은 억겁의 세월이 만들어낸 예술품을 확인하고 싶어 하는 관광객들의 발길이 끊임없이 이어지는 쿤밍 최고의 볼거리이기도 하다.

석림의 생성 배경을 간단히 들여다보자. 이첩기 이후 약 3억 년의 기나긴 세월 동안 석회암이 대해에 형성된다. 지각 변동은 해양을 육지로 만들었고 평지가 높은 산이 되는 과정을 거친다. 이러한 지구의 오묘한 움직임으로 바닷속에 있던 석회암이 육지로 모습을 드러낸다. 말하자면 3억여 년의 세월이 만들어낸 것이 우리가 지금 보고 있는 석림인 것이다. 자연의 신비가 오묘하고 경이롭기만 할 뿐이다.

석림를 들어서면 밀어닥치는 사람들로 인해 번잡함을 느끼게 된다. 그러나 입구에 조성되어 있는 인공으로 만들어 놓은 석림들이 연못의 수면 아래로 비추이는 아름다움이 눈에 들어오는 순간 번잡함이라는 단어는 머릿속에서 순식간에 사라진다. 마치 절강성에 있는 강남원림의 하나인 사자림을 보는 듯한 착각에 빠지게 만든다. 그러나 사자림은 인간이 인공적으로 조성한 아름다움이기에 석림과 비교한다는 자체가 어불성설이다.

'350㎢라는 넓디넓은 공간을 어떤 인간이 석림이 보여 주는 것과 같은 자연의 아름다움을 만들어낼 수 있을 것인가?' 불가능한 일이다. 그러나 자연은 숱한 세월의 변화를 온몸으로 받아내며 상상할 수조차 없는 다양함과 특이함과 기막힌 아름다움을 인간들에게 보여 주고 있는 것이다. 위대한 자연의 힘이다. 그것을 우리들은 기적이라 일컫기도 한다.

단체 관광객들을 인솔하는 가이드들의 쉰 목소리가 여기저기서 들려오는 어수선함에서 벗어나기 위해 한걸음 빨리 움직인다. 대부분의 사람들이 가고 있는 곳을 따라가다 보면 대석림이라는 곳이 모습을 드러낸다. 소석림과 함께 관광객들의 사랑을 가장 많이 받고 있는 곳이기도 하다. 한참을 이동하다 보면 사람들이 모여서 가이드의 설명에 쫑긋하고 귀 기울이는 곳이 있다. 궁금해 다가가 확인해 보니 석병풍이라는 곳이다. 생긴 모양이 병풍 같아 보인다 해서 붙인 이름이라 소개되어 있다. 사방을 돌아보며 요리조리 살펴보아도 병풍 같아 보이지 않아 고개를 갸우뚱하게 된다. 그러나 커다란 암석 위에 또 다른 암석이 무너질 듯 올라가 있는 모습이 특이해 보이기는 하다.

석병풍 옆으로는 땅에 거의 붙어 있는 기이한 형상의 암석이 보인다. 확인해 보니 도탑석주라 불리는 것으로 지진 등이나 지각의 큰 변동에 의해 무너진 암석의 일부일 것으로 추정한다고 기록되어 있다. 아침 무렵 내려쬐는 강한 햇살에 부딪히며 신비한 느낌을 전해 준다. 정인곡이라는 곳은 암석이 곧게 뻗어 계곡처럼 보이는 곳이다. TV드라마 서유기에서 손오공이 삼타백골정을 촬영했던 장소라고 한다.

소석림을 들어서면 대석림에 비해 바위들의 크기가 조금은 작아지면서 아기자기한 아름다움을 보여 준다. 소석림에서 관광객들의 발길이 가장 많이 머무는 곳은 단연코 아시마다. 아름다울 뿐 아니라 용감하기도 한 아시마가 이족(彝族)의 전통복장과 모자를 쓰고 보자기를 등에 짊어진 형상이라고 한다. 뛰어난 중국인들의 상상력에 미치지 못하는 나로서는 분별해 내기가 쉽지 않다. 굳이 분별해내려 하지 않고 즐길 뿐이다. 아시마라는 사시(史詩)는 소수민족의 문화로 전해지고 있는 것으로 오랜 세월 동안 석림지구의 이족 살니인과 석림이 불가분의 관계였음을 간접적으로 알려주고 있다. 횃불절인 음력 6월 24일이 되면 무수한 횃불을 들고 석림의 밤을 환하게 비추는 청춘남녀들로 성황을 이룬다고 한다.

이상으로 소개한 것들 외에도 석회암들이 만들어내는 기괴한 모양들이 도처에 널려 있다. 시간적인 여유가 된다면 느긋하게 자연이 만들어 놓은 작품을 감상하면 된다. 석림은 석봉들이 밀집해 서 있고 형태가 다양해 자연이 만들어 놓은 중국 원림예술의 극치로 조원지원(造園之源)이라는 애칭도 갖고 있다. 세계적으로 인정받고 있는 자연경관 석림은 우주의 지각 변화가 카르스트지형에 만들어 놓은 대자연의 걸작이다.

러산대불은 사천성에 있는 자연의 횡포를 이겨내기 위한 인간의 의지가 만들어낸 또 하나의 기적에 가까운 역작이다. 민강과 청의강 그리고 대도하 등 3개의 강이 만나는 곳에 위치하고 있는 러산대불은 민강 남안의 능운산 서하봉에 있는 암벽에 조성되어 능운대불이라고 불리기도 한다. 높이 71m, 머리 높이 14.7m, 머리 폭 10m, 귀의 길이 7m, 코와 눈썹 5.6m, 입술과 눈 3.3m, 손가락 8.3m, 무릎부터 발까지 28m, 발등 8.5m의 대형 불상이다. 중국에서 가장 큰 마애석각조상이자 세계에서 가장 큰 석각미륵불좌상이다.

이러한 기적과 같은 러산대불을 2015년 여름 2012년에 이어 두 번째로 찾았다. 사람들로 넘쳐나는 입구를 들어서면 대불을 가까이에서 보기 위한 관광객들의 발길이 끊임없이 이어지고 있다. 2시간여를 걷다 보면 러산대불이 있는 정상에 도착한다. 입구에는 러산대불의 창시자인 해통선사의 동상이 우뚝하게 서 있다.

당나라 때 민강 일대는 물자운송의 주요 해상로였다. 그러나 세찬 물길로 인해 끊임없이 발생하는 난파사고로 인명과 물자의 손실에 골머리를 앓았다고 한다. 이러한 중생들의 아픔을 불법의 힘으로 어루만져 주기 위해 대불을 조성하게 된 것이다. 당시의 고승이었던 귀주 사람인 해통선사의 주도로 당나라 개원 원년인 713년에 러산대불을 조성하기 시작한다. 그 후 90년이라는 기나긴 세월의 공력을 투자한 끝에야 완공할 수 있었던 것이 바로 러산대불이다.

90년 세월의 역작을 보기 위해 줄을 선 사람들로 주위는 어수선하기 짝이 없다. 줄을 서서 한참을 기다리다 눈에 띄는 안내 표지판을 보니 지금부터 3시간이 지나야 대불을 볼 수 있다고 적혀 있다. 난감하기 짝이 없다. 한참을 고민하다 대열에서 빠져나와 사람들이 몰려 있는 곳으로 가 보니 위에서부터 아래로 대불의 거대한 모습이 눈에 들어온다. 눈앞에 바로 14.7m나 되는 대불의 얼굴이 펼쳐지는데 그 크기에 놀랄 수밖에 없다. 반쯤 눈을 뜨고 인자하지만 준엄하게 민강을 내려다보고 있는 모습이 마치 한 건의 사고도 허락하지 않겠다는 의지로 가득 차 있는 듯하다.

위에서 내려다보니 어떻게 대불을 만들어 내었는지가 상상이 되지 않는다. 산의 한 면을 깎아내고 만들어진 대불을 올려놓은 것인지, 산을 깎아내면서 산의 형세에 따라 대불을 조각해 나간 것인지 도통 알 수가 없다. 그러나 산의 토양과 대불의 재질을 자세히 살펴보니 달라 보이는 것이 전자가 설득력이 있는 것 같기도 하다. 그렇다면 거대한 규모의 대불을 기중기도 없는 당시에 어떻게 운반해 암벽의 절벽에 집어넣었는지도 불가사의하게 여겨진다.

이런저런 의문을 던지다 보니 머리만 아파와 그냥 있는 그대로를 느끼고 감상하기로 한다. 아무려나 민강을 마주보는 산의 절벽에 대불을 만들겠다는 발상을 한 자체도 무모해 보이지만, 그 무모한 발상을 실현해 낸 중국인들의 의지와 기술력에 박수를 보낼 수밖에 없다. 그것도 과학기술이 뒷받침되는 현대가 아닌 1,300여 년 전에 이루어진 대불이기에 더욱 경이롭다. 불상이 조성된 후에는 난파사고가 현저하게 줄고 인명사고가 발생하지 않았다고 하는데 난폭했던 강을 다스린 것이 대불의 불력이라는 강한 신념을 갖게 된다.

위에서 내려다 본 대불이 너무나 아쉬워 배 위에서 알현하기 위해 선착장으로 향한다. 여기에도 사람들로 넘쳐나는 것을 보니 대불이 더욱더 영험하게 여겨진다. 유람선이 대불이 있는 곳으로 향하고 관람객들에게 조금이라도 좋은 위치를 제공하려는 유람선들의 경쟁이 치열하다. 대불을 친견하기 위해 3시간 이상을 줄을 서서 기다렸을 사람들의 행렬이 암벽에 조성된 잔도를 통해 끊임없이 이어지고 있다. 마치 순례행렬을 보는 듯하다. 장관이다.

드디어 러산대불의 모습이 눈에 들어온다. 참으로 아름답고 위대해 보인다. 산의 한쪽 면이 대불로 가득 차 있는데 산인지 대불인지 분간하기 어려울 정도다. 1,300여 년을 한자리에서 민강의 난폭함을 다스리고 있는 러산대불은 상상을 초월하는 인간이 만들어낸 기적이다.

우공이산의 기적이 만들어낸 용척제전, 수천만 년에 걸친 자연의 조화가 빚어낸 야단국가지질공원의 기이한 지질 형상들, 최첨단 장비로 최첨단 우주의 모습이 고스란히 담겨 있는 운석박물관, 우주의 지각 변화가 카르스트지형에 만들어 놓은 대자연의 걸작인 석림, 중생들의 아픔을 불법의 힘으로 어루만져 주기 위해 조성된 러산대불…. 이 모두가 독특함을 넘어 우리들에게 많은 교훈을 주는 명소들이다.

열악한 자연을 극복한 용척제전을 통해 불굴의 정신을 배우고, 하늘에서 떨어진 거대한 운석을 통해 천체의 신비함을 들여다본다. 억겁의 세월을 거치며 지구의 지각변동이 만들어낸 야단국가지질공원과 석림을 감상하며 자연의 오묘한 조화를 알게 되고 한없이 겸손해진다. 산을 통째로 뚫고 앉아 있는 거대한 러산대불을 통해 백성들의 아픔과 함께한 부처의 자비를 알게 된다.

무덤,
죽음이라는
인간의 숙명

"생명은 하나의 괄호다. 왼쪽 괄호는 출생이고 오른쪽 괄호는 사망이다". 그렇다. 태어나는 순간부터 죽음을 향해 달려가는 존재가 인간인 것이다. 모든 것을 다 가졌던 진시황이 영원히 살고 싶은 욕망에 불로초를 찾아 나서고, 청나라의 강건성세를 연 불세출의 황제 강희제가 60년간 누렸던 권력을 내려놓을 수밖에 없었던 것 모두가 그들 역시 죽음에 초월할 수 없는 인간의 숙명을 안고 있었기 때문일 것이다.

이처럼 사람은 태어나는 순간 죽음이라는 그림자를 안고 살아간다. 모든 권세를 쥐고 일세를 풍미한 권력자나 주체할 수 없는 돈을 소유한 부자나 세상을 경륜하는 지식을 소유한 덕망 있는 인물들 모두가 때가 되면 모든 것을 내려놓고 세상을 버릴 수밖에 없다. 권세의 높고 낮음과 재화의 많고 적음을 가리지 않고 유일하게 인간에게 공평한 것이 아마도 시간과 죽음일 것이다. 지금부터는 나의 발길이 닿은 무덤들을 소개하고 그들이 남겨놓은 무덤을 보며 느끼게 된 나의 소회를 전하고자 한다.

진시황릉은 섬서성에 있는 중국 역사상 최초로 조성된 황릉이다. 높이 79m, 길이가 동서로 475m, 폭이 남북으로 384m로 무덤이라기보다는 하나의 산이라고 보면 된다. 병마용 박물관에서 멀리 떨어져 있지 않은 위치에 있는 진시황릉은 방문객들의 발길이 끊임없이 이어지고 있다. 워낙 넓은 지역이다 보니 혹은 내부 차량 혹은 자전거를 이용하는 관광객들이 대부분이다. 그러나 나는 운동도 할 겸 도보로 이동하는 관광객들의 틈에 끼어 천천히 걷는다. 일세를 풍미한 진시황의 화려했던 인생을 음미하면서….

드넓은 중국 대륙을 하나씩 정복해가며 느꼈을 권력의 황홀함은 그로 하여금 인간의 영역을 초월하는 꿈을 꾸게 만들었을 것이다. 또한 최고 권력의 주위에서 출세를 꿈꾸었을 수많은 주변자들이 진시황으로 하여금 황당한 꿈을 꾸게 한 측면도 없지는 않았을 것으로 짐작할 수 있다. 영생을 꿈꾸며 불로초를 찾아 나서게 하고, 불가사의한 병마용을 만들어 사후 자신의 무덤을 수호하게 만드는 등 상상하기 어려운 실화들이 한둘이 아니라는 것은 너무나 잘 알려진 역사적 사실이다.

그러나 이러한 허황된 꿈들을 실현하기 위해 흘렸을 민초들의 피와 땀을 생각하면 가슴 한편이 허전해진다. 백성을 위한 권력이 아닌 황제 자신을 위한 권력의 시대였기에 가능했던 일로 치부한다 하더라도 상식적으로 이해할 수 없을 정도다. 한참을 이런저런 상념에 빠져 있다 보니 진시황릉탑이라는 곳에 많은 사람들이 모여 기념사진을 남기고 있다. 탑 뒤로 보이는 봉긋한 산이 진시황릉이라고 한다. 참으로 크다. 너무나 작은 공간에 진시황의 관이 놓여있을 것이라 생각하니 작은 산에 비견되는 무덤이 터무니없이 커 보인다. 무덤이 있는 산을 중심으로 사방에 산책로가 깔려 있고 산책로마다 사람들의 행렬들이 이어지고 있다.

사마천의 사기에 기록된 내용을 보면 진위 여부를 떠나 사후의 유토피아 같은 정경이 펼쳐지고 있다. 구리를 녹여 밀봉한 관, 금붙이를 포함한 온갖 보물들, 수은으로 만든 호수, 인어의 기름으로 만든 영원히 꺼지지 않는다는 등잔불 등등. 사후의 세계에서도 화려한 재물로 치장해 자신이 만들어 놓은 호수 위에서 현세와 같은 사치스러운 삶을 향유하겠다는 헛된 집착이라는 생각에 허탈해질 뿐이다. 눈앞에 보이는 산 같은 무덤 아래로 그러한 유토피아가 펼쳐져 있다는 사실이 도저히 믿기지 않는다.

불현듯 무덤의 정상을 밟고 싶다는 생각이 들어 주위에서 잡초를 뽑고 있는 아주머니에게 정상으로 이르는 길을 물어보니 친절하게 알려준다. 다른 관광객들이 올랐던 길인 듯한 샛길을 약 10여 분을 오르니 무덤의 정상이 모습을 드러낸다. 너무나 초라하다. 진시황릉문물유지시의도라는 돌로 만든 비석은 온통 긁혀져 있어 새겨진 글자의 내용을 알아볼 수 없다. 무덤에 누워있는 진시황이 벌떡 일어나 분개하지 않을까 걱정이 될 정도다. 진시황릉의 정상에서 무성한 나무들 틈새로 사방의 아름다운 경치가 보였다 말았다 한다. 모든 것을 다 가졌던 진시황 역시 인간의 숙명인 죽음에서 자유로울 수 없었고 아름답지 못한 최후를 맞이하고는 지금 내가 밟고 있는 무덤 아래에 초라하게 묻혀 있을 뿐이다.

진시황릉을 빠져나오는 길 한쪽으로는 당시 백성들의 고달팠던 일상을 보여 주는 조각물을 볼 수 있다. '황제가 되자마자 엄청난 토목공사가 시작되었고 온 나라에서 끌려온 70만 명의 인부가 노역에 강제 동원되었다'는 사기의 기록에서 민초들의 아픔을 읽게 된다. 백성들의 고달파 보이는 조각물과 산과 같은 진시황릉과 내부에 조성되어 있다는 유토피아 같은 광경이 겹치며 묘한 감상에 빠지게 된다.

무릉 또한 섬서성에 있는 한 무제의 무덤이다. 높이 46.5m, 길이가 동서로 39. 5m, 폭이 남북으로 35.5m로 진시황의 무덤에 비하면 1/10이 되지 않지만, 무릉 역시 자그마한 산 크기의 규모이다. 도굴꾼들에 의해 내부 유물들은 사라진 지 오래고 껍데기만 남아 있다고 한다. 멀리서 보이는 무릉은 다소곳이 서 있는 조그마한 산일 뿐이다.

띄엄띄엄 보이는 관람객들과 함께 그의 무덤으로 향하다 보면 좌우로 흉노 정복에 공을 세운 장군들의 업적을 기리는 비석이 세워져 있다. 그 중에서도 대장군 위청과 무제로부터 천재적인 군사운용 능력을 인정받아 20세의 약관에 파격적으로 표기장군으로 기용된 곽거병이 눈길을 사로잡는다. 둘 다 무제의 숙원사업이던 흉노 정복에 혁혁한 공을 세운 장군들이다.

위청은 노비출신으로 누나인 위자부가 무제의 왕후가 되는 특이한 배경을 가진 입지전적인 인물이다. 무제에 의해 중용되어 출전한 흉노와의 전쟁에서 대첩을 거둔 이후로 신임을 받게 된다. 이후 10년간 흉노족과의 대규모 전쟁에서 7전 7첩 하는 업적을 남기고 대장군으로까지 기용되는 능력을 발휘한다. 그의 업적은 흉노족의 근거지인 하서주랑에 교통의 요지를 구축하고 흉노족에게 압박을 가하는 역할을 하게 된다. 곽거병은 18세에 전투에 참여한 후 20세에 표기장군으로 기용되어 혁혁한 업적을 남기고는 24세에 단명한 기이한 운명을 가진 젊은 장군이다. 그의 죽음을 애통해 한 무제는 무릉박물관에 묘를 세워 그의 업적을 기리게 했다고 한다.

기원전 119년 위청은 곽거병과의 협공으로 흉노 찬위와 벌인 막북대전에서 대승을 거두고 흉노 귀족 정예 병력을 무력화시키게 된다. 이후로는 서한 정권은 흉노족의 위협에서 완전히 벗어나게 되는데 이러한 역사적인 배경을 이해하게 되면 왜 무릉 양 옆에 그들의 업적을 기리는 비석을 세운 이유를 알 수 있다. 그들의 업적이 바로 무제의 업적일 것이기 때문이다. 위청이 나이 들어 죽게 되자 무제는 곽거병의 묘 맞은 편에 묘지를 세워 주어 그를 아끼는 마음을 표현했다고 한다.

유방이 한나라를 건국한 후 수십 년간 흉노에 의해 침탈당하고, 매년 공물을 바치고 심지어는 공주까지 시집보내야만 했던 수치를 무제는 어릴 때부터 잊지 않았다. 이러한 굴욕에서 벗어나기 위한 무제의 열정은 마침내 현실이 되었고 그러한 그의 위대한 업적은 서한 정권의 안정과 발전에 결정적인 기여를 하게 된다. 흉노 정복을 완성한 무제는 장건으로 하여금 실크로드를 개척하게 했고 개척한 실크로드를 통해 한나라의 국력이 신장하게 된 것은 역사가 증명해 주고 있다.

위대한 업적을 남긴 그의 무덤에서 평소에 존경해 온 그에 대한 경의를 표하고는 약 5분 거리에 있는 무릉박물관으로 발걸음을 옮긴다. 무릉박물관은 한나라 개국 이후 골칫덩어리였던 흉노족을 평정하고 변방을 굳건히 한 무제의 업적을 기리고 있는 곳이다. 무릉박물관을 들어서면 황제의 박물관임을 알려 주듯 화려하고 생동감이 넘치는 용 문양이 난간 곳곳에 새겨져 있다. 박물관에서는 흉노 정복에 대한 그의 열정을 말해 주는 활과 화살 등 날렵한 전쟁무기들을 감상할 수 있다.

표기장군 곽거병의 묘가 있는 곳으로 향하다 보면 마답흉노라는 동상 앞에 많은 관광객들이 웅성거리고 있는 것을 볼 수 있다. 말 아래에 흉노족이 깔려있는 투박해 보이는 석상이다. 흉노 정복의 숙원을 이룬 곽거병과 그를 통해 이룬 흉노 정복에 대한 자부심을 표현한 것이라고 한다.

건릉은 당 고종 이치와 중국 유일의 여황제 무측천의 합장묘다. 섬서성 건현 북쪽에 있는 해발 1,047m인 양산에 위치하고 있다. 건릉은 산을 따라 무덤이 세워진 장제(葬制)의 모범이다. 이러한 연유로 역대 황제의 무덤 중 최고로 불리기도 한다.

건릉으로 향하는 길은 한마디로 통쾌함이다. 넓게 뻗은 도로에서 산 위의 건릉까지 일직선으로 연결되어 있는 것이 보는 이로 하여금 시원함을 느끼게 한다. 일직선으로 뚫린 도로를 벗어나 건릉으로 들어서면 도로가 끝나는 지점에 마치 여자의 유방을 올려놓은 듯한 두 개의 봉우리가 보이고 봉우리 중간을 가로질러 건릉으로 향하는 500여 개의 계단이 놓여 있다. 내부차를 이용해 이동하는 관광객들이 대부분이지만, 나는 중국 역사상 최초이자 최후의 여황제를 경건한 마음으로 만나기 위해 도보로 이동한다. 이런저런 상념에 잠겨 가파른 계단을 오르고 나니 신도로 연결되는 큰 길이 나오고 국경절 연휴를 즐기는 수많은 관광객들이 끊임없이 발길을 옮기고 있다. 나 역시 그 행렬에 즐거운 마음으로 합류한다.

건릉으로 가는 입구에는 약 1㎞ 구간의 신도가 있는데, 양옆으로 신수(神獸)와 석인상 등이 도열하고 있어 마치 호위를 받는 듯한 착각에 빠지게 된다. 석인상들은 고종의 장례식 때 문상 왔던 신하들과 사신들을 묘사한 것이라고 한다. 신수와 석인상 앞에서는 기념사진을 남기려는 관광객들이 부지런히 셔터를 누르고 있다. 멀리로 보이는 산이 건릉이다. 입구 쪽 도로로부터 건릉이 위치한 양산까지 일직선으로 연결된 길을 끊임없이 걷고 있는 이들의 행렬이 마치 중국 유일의 여황제를 알현하기 위한 성스러운 발걸음으로 여겨진다. 무덤 속의 무측천이 흐뭇한 표정으로 지켜보고 있을 듯하다.

신도가 끝나는 지점에는 당 고종의 업적을 무측천이 구술해서 새겼다고 전해지는 술성기비가 세워져 있다. 투박한 비석의 모습에서 건릉의 주인이 고종이 아님을 알게 된다. 반대편으로는 그 유명한 무자비가 자리하고 있다. 비석 기둥에 용 문양이 새겨져 화려한 모습을 보이고 있는 것이 술성기비와 너무나 대비된다. 건릉의 주인이 여황제 무측천임을 명확하게 알려 주는 부분이다. 무자비는 무측천의 업적이 비석에 새길 수 없을 정도로 많아 아무 것도 새기지 않은 것이라고 한다. 무측천의 하늘을 찌를 듯한 오만한 자신감을 느낄 수 있는 대목이다. 무덤 내부에는 익마, 석사자, 무자비 등 대형석각이 120여 점이나 있어 건릉을 '성당시대 석각예술의 노천 갤러리'로 일컫는다고 한다.

신도를 벗어난 관광객들은 합장묘가 있다는 양산 정상을 향해 순례자와 같은 발걸음을 옮기고 있다. 나 역시 합장묘의 정상에서 무측천의 향기를 느끼고 싶은 마음에 부지런히 산을 오른다. 무덤의 정상으로 이어진 좁은 산길은 혹은 정상을 다녀온 혹은 정상을 오르는 관광객들이 교차되며 발 디딜 틈이 없다. 정상을 향하는 중간중간 신도와 이어진 길을 내려다보니 수많은 관광객들이 꼬리에 꼬리를 물고 있는 것이 참으로 장관이다. 도로와 건릉까지를 일직선으로 연결하고 건릉의 요소요소에 스토리를 부여한 관광 현장을 보며 건현 관계자들의 치밀한 기획에 감탄하게 된다.

정상에서 바라본 사방의 풍경은 참배로를 오르는 길 빼고는 특별한 감흥을 느낄만한 아름다움은 없다. 여성의 신분으로 빼어난 정치 감각을 발휘해 통치기간 동안 거대한 중국 땅을 태평성대로 만든 무측천의 숨결이 느껴져 너무나 유쾌할 뿐이다.

명효릉은 강소성 남경시 종산 남쪽 기슭에 위치한 명나라 개국황제 주원장과 마황후의 합장묘다. 명릉의 효시로 명초 건축과 석각예술의 최고 수준을 보여 주고 있다. 뿐만 아니라 명·청 양대 500여 년에 걸쳐 제왕 무덤 건설의 표본으로 현존하는 고대의 황가왕릉 중 가장 큰 규모로 알려져 있다.

명효릉을 들어서면 넓은 부지 위에 각양각색의 나무들이 무성하게 조성되어 있어 시민들의 휴식공간으로 부족함이 없다. 8월 남경의 푸른 하늘과 녹음으로 물든 숲들이 조화를 이루어 빚어내는 아름다움에 주원장의 무덤을 참배하러 가는 것인지 소풍을 나온 것인지 착각할 정도다.

입구를 들어서면 비전이라는 곳이 먼저 눈에 들어온다. 청나라의 강희제가 1699년 3차 남순시 효릉을 참배한 후 벽이 훼손된 것을 수리하라 지시하며 내린 치륭당송(治隆唐宋)이란 글자가 적힌 비석이 보존되어 있는 곳이다. 비전을 지나면 정전이라는 건물이 모습을 드러낸다. 원래의 이름은 효릉전으로 효릉 주요 건축의 하나이다. 명 홍무 16년인 1383년에 지어진 건물로 주원장과 마황후 그리고 소실들을 봉양하는 곳이라고 기록되어 있다. 현재의 건물은 전란으로 소실된 것을 청나라 동치연간에 재건한 것이다. 건물 옆 3층으로 만들어진 수미좌대기는 세월의 흐름에 훼손되어 고색창연한 아름다움을 보여 주고 있다.

정전 뒤에는 효릉이 이끼가 낀 회색의 벽 위로 2층의 금색지붕을 올린 모습으로 우뚝하게 서 있다. 효릉을 들어서면 보정이라는 조그마한 산을 만날 수 있다. 말하자면 보정 아래의 어느 지점에 주원장과 마황후의 지하궁전이 자리하고 있는 것이다. 보정은 직경이 325~400m의 원형인 흙산으로 둘레를 이어가며 약 1,000m의 벽돌 성벽으로 에워싸여 있다. 보정의 중간으로는 계단 길을 만들어 놓았는데, 대부분의 관람객들이 그 길을 통해 보정의 정상을 밟고 있다. 나 역시 주원장과 마황후의 지하궁전이 있다는 보정을 오르며 이런저런 생각에 잠긴다. 온통 숲으로 덮여 쾌적함을 전해주는 보정의 수많은 나무들 아래 어느 한 곳에 그의 무덤이 위치하고 있을 것이라 생각하니 한없이 겸손해진다. 천민의 신분에서 황제의 위치에 오른 파란만장했던 삶이었기에 감회가 더욱 새롭다.

해설사의 설명에 의하면 주원장이 세상을 떠나기 전 그의 묘가 훼손되는 것을 두려워해 당시 남경의 13개 문으로 13개의 관을 동시에 이동할 것을 지시했다고 한다. 사실의 여부를 떠나 살아서는 새로운 나라를 세워 천하를 호령했지만 죽음을 앞두고는 도굴을 걱정하는 연약한 인간의 모습을 보는 듯해 씁쓸한 기분이다.

효릉을 나와 오른쪽으로 걸어가면 옹중로신도가 모습을 드러낸다. 두 쌍의 무장과 두 쌍의 문신이 무덤을 충실하게 보호하고 있다. 기둥 위 원주형 돌에 구름과 용을 조각해 두었는데 당·송시대 연꽃 모양에서 벗어난 예술적 창작으로 인정받고 있다고 한다.

명효릉에 조성된 산책로는 참으로 아름답다. 그의 무덤은 비록 조그마한 산 위에 '이 산이 명태조의 무덤(此山明太祖之墓)'이라는 7글자로 남아 있지만 주변을 아름다운 공원으로 조성해 남경 시민들과 멀리서 찾아오는 관광객들에게 무한한 즐거움을 주고 있는 것이다. 사후에도 그가 백성들에게 덕을 베풀고 있다는 엉뚱한 생각에 홀로 웃음 짓는다.

정릉은 명십삼릉 중 13대 만력제인 신종 주익조와 효단, 효정 두 황후의 합장묘다. 북경에서 멀지 않은 곳에 위치하고 있는 대욕산 동쪽 기슭 180,000㎡의 부지 위에 6년에 걸쳐 조성한 것이다. 13개 무덤 중에 유일하게 발견된 지하궁은 국무원의 비준 하에 발굴을 시행하였고 발굴된 유물들은 정릉박물관을 통해 대외에 공개되고 있다.

정릉을 들어서면 입구 오른쪽으로 1957년 건립된 정릉박물관이 자리하고 있다. 정릉 지하궁에서 출토된 유물 3,000여 점을 전시하고 있는데 하나하나가 아름답기 짝이 없다. 금장식품, 도자기, 옷가지 등의 유물을 통해 황제와 황후들의 화려했던 생활을 들여다 볼 수 있다. 특히 만력제가 쓴 것으로 보이는 금관 양쪽의 황룡 두 마리가 마치 금관을 뚫고 나올 듯 생동감이 넘친다. 금실로만 짠 수공품이라는데 금관을 만든 이의 예술적 수준이 탁월함을 알 수 있다. 두 황후가 쓴 것으로 보이는 봉관(鳳冠) 역시 아름답기 그지없다. 초록색의 봉황 깃털이 촘촘하게 짜여 있는 것이 탄성이 터져 나오게 한다. 정릉박물관은 황제와 황후의 합장묘에서 출토된 유물을 전시하고 있는 유일한 곳으로 최고 권력자들의 화려했던 삶을 들여다볼 수 있는 특별함이 있는 곳이다.

박물관 감상 후 정릉으로 향하는 길에 계단 중간에 만들어진 어로석조라는 대형 조각이 눈길을 사로잡는다. 신령해 보이는 산 위에 용의 모습을 조각해 놓은 것인데 조각된 용이 육감적으로 보이는 것이 특이하다. 황릉의 상징적 제기를 표현한 것이라는 석오공은 중간의 향로에 조각된 용이 조각을 박차고 튀어나올 듯해 순간 움칫하게 된다. 석오공을 지나면 사람들의 발길이 이어지는 곳이 눈에 들어온다. 바로 지하궁으로 향하는 통로다.

내부의 모든 유물들이 발굴되어 텅 빈 상태의 지하궁 형태만을 보여 주고 있다. 전, 중, 후, 좌, 우 등 5개의 실로 구분된 지하궁에서는 만력제 보좌라는 돌로 만든 의자가 특별하다. 의자 모서리마다 조각된 용머리와 의자 등을 감아오르는 모양의 용조각이 마치 살아 움직이는 듯하다. 보좌 위와 전후좌우로는 관람객들이 던지고 간 인민폐가 수북이 쌓여 있어 흥미롭다. 명루는 만력 15년 1587년 지어진 정릉의 상징적 건물이다. 입구를 들어서면 대형의 비석 위로 '대명 신종현황제지릉'이 양각되어 있는 것을 확인할 수 있다.

만력제는 10세에 즉위해 48년간 재위한 황제다. 정릉이 완공된 때가 만력 18년이니 그의 나이 28세에 자신이 묻힐 무덤을 미리 준비한 셈이다. 누울 자리까지 마련해 놓은 만력제의 남은 30년간의 치세가 어떠했는지 갑자기 궁금해진다.

소릉은 요녕성 심양 고성 북쪽으로 약 5㎞ 떨어진 곳에 위치하고 있어 북릉으로 불리기도 한다. 청나라 숭덕 8년 1643년부터 순치 8년 1651년까지 약 8년간에 걸쳐 조성된 청 태종 황태극와 문황후의 무덤이다. 북릉의 설계는 대부분 명나라의 황릉을 차용했으나 만주족 왕묘의 품격도 유지하고 있는 것이 특징이다. 북릉은 시민들의 휴식처인 북릉공원의 가장 후단부에 위치하고 있다.

공원을 들어서면 황태극이 전투복 차림으로 말 위에 늠름하게 앉아 있는 동상이 위풍당당함을 전해 준다. 한족 나라인 명나라를 멸망시키고 중국 대륙을 지배한 위용을 느낄 수 있다. 공원의 풍광을 즐기는 지역주민들과 나처럼 북릉을 보기 위해 온 듯한 관광객들 틈에 끼어 여유로이 걷다 보면 신도로 들어서는 입구에 하마비가 눈에 들어온다. '관원들은 여기서 말에서 내릴 것'이라 적힌 오른쪽으로 몽골어가 병기되어 있어 만주족 정권 청나라의 힘을 보여 준다. 한족 출신의 관원들 모두가 여기부터 말에서 내려 걸어 들어가야 했을 터이니까…. '몽골어가 적혀 있는 하마비를 보고 한족 관원들이 어떤 생각을 했을까?'가 궁금해지기도 한다.

참배로인 신도를 걷다 보면 신공성덕비정이란 곳에 많은 사람들이 모여 있는 것을 볼 수 있다. 신공성덕비는 청나라 강희 27년 1688년에 만들어진 것으로 태종 황태극의 일생 동안 문치무공을 기록해 둔 비석이라고 한다. 1,810개의 글자가 새겨져 있다는데 세월의 흐름에 많은 글자들이 훼손되어 있다. 비석의 기초대인 거북 머리와 등 위로는 관람객들이 던지고 간 동전들이 수두룩하게 흩어져 있는 것이 재미있다.

신도의 끝에는 방성이 자리하고 있다. 황금색 지붕이 3층으로 올라가 있는 방성의 누각은 멀리서도 한눈에 들어올 만큼 위용을 뽐내고 있다. 정문격인 륭은문을 지나 방성을 오르면 사방으로 전개되는 북릉의 전경을 한눈에 볼 수 있다. 방성에서 내려다보이는 북릉은 온통 황금색 지붕의 물결로 눈이 부실 정도의 화려함을 보여 준다.

방성을 지나면 북릉의 가장 뒤쪽에 소탈하게 자리 잡고 있는 황태극의 무덤이 모습을 드러낸다. 진 시황, 무릉, 명효릉 등 마치 산과 같은 거대한 무덤들에 익숙해져버린 내 눈 앞에 펼쳐진 너무나 작은 무덤이 신선함을 전해 준다. 중국 대륙을 접수했던 청 태종 황태극의 무덤이 맞는지 믿기지 않을 정도로 소박하다. 백색의 모래로 무덤을 쌓은 듯 하얀색의 분봉이 소담스럽게 올라 있고 무덤의 중심에 푸른 나무 한 그루가 꽂혀 있다. 사방으로 덮인 녹음들 속에 홀로 고고히 서 있는 백조를 보는 듯한 느낌이다. 무덤을 둘러싸고 이어진 정방형 길은 그를 기리는 사람들의 발걸음으로 채워지고 있다.

공림은 지성림으로 불리기도 하는 공자와 그의 가족 묘지다. 산동성 취푸에 위치하고 있는 공림은 중국에서 가장 크고 오래된 씨족묘지군이면서 인공원림이기도 하다. 공자가 신격화되기 시작한 한나라 당시 67,000㎡에 불과했던 것이 확장을 거듭하여 오늘날에는 2,000,000㎡에 이르는 거대한 규모를 자랑한다.

공림은 크게 공자묘와 공자의 후손들이 묻혀 있는 명묘군으로 나누어진다. 실제로 공림의 정문 격이라 할 수 있는 지성임방을 지나면 좌우로 빽빽하게 들어서 있는 울창한 나무들 사이로 곳곳에 봉긋하게 솟아 있는 무덤들을 볼 수 있다. 삼림욕을 한다는 기분으로 직선으로 길게 이어진 참배 길을 걷다 보면 수수교라는 다리가 모습을 드러낸다. 건설 연대가 알려지지 않은 다리는 명대에 수리한 것이라고 한다.

수수교를 지나면 조용하고 소탈한 분위기를 풍기는 공자묘을 만날 수 있다. 유학의 창시자로 역대 왕조에 의해 신성시되어 온 그리고 오늘날에 이르러서는 성인으로 추앙받는 공자의 묘라고 하기에는 너무나 초라해 보여 놀라게 된다. 길이가 동서로 30m, 폭이 남북으로 28m인 자그마한 묘지다. 대성지성선왕묘라는 비석 하나와 관람객들이 두고 간 듯한 화환들이 공자가 묻혀 있는 곳이라는 사실을 알려 주고 있을 뿐이다.

일세를 풍미했고 살아간 시절보다는 사후에 중국 봉건사회에 미쳤던 그리고 현대까지 미치고 있는 영향이 더 지대한 위대한 인물의 무덤치고는 너무나 소박하다. 무덤 앞으로는 공자 사후 6년간 묘를 지켰다는 자공이 거주했던 집이 있다. 관람객들의 기원을 비는 붉은 리본이 빽빽하게 달려 있는 모습이 이색적이다.

공림은 무성한 숲들 속 사이사이로 늘어져 있는 무덤들이 묘한 느낌을 풍기는 특별함이 있는 곳이다. 산책하듯 넓디넓은 공림을 걷다 보면 심신이 치유받는 듯한 느낌이 전해지는데 왜 그런지 알 수는 없다. 그의 무덤을 찾는 이들이 끊임없이 이어지고 있는 것을 지켜보며 그가 남기고 간 철학과 사상을 다시 한 번 새겨본다. 묘지의 크고 작음을 떠나 후세인들이 기억하고 존경하는 마음의 크고 작음이 더 중요한 의미를 지닐 것이라 여기며….

맹모림은 산동성의 취푸와 쩌우셴이 인접한 곳에 위치하고 있는 맹자의 부모와 그 후예들의 가족묘지이다. 한편으로는 전국시대로부터 현대에 이르기까지 이어져 오는 인공원림이기도 하다. 총면적이 약 400,000여㎡에 이르고 그중 산지가 44%, 임지가 56%를 점유하고 있다 기록되어 있다. 내부에는 측백나무, 노송 등의 나무들이 무성하게 자라고 있는데 그 수가 12,844 주에 달한다고 한다.

맹모림을 들어서 맹모의 묘가 있는 방향을 향해 걸어가다 보면 좌우의 울창한 수목 사이로 빽빽하게 들어선 묘지들을 확인할 수 있다. 수치상으로 볼 때는 공림의 1/5 규모밖에 되지 않지만, 실제로 걷다 보면 엄청난 규모에 놀라게 된다. 무성한 수목들과 사이사이의 무덤 숲을 지나 한참을 걷다 보면 '맹모의 묘'라 적혀 있는 비석 뒤로 봉긋하게 솟아오른 무덤을 만날 수 있다. 무덤 앞에 비석이 세 개가 서 있는 것을 보니 맹자 부모의 합장묘인 듯하다.

위인의 부모가 역사적으로 기억되는 경우가 많지 않은 것을 볼 때 교육을 중시하는 중국의 또 다른 문화를 엿볼 수 있다. 하기는 한국을 비롯해 교육을 중시하는 국가들의 이상적인 모친상으로 통하는 사람이 맹모이기도 하니까…. 자식의 교육을 위해 환경이 좋은 곳을 찾아 세 번이나 이사를 했다는 맹모삼천과 베틀에서 짜던 베를 칼로 끊어 중도에 학문을 포기하려던 맹자를 경계한 맹모단기는 널리 알려진 고사다. 공림에는 공자묘가 있는데 맹모림에는 맹자 모친의 묘만 있고 맹자묘가 보이지 않는 것이 흥미롭다.

공림에서 느꼈던 심신이 치유 받는 것 같은 느낌은 여기서도 마찬가지다. 다만 무수한 망자들의 무덤을 바라다보며 그들처럼 나에게도 언젠가는 닥칠 죽음을 떠올리게 된다. 하루하루를 치열하게 살아갈 것을 다짐해 볼 뿐이다.

소군묘는 중국 역사의 한 페이지를 장식하고 있는 소군출새의 고사로 유명한 왕소군의 묘이다. 인공으로 흙을 쌓아 만든 것으로 33m 높이라고 한다. 소군은 원래 궁녀 출신으로 한 원제 때인 기원전 33년 흉노족과 화친을 맺고 그들이 요구하던 황실의 공주 대신 찬위 호한사에게 출가하게 된다. 정든 황궁을 떠나던 날 비파로 이별곡을 연주할 때 기러기 떼가 그녀의 미모에 도취되어 땅으로 떨어졌다는 전설이 전해질 정도의 미모를 갖춘 소군은 중국 4대 미인이기도 하다.

내몽고 후허하호터에서 약 9km 떨어져 있는 소군묘는 내몽고를 찾는 중국인들의 필수 방문코스로 관람객들의 발길이 끊임없이 이어지고 있다. 입구를 들어서면 왕소군의 이미지만큼이나 순백색인 동상이 관람객을 맞이한다. 동상 뒤로 봉긋하게 솟은 소군묘가 앙증맞은 모습을 보이고 있다. 조금을 걸으면 남편이었던 찬위 호한사와 함께 말을 타고 있는 청동상이 보이는데 그리 화목해 보일 수가 없다. 대륙 최고의 미인을 아내로 들인 흉노족 최고 권력자인 찬위의 만족한 표정을 읽을 수 있다.

소군묘의 정상을 오르면 입구에서부터 하얀색 비단을 깔아놓은 듯한 길을 따라 끊임없이 이어지는 관람객들의 모습이 눈에 들어온다. 녹음으로 뒤덮여 있는 초원 같은 느낌을 주는 후허하호터시의 아름다운 풍경이 사방으로 전개되어 눈이 즐겁다. 묘의 정상에는 아름다운 소군을 조각한 비석이 우뚝하게 서 있어 그 아름다운 자태에 다시 한 번 반하게 된다. 묘의 정상을 내려오면 오른쪽으로 소군전지진열실이 눈에 들어온다. 내몽고전지협회에서 예술가들을 초빙해서 만들었다는 50여 점의 전지작품들이 전시되어 있다. 소군의 고사가 깃들어 있는 작품 하나하나가 아름다워 들여다볼 만하다.

흉노문화박물관은 흉노족의 역사와 함께 관련 유물들이 전시되어 있다. 전국시대 청동삼련관 등 다양하고 특징적인 유물들을 통해 흉노족을 이해할 수 있어 유익하다. 아울러 소군출새와 관련한 처음부터 끝까지를 자세히 소개하고 있어 왕소군의 희생이 가져다 준 평화의 메시지를 충분히 읽을 수 있다. 박물관은 왕소군을 아래와 같이 평가하고 있다.

'자신의 몸을 던져 중화민족의 우호사업에 기여한 위대한 여성으로 중국 백성들의 마음속에 아름다움의 화신으로 남아 있다.'라고….

그녀의 자발적인 흉노 출가가 두 민족 사이의 평화를 낳는 데 지대한 공헌을 하게 된 것은 역사가 보여 주고 있다. 일상이 전쟁이었던 시절 숭고한 희생을 통해 수십 년 동안의 평화가 유지되었다고 하니 그녀가 남기고 간 평화의 메시지가 오늘날에도 이어지고 있다 할 수 있을 것이다. 왕소군의 전설과 고사는 천여 년 동안 끊임없이 이어져오며 소군문화를 형성할 정도라고 한다. 소군과 관련된 서법, 전지, 조소, 도자기화, 병풍화 등의 작품이 부지기수로 제작되고 있음이 이를 증명하고 있다. 소군문화는 소군의 미덕과 중국 백성의 평화에 대한 희망이 만들어낸 아름다운 문화인 셈이다.

향비묘는 현지에서 아파극곽가마찰(阿巴克霍加麻扎)로 불리는 이슬람식 고대의 무덤건축이다. 곽가는 성인의 후예라는 의미를 지니고 있다고 한다. 말하자면 신장의 이슬람교에서 영향력이 가장 컸던 성인 아파극곽가와 그의 가족들의 묘지인 셈이다. 향비묘는 신장 카슈카르시에서 약 5㎞ 떨어진 호한촌에 위치하고 있다. 맑은 공기, 낮게 깔린 푸른 하늘, 바람에 흘러가는 하얀 구름들이 너무나 조화로운 카슈카르의 풍광을 즐기다 보면 이슬람식 건물이 아름다운 모습을 드러낸다.

향비묘는 하얀색의 건물을 둘러싸고 있는 4개 원형 기둥의 여러 가지 색상이 혼합되어 우아한 이미지를 더하고 있다. 건물 꼭대기에는 녹색 계통의 돔이 부드러운 곡선을 그리며 살포시 앉아 있다. 독특하고 이국적인 아름다움이다. 이슬람 양식의 건물을 사방에서 감상하다 보니 지금 내가 서 있는 곳이 신장의 우루무치에서도 기차로 20여 시간은 이동해야 하는 카슈카르임을 깨닫게 된다. 카슈카르의 푸른 물이 뚝뚝 떨어질 듯한 청명한 하늘과 향비묘가 빚어내는 흰색과 녹색 등이 어우러진 빛깔의 조화가 눈이 시릴 정도로 아름답다.

향비묘는 약 40,000㎡의 부지에 주묘실, 강경당 등의 건물이 들어서 있다. 그중 주묘실은 1640년에 지어진 건물로 내부에는 아파극곽가와 5대에 걸친 가족 72명의 유해가 안치되어 있다. 묘실의 바닥은 횡으로 길이 35m, 종으로 폭 29m, 높이 27m로 주묘실 내에 관이 하나씩 놓여 있는데 본 적이 없는 매장방식이라 신기하다. 다만 약 400여 년을 이어온 성인 아파극곽가의 무덤 앞에서 경건함을 느끼는 자신을 발견할 뿐이다.

향비는 아파극곽가의 손녀로서 카슈카르 일대를 점령한 건륭제의 눈에 띌 정도의 미모를 갖춘 여인이었다고 한다. 북경으로 끌려가 건륭제의 비가 된 향비는 위구르인의 복장을 고집하고 잠자리를 거부하는 방식으로 절개를 지켰다고 전해진다. 카슈카르를 떠난 3년 후 의문을 죽음을 맞이하는 향비는 신장인들의 자부심으로 사랑을 받고 있다. 나는 새도 떨어뜨리는 절대권력 앞에서 자존심을 버리지 않고 신장인의 정신을 지켜낸 그녀는 오늘날에 이르러서도 신장인 누구나가 존경하는 대상이다. 고증에 의하면 향비는 하북 청동릉에 묻혀 있고 향비묘는 의관총이라고 한다.

백원은 하남성 낙양의 용문석굴풍경구 동산 비파봉에 위치하고 있다. 당나라 때 시인 백거이의 묘가 들어서 있는 30,000㎡ 규모로 조성된 묘원(墓園)이다. 백거이는 자가 낙천(樂天)으로 18년 동안을 낙양에 거주하며 유유자적한 말년을 보냈다고 한다. 소부(少傅)로 존중받은 그였지만 평생을 청빈하게 살며 술과 시를 사랑했던 일세를 풍미한 위대한 시인이다.

백원이 위치한 용문의 아름다운 산수를 무척이나 사랑했고 그의 뜻에 따라 이곳에 묘를 조성한 것이라고 전해진다.

백원을 들어서면 눈에 보이는 정경이 마치 강남원림의 이미지와 겹쳐진다. 정갈하게 조성된 연못, 연못 속에서 노니는 물고기들, 연못 주위를 둘러싼 울창한 수풀과 요상한 모양의 돌들이 빚어내는 조화가 눈 속으로 아름답게 들어온다. 묘를 오르는 좁은 산길 좌우로는 잎이 넓은 나무들이 푸름을 한껏 뽐내고 있어 마치 열대지역에 와 있는 듯한 착각에 빠지게 한다.

강남원림을 감상하듯 여유로이 백원의 구석구석 아름다움을 즐기다 보면 봉긋하게 솟은 무덤 주위를 하얀색 벽돌로 에워싸고 있는 그의 묘가 눈에 들어온다. 흰색의 화병 안에 푸른 꽃이 담겨 있는 화분 같은 느낌이라 무척이나 신선하다. 너무나 푸른 수풀들이 무덤을 덮고 있어 청빈한 삶을 살았던 그리고 자유와 낭만을 사랑했던 그의 삶을 대변해 주는 듯하다.

'당소부백거이탄신 1,220주년 기념비'는 그의 묘가 1,000여 년의 시공을 이어져 오고 있음을 깨닫게 한다. '역사시단거성백낙천만고류방'이라는 일본동양문화진흥회가 남긴 비석에서 세기를 넘어선 그의 족적이 전 세계에 영향을 미치고 있음을 알게 된다.

지금까지 소개한 무덤에는 절대 권력자, 대유학자, 궁녀, 이슬람교 성인의 손녀, 대시인에 이르기까지 다양한 신분 계층이 포함되어 있다. 그가 절대 권력자였든, 세상을 경륜하는 학문을 펼친 덕망가였든, 풍류를 즐기며 사람들의 심금을 울린 시인이었든, 평범한 궁녀와 유명인의 손녀였든 신분을 가리지 않고 공평하게 찾아온 것이 있다. 바로 인간이면 벗어날 수 없는 죽음이라는 녀석이다. 죽음이라는 벗어날 수 없는 명제 앞에 어떤 이는 폭정과 백성 착취라는 오명을 남기고 있고 어떤 이는 평화의 사절이라는 아름다운 향기를 전하고 있다.

세상에 던져진 누구에게나 열리는 왼쪽의 괄호는 선택의 여지가 없다. 다만 오른쪽의 괄호가 닫힐 때까지 어떻게 살아야 하는 것인가는 누구나가 선택할 수 있다. 신분의 높낮이를 떠나 괄호가 닫힌 후 향기로움이 전해지는 삶을 살아갈 것을 스스로에게 독려해 본다.

바다와 호수
그리고
산이
어우러지는

명소를 찾아서

중국 대륙을 돌아다니다 보면 바다를 끼고 절경을 보여 주는 곳이 적지 않다. 해남의 아롱만, 천애해각 그리고 홍콩의 리펄스베이 등이 그렇다. 한편으로는 각 성시별로 호수 또는 산을 끼고 있는 공원들이 도처에 널려 있어 눈길을 사로잡는다. 비용과 시간이라는 높은 기회비용을 투입해 다른 성시를 찾아다닐 필요 없이 집 밖으로 나오면 볼 수 있는 아름다움들이 즐비하다. 지금부터는 이러한 명소들을 찾아보고 느낀 소회를 공유하려 한다.

잔교는 산동성 청도시에 있는 선착장이다. 청나라 광서제 때인 1892년 해군의 화물을 접안하는 군사 용도로 건설한 것으로 기록되어 있다. 물밀듯이 밀려오는 제국주의 열강들의 위협에 대비하기 위해서라는데 늦은 감이 없지 않다. 1차 세계대전에서 패배한 독일군이 철수하면서 파괴했던 것을 1931년 개축한 것으로 8m 넓이의 길이 440m로 연결되어 있다. 그다지 넓지 않은 잔교 위로는 혹은 가족 단위 혹은 다정한 연인들로 범벅이 되어 성황을 이루고 있다. 바닷가의 모퉁이에 놓인 부두에 불과한 440m의 잔교를 꽉 채우며 오가는 사람들의 모습이 장관이다.

잔교의 좌우로 펼쳐진 백사장과 바다 위에 불규칙하게 솟아오른 바위들 위에서 황해가 보여 주는 정취를 즐기는 사람들의 모습이 눈에 들어와 정겹다. 강렬한 태양이 바다로 떨어지며 수면을 황금빛 색깔로 물들이는 장면 역시 볼만하다. 사람들에 떠밀리듯 잔교를 걷다 보면 붉은색 오성홍기 8개를 달아 놓은 하얀색의 배가 눈에 들어온다. 움직이지 않고 두둥실 떠 있는데 어떤 역할을 하는 배인지가 궁금해진다.

잔교의 끝부분에는 회란각이 멋스럽게 자리하고 있다. 하늘에서 잔교를 내려다보면 화살표 형상으로 눈에 들어와 흥미롭다. 그 화살표의 끝 삼각형 부분에 들어서 있는 것이 회란각이다. 황금 색깔의 8각 2층 지붕이 24개의 붉은 색깔 기둥과 어우러지며 만들어내는 조화가 그럴 듯하다. 바다에 떠 있는 회란각에서는 해변을 둘러싸고 빽빽하게 들어서 있는 크고 작은 건물들이 한눈에 들어온다. 아름답게 디자인된 현대식 빌딩들과 유럽풍의 이국적 주택들이 어우러지며 풍기는 이미지가 전형적인 해변 도시 청도의 모습이다. 회란각에서 손을 내밀면 닿을 듯한 곳에 하얀색 등대를 이고 있는 소청도의 앙증맞은 모습이 눈에 들어온다.

소청도는 잔교와 마주보고 있는 아주 작은 섬이다. 청도만에 위치하고 있으며 해안에서 약 720m 정도 떨어져 있다. 12,000㎡의 소형 섬으로 방파제를 통해 길게 이어져 바다의 운치를 더해 준다. 생김새가 거문고를 닮았다 해서 금도라는 별칭으로 불리기도 한다. 안전망을 쳐놓은 방파제 위로는 다정하게 손잡고 거니는 여러 쌍의 연인들이 눈에 들어와 정겹다. 방파제 위에서 보이는 주위의 경관이 너무나 아름다워 하염없이 바라다보게 된다. 금방 다녀왔던 잔교와 회란각 그리고 짧은 잔교 위를 가득 채운 사람들의 모습이 한눈에 들어온다.

섬의 꼭대기에는 금서표등이라 불리는 등탑이 우뚝 서 있다. 보잘 것 없어 보이는 하얀색 등탑은 사실 교주만을 드나드는 배들이 위치를 파악하는 중요한 용도로 활용되고 있다. 소청도에는 해군박물관이 들어 있다. 많은 배들이 띄워져 있는 곳인데, 구식의 배들로부터 다양한 종류의 배들이 눈에 들어와 흥미롭다. 배에 관심이 있는 이들에게는 유익한 경험이 될 듯하다.

섬 주위를 연결한 산책로를 걷다 보면 망망대해 황해가 주는 정취에 하염없이 빠지게 된다. 해변을 향해 눈길을 돌리면 현대식 건물들과 유럽풍의 건물들이 조화를 이루고 있다. 한편으로는 끝이 보이지 않는 넓고 깊은 푸른 바다와 인접한 곳에서 눈에 들어오는 루쉰공원이 청도가 보여주는 시리도록 푸른 하늘 그리고 작열하는 태양과 어울리며 아름다운 풍경을 그려내고 있다.

'맑은 하늘과 녹색의 물 그리고 붉은 색의 기와가 만들어내는 이국적인 풍경'으로 중국 속의 나폴리라 불리는 청도를 마음껏 즐길 수 있는 곳이 소청도다. 빈틈없이 돌아가는 세파에 시달린 몸과 마음을 치유하기에 부족함이 없을 듯하다.

대동해는 해남성 산야시에서 가장 가까운 곳에 위치한 해변으로 주머니 사정이 넉넉하지 못한 서민들과 배낭객들이 즐겨 찾는 곳이다. 태양이 작열하는 낮 시간에는 전형적인 해수욕장으로, 백사장과 바다 위는 사람들로 가득 차 있다. 해수욕을 즐기는 사람들 뒤로는 제트스키로 속도감 있게 바다를 가르는 사람들의 통쾌함도 함께 한다. 한겨울의 중심인 1월에도 해수욕을 즐기는 이들을 보며 중국 대륙의 크기를 새삼 깨닫게 된다.

사람들을 피해 밤이 다가오는 시간에 찾은 대동해는 색다른 맛을 보여주고 있다. 산 위로 들어선 호텔 등의 건물과 끝도 보이지 않는 아득한 수평선이 마주보고 있다. 밀려오는 파도를 따라 맨발인 채로 깔깔거리며 해변을 거니는 연인들의 다정한 모습을 한없이 부러워한다. 넓게 펼쳐진 새하얀 백사장 위에는 한낮의 시끌벅적함을 지워내는 한적함이 흘러 좋다.

밤으로 접어드는 해변은 하나씩 켜지는 불빛들이 사람들의 발길을 유혹한다. 어디가 끝인지도 모르게 연결된 식당가에는 낮 시간 해수욕으로 지친 몸을 보충하기 위한 사람들로 성황을 이루고 있다. 화려한 조명과 신나는 음악으로 무장한 식당가를 거닐다 보니 길거리 화가가 할아버지와 손녀를 앉혀 놓고 인물화를 그려내고 있다. 거의 비슷한 모습으로 화폭에 담기는 것이 신기해 아내와 함께 몸을 맡겨 본다. 포인트를 꼭 집어내며 30분도 채 되지 않은 짧은 시간에 나와 아내의 모습을 그려내는 화가가 마냥 신기할 뿐이다. 코팅 비용까지 해서 260위안이니 수입이 적지 않겠다 여겨진다.

이른 아침의 해변은 부지런한 사람들로 활기에 찬 분위기를 연출하고 있다. 붉은 태양이 수면을 뚫고 하늘로 오르는 바다 일출의 모습이 무척이나 아름답다. 낮은 산 위로 서서히 오르는 붉은 태양이 발산하는 황금빛으로 주위가 물들어 간다. 힘차게 들려오는 파도소리를 뚫고 하늘로 솟은 붉은 태양이 수면 아래로 황금빛 꼬리를 길게 늘어뜨리고 있는 모습이 환상적이다. 아이가 갓 세상에 내던져졌을 때의 순수한 모습을 닮은 듯하다.

낚싯대를 드리우고 세월을 낚는 아저씨, 아이의 손을 잡고 해변을 거니는 엄마, 건강을 위해 열심히 뛰고 있는 젊은이, 고독을 씹으며 떠오르는 태양을 지긋이 바라보는 고독남 등 온갖 사람들이 대동해가 만들어내는 환상적인 일출의 조연이다. 힘차게 솟은 너무나 붉은 아침의 태양은 야자수에도, 파도에 몸을 맡기고 출항을 준비하는 배들 위에도, 그리고 나의 마음에도 떠오르고 있다.

성해공원은 요녕성 대련시 남서쪽에 있는 발해만에 자리한 동북지역 최대의 해양테마파크다. 여름철 해수욕장, 공룡세계, 해양세계, 번지점프 등 오락시설이 즐비해 고비용이 수반되는 종합위락시설인 셈이다. 푸른 잔디와 푸른 숲들로 정갈하게 꾸며진 공원을 들어서면 상쾌한 느낌이 자연스럽게 몸에 베어든다. 그러나 눈을 들어 멀리를 바라보게 되는 순간 한 치 앞의 건물도 식별하기 어려운 스모그로 상쾌해진 기분은 일순간에 사라져버린다. 문명의 발달이 가져온 열악한 환경이 안타까울 뿐이다.

활처럼 굽혀진 해변은 한여름 더위를 식히는 해수욕객들로 가득 들어차 있다. 전형적인 해수욕장의 모습이다. 하지만 한 치 앞도 보이지 않는 대기 조건에서 누리는 해수욕이 얼마나 즐거울지가 궁금해진다. 한편으로는 바다 위에 설치된 번지점프에서 깊이를 알 수 없는 바다를 향해 힘차게 떨어지는 이의 통쾌한 외침이 들려온다. 일직선으로 수면 위로 내리꽂혔다가 줄의 탄력에 의해 오르고 내리고를 반복하는 아찔함을 즐길 수 있어 특별하다. 다만 그러한 모습이 멀리에서 제대로 보이지 않는 것이 안타까울 뿐이다. 공업지역 대련을 가득 채운 스모그가 해수면을 향해 내리꽂는 번지점프의 통쾌함을 반감시키는 듯해 개운하지 않다.

발해만을 둘러싼 망망대해, 곡선을 그리며 바다를 감싸고 있는 아름다운 해변, 젊은이들로 하여금 도전의식을 심어주는 번지점프가 있는 해양 테마파크의 즐거움들을 쾌적한 환경 속에서 누릴 수 있기를 희망해 본다.

녹회두는 해남성 산야시에서 남쪽으로 3㎞ 떨어진 곳에 위치한다. 해남도 가장 남단에 자리한 삼면이 바다로 둘러싸인 해발 275m의 산이다. 사슴이 머리를 돌리는 형상을 하고 있어 붙여진 이름이라 한다. 더불어 아름다운 사랑이 얽힌 전설이 전해져 오고 있기도 하다.

'아주 옛날 준수하게 생긴 려족(黎族) 청년 사냥꾼이 오지산의 99개 봉우리와 99개 하천을 달려 사슴을 추적해 도달한 곳이 이곳이라 한다. 앞으로는 산이고 삼면으로는 바다로 둘러싸여 도망칠 곳이 없어진 사슴은 고개를 돌려 눈물을 흘리며 애처로운 눈빛을 보낸다. 그 장면에 마음이 약해진 려족 청년 사냥꾼은 활시위 당기기를 포기할 수밖에 없었다. 일순간 사슴은 아름다운 려족 여인으로 변신한다. 이들은 부부의 연을 맺게 되고 행복하게 살았다.' 이상이 전해져 오는 이야기의 전모다.

산을 오르다 보면 길상평안수, 부처수, 월로 등의 볼거리들이 도처에 자리하고 있다. 부처수는 뿌리가 연결되어 있다 해서 붙여진 이름이고, 월로는 결혼을 주관하는 신이라고 기록되어 있다. 녹회두의 애정고사가 남긴 남녀 간 그리고 부부 간 사랑이 담긴 내용들이라 무척이나 흥미롭다. 영험한 곳들이면 어디서나 볼 수 있는 붉은색 리본이 여기에도 빽빽하게 걸려 있다.

녹회두의 상징이라 할 수 있는 조각상은 오지산의 꼭대기에 자리하고 있다. 머리를 돌린 사슴 조각을 사이에 두고 젊은 남녀가 조각되어 있다. 순백의 색깔로 빚어진 조각상이 그들의 순수했던 사랑을 일러주는 듯하다. 전설의 진실 여부를 떠나 남녀 간의 지극하고 애절한 사랑은 동서양과 고금을 초월하는 인간의 영원한 주제라 여겨진다. 역광으로 비추이는 조각의 실루엣이 사면초가에 몰린 사슴이 순간적으로 고개를 돌려 애절한 눈빛을 보내는 듯한 착각을 불러일으킨다.

산의 정상에서 내려다보이는 산야시는 해남도만이 보여 줄 수 있는 절묘한 아름다움을 연출하고 있다. 바다의 중간에 육지를 깔고 독특한 디자인을 뽐내며 5열 횡대로 솟아 있는 빌딩이 눈길을 사로잡는다. 최근에 지어진 7성급 호텔이라는데 이름을 확인할 수 없어 아쉬울 뿐이다. 바다에 접해 즐비하게 늘어서 있는 고층 아파트, 바다 위를 분주히 오가는 선박들이 산야의 일상을 들여다보는 듯해 무척이나 반갑다. 바다에 떠 있는 수많은 배들과 그 배들 사이를 가르며 달리는 배들이 꽁무니로 뿜어내는 흰색의 포말이 인상적이다.

푸른 하늘과 푸른 바다, 흰색 계통의 건물들, 녹음으로 물든 수풀들…. 푸른색과 하얀색 그리고 녹색, 3가지 색깔이 산야를 온통 물들이며 빚어내는 아름다움은 표현을 초월한다. 인간 세상의 영원한 주제인 사랑이 있고 산야의 기가 막힌 아름다움이 있는 곳이 바로 녹회두다.

아롱만은 해남성 산야시에서 동남쪽으로 약 28㎞ 떨어진 거리에 위치한다. 해남도에서 가장 남단에 반월형의 모양을 하고 있는 해변이다. 중국에서도 가장 아름다운 곳으로 평가되는 아롱만은 청산을 배경으로 망망대해가 앞으로 펼쳐져 있다. 더불어 백색의 부드러운 모래가 깔려 있는 천혜의 해수욕장이기도 하다.

처음 접하게 되는 아롱만이 보여 주는 풍광에 나도 모르게 감탄사가 튀어나온다. 총면적 18.6㎞에 백사장이 7㎞로 길게 이어져 있다. 산호충의 뼈와 조개껍질이 풍화되어 만들어진 백사장은 그 부드러운 감촉이 상상을 초월할 정도다. 하얀 빛깔로 깔려있는 백사장은 규모뿐 아니라 부드럽기로도 세계적으로 소문나 있다고 한다.

오염물 하나 없을 듯 보이는 쪽빛 바다 위는 패러글라이딩, 스쿠버다이빙, 스노클링 등의 레저 스포츠를 즐기는 이들의 놀이터다. 잠수함을 타고 해저를 들여다보면 진귀한 물고기들과 산호초의 아름다움도 경험할 수 있다고 한다. 조금이라도 더 젊었으면 하는 생각이 지금처럼 강하게 나를 자극한 적이 없었다. 다만 젊음들이 즐기는 모양을 보며 함께 즐거워할 따름이다.

강한 태양빛을 받아 실루엣 지는 아롱만이 푸름을 발산하는 바다 색깔과 아름다운 조화를 만들어내고 있다. 해변 백사장에는 국적을 불문하는 젊음들이 수영복 차림으로 건강하고 늘씬한 몸매를 뽐내고 있다. 유럽계인 듯한 젊고 예쁜 비키니 아가씨가 내게 다가와 남자 친구와의 기념사진을 찍어 달라 요구한다. 언감생심이다. 젊고 아름다운 청춘의 좋은 추억을 담아주려 심혈을 기울이게 된다. 아롱만이 내게 가져다 준 즐겁고 특이한 경험이다. 비키니 차림으로 일광욕을 즐기는 늘씬한 아가씨들, 제트스키가 수면 위를 질주하는 속도감, 가족 단위로 따사로운 햇살을 즐기는 사람들…. 모두가 행복에 겨워하는 평화로운 모습들이다.

연평균기온 25.5℃, 해수연평균온도 22~25.1℃, 평균일조 2,600시간인 아롱만은 사시사철 해수욕이 가능한 곳이다. 한겨울로 치닫는 1월, 영하

30℃를 오르내리는 동북삼성이 있는 반면, 영상 25.5℃를 유지하는 아룽만이 있다. 극단의 기온이 같은 날 같은 시간에 존재하는 광활한 중국 대륙이다. 푸른 하늘과 쪽빛 바다, 산호초와 조개껍질이 세월의 풍화를 겪으며 만들어낸 백사장이 있는 곳, 그곳이 바로 아룽만이다. 이러한 천혜의 조건 아래서 쪽빛 수면을 세차게 가르는 제트스키가 너무나 낭만적이다.

천애해각은 해남성 산야시에서 서쪽으로 약 23㎞ 떨어진 거리에 위치한 해변이다. 산야를 들르는 중국인들이면 어김없이 발길을 멈추는 곳이다. 중국 돈 2위안짜리 화폐에서 볼 수 있는 천애해각은 그들의 마음속에 낭만으로 자리하고 있다고 한다. 생각보다 비싸다 여겨지는 입장료를 지불하고 공원을 들어서면 좌우로 늘어선 야자수들이 반겨준다. 짧은 야자수 길을 지나면 바로 보이는 바다가 바로 천애해각이다. 아룽만의 기막힌 아름다움을 눈에 담은 후 방문한 터라 조금은 실망스럽다. 푸른 바다와 망망한 수평선 그리고 바닷가의 중간중간에 솟아 있는 암초들만이 눈에 들어올 뿐이다.

현대를 살아가는 우리들에게는 아름다운 관광지로 낭만을 선사하고 있지만, 봉건시대 권력자들이 미운 신하들을 골탕 먹이기 좋은 그야말로 하늘 끝 땅 끝이다. 야자수, 손바닥만 한 백사장, 암초와 넓게 펼쳐진 바다의 막막함이 권력에서 밀려난 이들의 가슴을 후벼 팠을 법하다. 천애해각은 북송 때의 시인이자 관료였던 소동파가 유배되어 더욱 유명해진 곳이다. 권력의 중심 그리고 화제의 중심에 있었던 그가 모든 것을 빼앗기고 권력의 핵심에서 밀려나 이곳에 도착했을 때의 심정을 짐작할 수 있을 듯하다. 지금 우리가 얘기하는 낭만이라는 감상은 아마 사치였을 것이다.

문명의 이기로 하루면 찾아올 수 있는 지금의 거리와 기껏해야 말이라는 수단을 이용할 수밖에 없었던 당시의 거리는 물리적인 비교가 불가능하다. 하늘을 나는 새도 반년의 시간을 들여야 찾을 수 있다는 곳이 천애해각이었으니까…. 가슴 속에 가득한 울분, 하고 싶은 포부를 펼치지 못하는 안타까움 그리고 아무도 찾지 않는 외로움으로 무척 힘들었을 것이다. '오죽하면 그에게서 천애해각이라는 표현이 나왔을까?' 봉건시대 죄인으로 낙인찍힌 이들에게 행해진 형벌이 적지 않았지만, 절대 권력자의 총애를 받던 이들에게는 유배가 가장 큰 형벌이 아니었나 싶다.

해남과 산야를 방문한 중국인들이 '아름다운 산야, 낭만적인 천애(美麗三亞, 浪漫天涯)'라 극찬하는 천애해각은 그 옛날 소동파를 비롯한 유배자들에게는 낭만천애가 아닌 고독천애가 아니었을까 짐작해 본다.

리펄스베이는 홍콩 도심에서 가장 가까운 해수욕장이다. 완만하게 이어지는 해안에 깔려 있는 백사장이 많은 관광객들의 발길을 유혹하는 곳이다. 특히 여름철이면 수많은 인파들로 백사장이 가득할 정도로 인기가 있다고 한다. 아름답고 부드러운 백사장을 유지하기 위해 매년 정부에서 주기적으로 모래를 보충한다고 하니 알 만하다.

바다를 바라보는 산 위에는 고층의 아파트와 빌딩들이 공간이 있는 곳이면 비집고 들어서 있는 것이 눈길을 끈다. 사람은 많고 땅은 좁은 홍콩의 현실을 대변하고 있는 듯하다. 해변에 조성된 아파트는 가격이 엄청나게 비싸다고 하는데 부자가 많은 홍콩의 발전상을 건물들을 통해 알게 되어 홍미롭다.

철지난 해변에는 비키니 차림의 여성과 반라의 나이 지긋한 노인 몇몇이 일광욕을 즐기고 있다. 푸른 바다 위로는 크고 작은 섬들이 마치 산처럼 바다의 중간을 둘러싸고 있어 끝없이 펼쳐지는 해남의 바다들과는 또 다른 묘미를 보여 주고 있다. 작열하는 태양이 푸른 바다의 수면으로 강하게 내려 비추이며 하얀 색깔의 포말을 그려내는 듯한 환상에 빠진다.

산인지 아파트 숲인지 헷갈릴 정도로 빽빽하게 들어선 건물들이 리펄스베이의 아름다움을 반감시키는 듯하지만 좁은 땅 홍콩의 어쩔 수 없는 선택이라 여긴다. 그 빽빽한 건물들의 사이를 비집고 새로운 아파트 건설작업이 한창 진행 중인 것을 보니 어느 시점이 되면 리펄스베이 주변이 온통 건물 숲으로 덮일 것 같은 엉뚱한 생각이 들어 속으로 웃음 짓는다. 여유로이 해변을 거니는 관광객들의 모습은 평화로움이다.

북해공원은 북경시 서성구에 있는 중국에 현존하는 가장 오래된 그리고 보존이 완벽한 황실 원림의 하나다. 요나라 때 조성되기 시작해 금, 원, 명, 청나라를 거치며 확장이 이루어진 원림은 부지중에서 북해가 차지하는 공간이 약 50%에 이른다. 천년에 가까운 역사를 지닌 공원은 690,000㎡의 방대한 부지 위에 경화도, 동안, 북안풍경구로 전개되어 있다. 신해혁명 후인 1925년 공원화하여 공개된 이후로 대중들의 사랑을 한 몸에 받는 매력이 있는 곳이다.

가을이 깊어가는 10월 북해공원은 사람들로 가득 채워져 있다. 곳곳에서 소수민족의 전통 춤을 즐기는 사람들의 흥겨움 속에 삶의 활기가 진하게 전해진다. 워낙 넓은 공간이라 부지런을 떨 수밖에 없다. 공원의 남쪽에 위치한 인공섬 경화도는 금나라 때 만들어진 것이라고 한다. 멀리서도 보이는 경화도 정상에 있는 순백의 백탑에 이끌려 발길을 옮기게 된다. 39.5m 높이의 라마식 불탑으로 북해공원의 상징이다. 만주족 청나라 황실의 배려로 만들어진 것으로 그 웅장한 모습이 볼만하다. 정상에서는 아름답게 펼쳐진 북해공원의 전경이 한눈에 들어와 즐겁다. 호수 위를 교차하며 지나는 유람선들이 가을의 정취를 더하고 있다. 멀리로는 고궁을 한눈에 내려다 볼 수 있는 경산공원의 만춘정이 눈에 들어와 반갑다.

왕희지를 포함한 당대(當代)의 석각 495점이 전시되어 있다는 열고루는 보수 중으로 공개가 되지 않아 아쉽지만 어쩔 수 없다. 궁중요리 전문식당으로 황제의 식사인 만한전석을 맛볼 수 있는 방선반장은 점심시간을 앞두고 손님맞이 준비에 분주하다. 방선반장의 바깥에 조성된 휴게장소 역시 휴식을 취하는 많은 사람들로 차 있다. 어디를 가나 사람들로 넘쳐난다.

북해공원에 있는 구룡벽 역시 볼만하다. 북경 자금성, 산서성 대동의 구룡벽과 더불어 3대 구룡벽에 속하는 것으로 5m에 달하는 규모를 자랑하고 있다. 대원종지보전의 본전은 훼손되고 구룡벽만 남은 것인데 9마리의 용이 마치 살아 있는 듯한 생동감을 보여 주고 있다. 북해공원은 북경시민들이 선호하는 공원으로 멀지 않은 곳에서 자연이 주는 아름다움을 만끽할 수 있어 좋은 곳이다.

원명원은 북경시 해정구에 위치하고 있다. 황실 원림의 화려함과 열강들에 의한 야만적인 방화에 의해 전소되는 아픔이 공존하는 극단적인 역사의 질곡을 안고 있다. 해서 후세를 살아가는 우리들에게 생각할 거리를 제공해 주는 의미 있는 명소다.

명나라 때 지어진 정원을 1709년 강희제가 그의 뒤를 이어 옹정제가 되는 넷 째 아들 윤진에게 하사하며 원명원이라는 이름을 지어 주었다고 한다. '원은 군자의 영혼을, 명은 용인의 지혜'를 의미하는 것으로 강희제가 자손들에게 남기는 치국의 기본이 담겨 있다. 군주에게 있어 사람을 쓰는 지혜가 고금을 통틀어 변하지 않는 사실인 듯하다. 옹정제 즉위 후 조금씩 확대되어 오던 것이 건륭제 때인 1770년 원명원, 만춘원, 장춘원 3원의 기본 골격을 갖추게 되었다고 기록되어 있다.

황제들에 의해 150여 년간 경영된 원명원은 건축면적이 160,000㎡에 달했다고 한다. 원림 예술을 포함한 중국 각 지역에 있는 아름다움이 모두 구현되었다고 하니 아름다움의 정도를 능히 가늠할 수 있다. 뿐만 아니라 황가박물관으로 희귀한 서적, 진귀한 글자와 그림, 각종 보석 등의 귀중품들이 소장된 인류문화의 보고가 원명원이었다고 한다.

그러나 1856년 청나라 정부가 태평천국운동을 진압하느라 바쁜 틈을 이용해 러시아와 미국의 지지를 등에 업은 영불연합군이 2차 아편전쟁을 일으키게 되고 원명원은 인류 역사상 앞으로는 반복되지 않아야 할 재난을 겪게 된다. 중화역사상 전무후무한 재난이자 인류역사상 야만적인 행위로 평가받아야 할 만행이기도 하다. 수많은 귀중품들이 영불 10,000여 명의 군인들에 의해 약탈된 것은 물론이고 150여 년의 문화적 자산인 원명원이 전소되고 만다. 너무나 가슴 아픈 역사의 기록이 아닐 수 없다.

1860년 10월 5일 북경으로 들어온 연합군은 수일간의 유물 약탈 후 영국수상의 승인 하에 액이금(額爾金)이라는 이가 원명원의 소각 명령을 하달한다. 이후 10월 7일부터 9일까지 3일 낮과 밤을 밝힌 방화로 원명원은 한 줌의 재로 변한다. 이것도 부족해 40여 년이 지난 1900년 8국 연합국은 제 2차 약탈을 자행하게 되고 원명원은 철저하게 폐허가 되고 만다. 역사의식과 문화의식이 없었던 열강들이 저지른 부끄러운 역사의 흔적인 셈이다.

가을이 깊어가는 오후 시간의 원명원에는 적지 않은 관광객들이 오가고 있다. 개중에는 노란색 머리카락의 이방인들도 적지 않게 눈에 들어온다. 자신들의 선조가 저질렀던 만행의 현장을 보는 그들의 심사가 어떨지 궁금해진다. 이런저런 생각으로 안타까워하며 폐허가 된 원명원을 걷다 보니 가을 낙엽이 쌓여 있는 호수가 눈에 들어온다. 방치된 느낌을 주는 호수 위에는 무성한 갈대가 바람에 흔들리고 있다.

한편으로는 국화축제가 열리고 있는 곳에 온갖 색깔의 국화들이 아름다움을 뽐내고 있어 눈길을 사로잡는다. 흰색, 노란색, 빨간색, 자주색 등 국화의 종류가 이렇듯 많다는 사실은 이전에 알지 못해 신기할 따름이다. 아름다운 국화의 향연을 즐기는 아이들의 천진한 눈망울이 정겹다.

건륭제가 조성했다는 서양루유지는 당시에는 아름다웠던 원림구역으로 지금은 폐허로 남아 있다. 바로크 양식의 대수법, 관수법 등 건축양식의 건축 재료들이 산산이 쪼개어져 널부러져 있다. 황제들이 후궁들과 사랑놀이를 했다는 미궁의 미로를 지그재그로 걷는 사람들의 재미있어하는 모습이 흥미롭다.

주위로 들어서 있는 능수버들의 늘어진 가지 사이로 보이는 호수 위에는 무성한 갈대들이 덮고 있다. 건너편에 둘러싼 나무들 뒤로 떨어지는 석양이 원명원의 아픈 기억을 말없이 알려 주는 듯하다.

150년의 영화가 3일 사이에 사라지는 역사적인 비극이 있는 원명원은 당시 만행을 저질렀던 열강들이나 속수무책으로 만행을 당해야만 했던 중국 역시 영원히 잊지 말아야 할 비극이다. 폐허가 되어버린 원명원은 반면교사로 삼아야 할 역사적 교훈인 셈이다.

대명호는 산동성 제남시의 한복판에 있는 천연호수다. 도심에 인공호수가 아닌 대규모의 천연호수가 들어서 있는 것은 72개의 샘이 도처에 분포한 샘의 도시인 제남시가 만들어낸 조화다. 호수의 원천은 진주천, 탁영천, 왕부지제천이라 기록되어 있다.

제남 3대 명승의 하나라는 대명호는 겨울로 접어드는 12월의 초 찬바람이 유난히 세차게 부는 날 찾게 되었다. 공원길 곳곳에 떨어져 바람에 구르는 철지난 낙엽들이 스산한 초겨울 분위기를 연출하고 있다. 앙상한 가지를 늘어뜨린 수양버들 역시 바람에 사정없이 흔들리며 쓸쓸함을 더해 준다. 제남의 하늘을 가득 채운 찌푸린 날씨로 호수 건너편에 즐비하게 서 있는 고층 건물들의 형체를 제대로 분간하기 어려울 정도다. 마치 안개 속을 걷는 듯한 기분이라 마음이 답답해지는 느낌이다.

호수가 공원 전체 면적의 53%를 차지하는 대명호는 사실 볼 것이 적지 않은 도심 호수공원이다. 3개의 누각, 4개의 사원, 6개의 섬, 7개의 다리, 10개의 정자 등 인문경관들이 호수의 곳곳에 분포해 있어 현지 시민들에게 나름대로의 많은 볼거리를 제공하고 있다. 그중에서도 북극묘라 불리는 북극각은 북방신기진무대제와 그 부모를 공양하고 있다. 원나라 때 지어진 것으로 제남시에서는 가장 큰 도교 도관이라고 기록되어 있다. 도교 신자인 경우에는 예배도 드리고 공원의 아름다움도 즐길 수 있는 공간인 셈이다. 6개의 섬 중에서도 두보가 당대의 명필 이옹을 만났다는 역하정은 호숫가에서 바라보는 것으로 만족한다.

수양버들이 초록으로 물드는 봄이나 주위의 꽃들이 아름다운 색들로 단풍드는 가을이면 낭만적이겠다 여겨진다. 게다가 푸른 하늘 아래의 호수를 유람선을 타고 즐긴다면 금상첨화다. 사시사철 다양한 변화를 보여주며 휴식공간을 제공하는 천연호수를 가까이에서 즐길 수 있는 제남 시민들이 부러울 따름이다.

남호공원은 길림성 장춘시 중심에 위치한 공원이다. 영화의 도시 장춘에 있는 장영세기성을 찾다가 우연히 발견한 너무나 아름다운 공원이다. 도심의 한복판에 푸른 숲과 푸른 호수 그리고 연꽃으로 뒤덮인 거대한 공원이 있음에 얼마나 감사한지 모른다.

1935년 만들어진 것으로 황룡공원으로 불리다가 해방 이후 남호공원으로 개명하였다고 한다. 2,380,000㎡의 거대한 부지의 공원 안에는 약 40%인 960,000㎡가 수면으로 채워져 있다. 식물경관 중심의 자연생태공원인 공원에는 식수의 품종이 127 종으로 143만 주의 나무가 심어져 있다고 기록되어 있다. 말하자면 무성한 숲으로 덮여 있는 공원이 공업도시 장춘의 시민들에게 신선한 공기를 무상으로 공급하고 있는 셈이다. 거기에다 센스 있는 조경은 덤으로 즐길 수 있는 시각적인 아름다움이다. 공원을 거닐다 보면 숲속의 벤치에 앉아 이웃들과 담소를 나누는 나이 지긋한 시민들이 여기저기에서 눈에 들어온다. 그 모습들이 그리 평화로워 보일 수가 없다.

특히 하화지는 중국 어느 곳에서도 보기 힘든 장관을 연출하고 있다. 사방으로는 녹음으로 덮인 키가 큰 나무들, 중간에는 바람에 잔물결을 일으키는 호수, 호수를 가득 채운 잎이 넓은 연꽃 군집, 연꽃이 피워낸 붉은 꽃망울, 호수 위를 떠다니는 배와 배 위의 행복해 하는 가족들, 멀리로 아득하게 눈에 들어오는 장춘시의 고층 빌딩들…. 이 모든 것들이 이루어내는 조화가 상상을 초월하는 아름다움이다. 바라만 보아도 눈이 정화되고 마음이 편안해진다. 하화지 반대편으로는 장춘시를 덮고 있는 고층빌딩들 앞으로 또 다른 호수가 들어서 있다. 그 넓은 호수 위를 수많은 배들이 평화로이 오가고 있다. 떠 있는 배들 수만큼의 행복들이 남호공원의 호수 위에 떠 있는 셈이다.

봄이 되면 빙설이 녹아 호수의 물이 가득 차고 수목들이 피어나기 시작한다. 한겨울 추위에 움츠렸던 생명들이 다시 태어나는 것이다. 여름이면 형형색색으로 만발하는 꽃들의 화려한 향연과 날아드는 새들의 요람으로 변화한다. 가을이 되면 황색, 녹색, 홍색, 자주색 등 오만가지 색깔로 물들여진 단풍들로 채색의 세계가 펼쳐진다. 겨울이면 백설이 공원을 뒤덮어 백색의 나라를 만들어 내고 얼음이 언 호수면 위로 스케이트를 즐기는 아이들의 유쾌함이 넘친다.

남호공원이 발산하는 매력은 항주의 서호나 북경의 이화원에 비견되는 아름다움과 낭만이 있다. 사시사철 변화하는 아름다움을 즐길 수 있는 장춘 시민들은 복이 많은 셈이다. 넓은 공원을 거닐다 보면 수많은 숲들이 뿜어내는 신선한 기운에 마치 삼림욕을 하는 기분이다. 우연치 않은 발견, 도심 속 별천지가 바로 남호공원이다.

흑룡담공원은 운남성 리장고성에서 약 7㎞ 떨어진 곳에 위치하고 있다. 고성을 들른 중국인 관광객들이 반드시 방문하는 명소로 알려져 있다. 그 이유는 옥룡설산의 위용이 흑룡담공원의 호수 수면 아래로 비추이는 경관을 보기 위해서라고 한다.

흑룡담은 청나라 건륭제 때인 1737년에 지어진 것으로 건륭제가 친히 옥천용신이라는 이름을 지어준 곳이라 기록되어 있다. 리장고성 수계의 발원지로 맑은 물이 솟아 나오고, 그 물이 옥과 같이 맑고 청정하다고 한다. 옥룡설산의 13봉이 옥과 같은 투명한 수면 아래로 투영되는 장면이 중국인들에게는 이상적인 명소로 각인되어 있는 셈이다.

끊임없이 밀려드는 대형 관광버스에서 뱉어지는 수십 명의 관광객들이 그러한 사실을 대변해 주는 듯하다. 순식간에 불어나는 사람들의 틈에 끼어 공원을 들어서면 멀리에서 위용을 뽐내고 있는 옥룡설산을 배경으로 아름다운 경관들이 줄지어 이어진다. 공원이 제공하는 아름다움들을 여유롭게 즐기다 보면 명나라 만력제 때 지어졌다는 오봉루가 모습을 드러낸다. 날렵하게 하늘로 치솟은 오봉루의 매력은 보수 중인 칸막이로 덮여 있어 확인할 수 없어 아쉽지만 어쩔 수 없다.

한참을 걷다 보면 사람들로 붐비는 장소가 눈에 들어온다. 여기저기서 기념사진을 남기는 이들을 보니 아마도 옥룡설산이 수면 아래로 비추이는 것을 볼 수 있는 장소인 듯하다. 다가가 보니 과연 멀리로 보이는 옥룡설산의 봉우리가 수면 아래에서 모습을 드러낸다. 잔뜩 흐린 날씨라 설산 위로 덮인 회색 구름과 함께 수면 아래로 비추이는 것이 어떤 조화인지 궁금할 따름이다. 거리적으로 볼 때 상당히 떨어져 있는 옥룡설산이기에….

수면 아래의 옥룡설산을 감상한 후 걸어 나오다 보면 나시동파박물관이라는 곳이 눈에 들어온다. 소수민족 나시족의 문화, 종교, 언어 등에 대한 전반적인 자료가 전시되어 있는데, 그들의 생활풍습을 이해할 수 있어 유익하다.

태양도는 흑룡강성 하얼빈시에 위치한 작은 섬이다. 앞에서 소개한 바 있는 하얼빈시의 랜드마크인 근대건축의 보고 중앙대가를 지나면 많은 인파들이 송화강을 앞에 두고 몰려 있다. 스탈린공원이다. 이국적인 거리의 풍경을 충분히 만끽한 관광객들이 태양도로 넘어갈 준비를 하며 잠시 휴식을 취하는 곳이다. 스탈린공원 맞은편에 있는 작은 섬이 태양도다.

청나라 때 수군기지이던 것이 제정 러시아 때 고급 휴양지로 변모한 사연이 있는 곳이다. 섬 안에 러시아예술전람관, 러시아황가금색극원, 러시아풍작은마을 등이 자리하고 있는 것을 보면 당시의 상황을 알 수 있다.

태양도로 넘어가는 방법은 두 가지가 있다. 하나는 유람선을 타고 강을 가로지르는 것이고 다른 하나는 케이블카를 타고 하늘 위로 넘어가는 것이다. 강 사이를 케이블카로 연결한 것은 본 적이 없어 신기하게 바라다본다. 두 가지 방법 중 유람선을 타는 선택을 한다. 200여 명이 탑승할 수 있는 유람선은 빈자리 하나 없이 금새 채워진다. 다음 순서를 기다리는 수많은 사람들을 뒤로하고 유람선은 태양도로 향한다. 속도감을 느끼며 송화강의 정취를 즐기는 재미가 쏠쏠하다.

태양도는 총 면적 38만㎢로 그다지 큰 섬은 아니다. 앞으로는 넓게 펼쳐진 송화강이 도도하게 흐르고, 그 뒤로는 유럽 양식의 건물들로 가득 채워진 하얼빈시의 이국적인 모습이 한눈에 들어온다. 스탈린공원과 태양도를 오가는 케이블카는 하늘 위에서, 유람선은 강 위에서 쉴 새 없이 관광객들을 실어 나르고 있다.

작은 섬의 작은 백사장은 여름으로 접어든 7월의 무더위를 식히려는 수영객들로 발 디딜 틈이 없을 정도로 꽉 들어차 있다. 바다가 아닌 강에서 수영에 여념이 없는 이들의 모습을 하염없이 바라다본다. 너무나 즐거워하는 모습에서 행복을 보게 된다.

지금과 같은 여름철은 수영과 뱃놀이로 붐비는 태양도는 겨울이 되면 빙설제가 성황을 누린다고 한다. 송화강의 얼음조각 축제인 빙등제와는 달리 하얼빈시의 눈으로 조각해 차별화시킨 것이다. 기온이 -30℃를 내려가는 강추위에는 대기 속의 수증기가 얼어붙는 다이아몬드 더스트(Diamond Dust) 현상이 일어나는데, 이때가 가장 아름답다고 한다. 여름과 겨울, 기온이 극단적으로 바뀌며 이루어지는 태양도의 변신은 하얼빈을 찾는 사람들에게 잊지 못할 추억을 주는 특별함이 있는 명소라 하겠다.

현무호공원은 강소성 남경성 안에 있는 강남 최대의 도심공원이다. 남북조시대인 4세기경에 조성된 것이라고 하니 1,700년 가까운 역사를 지니고 있는 셈이다. 황제들의 개인 정원을 조성하기 위해 하천을 막아 거대한 인공호수를 만들어낸 것이다. 그 오랜 세월 전에 구상을 하고 그 구상을 현실로 만들어낸 선조들의 기술력에 감탄하지 않을 수 없다. 무모해 보이는 발상을 실현해 내고야 마는 고대인들의 집념이 무서울 뿐이다.

오늘날의 공원은 5개의 섬에 볼거리들이 산재해 있고 그 섬들을 다리로 연결하고 있다. 쾌속선, 호화유람선, 일반유람선 등으로 호수 위를 누비며 공원이 주는 아름다움을 감상할 수 있는 종합오락휴양공원인 셈이다. 오후 5시가 넘은 시간에 도착한 공원은 저녁 시간의 여유를 즐기는 지역민들과 타지에서 단체관광을 온 듯한 무리들로 생동감이 넘친다. 바다 같은 호수 위에서는 아이들을 동반한 부모 그리고 연인들과 함께하는 유람선들이 유유하게 떠다니고 있다. 호수를 둘러싼 남경시의 고층 건물들이 태양에 비추이며 만들어내는 실루엣이 그럴 듯하다. 구름 속에 가려진 태양이 성난 듯 구름 사이를 비집고 나와 강한 햇살을 수십 갈래로 내리꽂고 있다. 높게 솟은 건물들 위로, 호수면 위로 그리고 나의 마음으로….

석양이 수면으로 서서히 접근하며 붉은색 노을이 수면으로 떨어지는 아름다운 장면을 연출하고 있어 눈이 즐겁다. 한편으로는 석양이 구름에 가려져 만들어낸 황금색 노을이 횡으로 길게 이어지며 고층으로 높게 솟은 건물 뒤로 걸린 모습이 환상적이다. 호수의 한쪽으로는 수면 위를 가득 채운 연꽃들의 커다란 잎들이 바람에 흔들리며 저물어가는 하루의 정취를 더해 주고 있다. 그 사이를 혹은 유유히 혹은 속도감 있게 달리는 배들의 몸동작은 도심공원이 발산하는 평화스런 모습이다. 해질녘 현무호 위에 떠 있는 하늘과 석양 그리고 구름이 만들어내는 환상적인 조화를 볼 수 있어 행운이라 여긴다.

호수의 수면을 빠른 속도로 가르는 쾌속선의 질주. 바쁠 것 없이 움직이는 연인들의 사랑이 움트는 유람선. 이 모든 것들이 평화의 시대이기에 남경의 시민들 그리고 지금의 내가 누릴 수 있는 즐거움이 아닌가 싶다. 명나라 때 왜구의 침입에 대비하기 위한 해군의 훈련장으로 사용되었다는 현무호공원에서 일상의 행복을 느낀다. 평화의 시대를 살아가고 있음에 감사해하며….

대관루는 운남성 쿤밍시에 위치한 시민들이 가장 아끼고 사랑하는 호수공원이다. 쿤밍의 고원명주라 불리는 전지(滇池) 북쪽에 접해 있다. 정면으로는 태화산을 마주보고 있어 근화포라 불리기도 한다. 명나라 초 목영이란 이에 의해 서원으로 지어진 것을 청나라 강희제 29년(1690년)에 대관루로 새로이 단장되었다고 기록되어 있다.

대관루는 여름철의 연꽃과 겨울철의 철새로 널리 알려진 명소다. 마침 방문한 시기가 초여름인 7월 초라 연꽃이 부리는 마술을 마음껏 즐길 수 있어 만족스럽다. 밀려드는 인파를 비집고 입구를 들어서면 초입부터 연꽃의 향연이 펼쳐진다. 활짝 핀 녹색의 연잎이 지천으로 전개되는 것이 참으로 볼만하다. 주위를 둘러싸고 있는 푸른 빛깔의 나무들, 아름드리 생생하고 윤기 있는 모습을 보여 주는 녹색의 연꽃들, 연꽃의 중간중간에 화려하게 핀 연분홍 빛깔의 꽃망울들….

눈이 온통 녹색으로 물들 것 같은 환상에 빠지게 된다. 녹색의 세계다. 녹색은 마음을 치유하는 색깔이다. 하염없이 바라보다 보면 어느 순간 마음이 정화되는 느낌에 한없이 상쾌해진다. 연꽃들이 바람에 살랑이며 몸을 흔드는 것을 바라보며 마음이 편안해지는 것이 어떤 조화인지 모를 일이다. 연꽃의 넓은 잎이 부처님의 자비심을 닮아서인지 알 수 없다.

공원의 뒤쪽에는 호수 위에 가족 단위로 즐기는 뱃놀이의 여유로움과 평화가 있다. 대관루의 누각에서 눈에 들어오는 공원의 전경은 아름다움과 낭만이다. 그 아름다움과 낭만 속에 수면을 가르는 뱃놀이는 평범한 시민들의 행복이다.

청나라 건륭 연간 포의시인 손염이 지었다는 180자 장련은 대관루를 대내외로 알리게 된 명문이라고 한다. 천하제일장련으로 평가받으며 후세에 회자될 정도의 명문이 나온 것을 보면 그의 마음을 마구 흔들어 놓은 대관루의 아름다운 경관을 짐작할 수 있을 듯하다.

만청공원은 운남성 시솽반나에서 가장 오래된 공원이다. 13세기 최고 통치자였던 태왕 소편령의 궁정화원으로 1,300여 년의 역사를 지닌 명소다. 각양각색의 과수가 곳곳에 심어져 있어 공원의 아름다움을 더해 주고 있다.

만청공원은 입구에서부터 중국 대륙의 공원들과는 많이 다른 모습을 보여 주어 신선하다. 동남아풍의 건물들이 좌우로 들어서 있고 남국의 정취를 느낄 수 있는 야자수를 비롯한 열대식물들이 이국적인 향기를 뿜어내고 있다. 중국보다는 동남아 국가들과 가까운 시솽반나의 지역적인 특색을 여실히 보여 주고 있다. 아름답게 조성된 호수 주위를 둘러싼 푸른 수풀과 중간중간에 붉은색 꽃망울을 피운 꽃들이 녹색 빛깔 호수와 어울려 강남의 원림 못지않은 눈요깃거리를 제공하고 있다.

만비용순탑과 종불사 그리고 경진팔각정 모형은 만청공원의 최대 볼거리다. 만청공원이 공원, 촌락, 불사 삼위일체의 공원이라 불리는 것도 이들 때문이다. 종불사는 전형적인 동남아풍의 사찰이다. 정교하고 아름다운 것이 눈길을 뺏길 수밖에 없다. 지붕을 쪼개어 9개를 올리고 그 지붕 위에 또 4층의 지붕이 있다. 크고 작은 지붕 위에는 뾰쪽한 탑 같은 조형물을 만들어 올려놓은 것이 섬세함과 입체감을 더하고 있다.

만비용순탑은 하얀 백탑이다. 원형의 기초 위에 8개의 집 모양으로 모서리를 채우고 그 위에 8개의 뾰쪽한 작은 기둥들을 올려놓았다. 8개 기둥의 중간에는 1개의 큰 기둥이 세워져 있는데, 기둥의 중간을 오려내어 아름다운 모습을 보여 준다. 8개의 집, 8개의 작은 기둥, 1개의 큰 기둥이 안으로 좁아들며 하나의 백탑을 만들어낸다. 순백으로 만들어진 탑의 오묘한 디자인이 기가 막힐 뿐이다. 마치 원형의 잘 꾸며진 작은 궁전을 보는 듯하다.

코끼리 공연은 우연찮게 보게 된다. 공연장을 가득 채운 관람객들의 열렬한 환호 속에 코끼리의 다양한 묘기가 벌어진다. 아이들의 탄성과 환호가 터지며 두 마리의 코끼리는 인기 상한가다. 즐겁게 관람하던 중 조련사의 손에 들린 날카로운 쇠꼬챙이가 끊임없이 코끼리의 엉덩이를 찌르는 것이 눈에 들어온다. 관람객들의 눈을 즐겁게 하기 위해 학대를 받아야 하는 코끼리의 처참한 신세가 안타까워 공연의 중간에 자리를 뜬다. 입장료에 비해 볼 것이 많고, 대륙의 공원들과는 전혀 다른 이국적인 정취를 느낄 수 있는 만청공원은 그래서 특별하다.

월수공원은 광동성 광주시에 있는 월수산으로도 불리는 종합문화공원이다. 860,000㎡ 규모의 공원에는 명대 고성벽, 진해루, 오양조상, 광주박물관 등 20여 개의 다양한 볼거리가 도처에 분포해 있다. 시간에 쫓기게 되는 외지 관광객들에게는 오양조상을 보는 것이 주된 목적이지만, 현지 시민들에게는 광주시의 역사를 이해할 수 있는 학습의 장이기도 하다.

토요일의 월수공원은 주말 휴식을 즐기는 광주 시민들과 관광객들이 범벅이 되어 활기찬 분위기를 연출하고 있다. 울창하게 덮여 있는 남쪽 지방의 숲들이 발산하는 기운을 온몸으로 느끼며 걷다 보면 광주박물관으로 사용되고 있는 진해루가 모습을 드러낸다. 광주시에서는 강남 3대 누각과 더불어 4대 명루로 부르고 있는데 그들의 생각일 뿐이다.

1380년 군사감시용으로 건설했다는 5층 28m의 진해루는 나름 특이한 모습을 보이고 있다. 기다란 직사각형의 붉은색 벽돌을 5층으로 쌓아올린 듯한 이미지의 누각에는 층마다 녹색의 지붕이 얹혀 있다. 광주시의 역사에 관심이 있는 이들에게 유익한 유물들이 전시되어 있다. 광주 시민들에게는 자신이 살고 있는 도시의 뿌리를 공부할 수 있어 소중하다. 시대별로 광주시 역사와 관련된 유물들이 체계적으로 정리되어 있어 중국의 고대사에서 특수한 위치에 있었던 광주의 역할을 이해할 수 있다.

1층에 조각되어 있는 오양조상과 고사를 그려낸 벽화는 오양이 광주시에서 차지하는 비중을 알려 준다. 이외에도 청대변자개화광종 등 다른 박물관에서 보기 힘든 유물들이 볼만하다. 해상도시의 특성을 반영한 듯한 8세기 중엽 소합이호라 불린 배의 모형과 도자기로 만든 배가 눈길을 끈다.

광주시의 상징물이라는 오양조상으로 향하는 길은 사람들의 행렬이 끊임없이 이어지고 있다. 오양조상은 다양한 모습을 취하고 있는 5마리의 양이 함께 어울려 웅장하고 짜임새 있는 조각예술품으로 승화된 모습으로 눈에 들어온다. 특히 중간의 벼이삭을 입에 물고 있는 대형의 양은 굶주림에 처해 있던 사람들의 고통을 해결해 주었다는 전설에 나오는 선녀의 화신으로 보인다.

사방을 돌아가며 조상을 감상하다 보면 조각의 섬세함과 높은 예술성에 감탄하게 된다. 온순함의 상징으로 알려진 양이 광주 시민들의 사랑을 온몸으로 받는 것은 그 오랜 세월 전 사람들의 배고픔을 달래 준 선녀들을 태우고 하늘나라에서 광주로 내려온 것이기 때문이라 여겨진다. 벼이삭을 나눠주고 농사를 가르친 선녀들의 힘을 빌려 배고픔을 해결했던 전설상의 광주는 오늘날 중국에서도 시민들의 생활수준이 가장 높은 곳으로 변모해 있다.

천불산은 산동성 제남시에 위치한 북방지역 종교의 성지로 과거에는 역산으로 불렸다고 한다. 태산산맥의 줄기로 해발 285m인 천불산은 제남 시민들이 일상적으로 이용하는 등산로이기도 하다. 입구에 세워진 석방 사이로 정상이 보일 정도로 낮은 산이다. 순이 산 아래에서 황무지를 개간하여 밭을 일구었다 해서 순경산으로도 불린다. 수나라 개황 연간 산세에 따라 많은 불상을 조각하고 절을 지어 천불사라 부르다가 당나라 정관 연간에 확장 후 흥국선사로 개칭했다고 기록되어 있다. 1,518,000㎡의 공간 안에 흥국선사, 만불동, 관음원, 와불, 십팔나한 등이 골고루 분포되어 있다.

평일 오전 시간임에도 많은 이들의 발길이 이어지는 것을 보니 제남의 3대 명승이란 것이 허명이 아니다. 입구를 들어서면 노란 가사를 걸친 나한이 길 좌우로 도열해 조각되어 있다. 실물 크기의 십팔나한이 각각 특이한 자세와 표정을 하고 있는 것이 재미있다. 사슴 조각상과 함께 앉아 있는 나한, 피곤한 듯 기지개를 펴고 있는 나한 등….

산을 오르는 길 입구에는 누워 있는 부처상이 모습을 드러낸다. 오른쪽 손바닥으로 머리를 괴고 비스듬히 누워있다. 아침 햇살을 받으며 마치 아침잠에 빠진 듯한 착각이 들 정도로 자연스럽다. 와불 앞에서는 소원을 비는 사람들의 발길이 이어진다. 관음원을 들어서면 대형의 선(禪) 자가 새겨진 벽 뒤로 노란 가사를 걸친 관음이 천불산을 배경으로 우뚝 서 있는 것이 영험해 보인다.

대학생인 듯한 일군의 젊은 남녀가 유쾌한 담소를 나누며 정상을 향해 만들어진 가파른 길을 부지런히 오르고 있다. 정상에 있는 정자를 오르는 계단 받침대와 정자 기둥에는 소원을 비는 붉은색의 리본과 사랑을 약속하는 자물쇠들이 빽빽하게 걸려 있다. 정상에서는 정돈된 모습의 제남시가 한눈에 들어와 반갑다.

역사, 문화, 풍경, 종교 일체인 천불산은 관광지가 많지 않은 제남에서 소중한 존재다. 시민들의 건강을 담보할 뿐 아니라 천년을 뛰어넘는 역사를 지닌 사찰을 통해 마음의 평안을 얻을 수 있기 때문이다. 마음만 먹으면 언제나 발길이 닿는 가까운 거리에서….

오천산공원은 한 무제의 흉노족 정벌에 혁혁한 공을 세운 20대 초반 표기장군 곽거병의 고사가 깃든 곳이다. 흉노족과 전투를 치르던 곽거병 부대는 식수문제로 골머리를 앓게 된다. 난제를 해결하기 위해 수원을 찾아 나선 그의 말이 지금의 오천산에 갑자기 멈추고 땅을 마구 두드린다. 이상하게 여긴 그가 말이 두드리고 있는 지역을 칼로 땅을 파니 물이 솟아져 나왔다고 한다. 그의 흉노족 정벌에 대한 열망이 하늘을 감동시킨 듯하다. 미물인 말의 도움을 받아 병사들의 끼니를 해결할 수 있는 수원을 찾아내었으니…. 이런 고사를 안고 있어 오천산(五泉山)이라는 이름을 얻게 된 것이라고 한다.

오천산은 감숙성 란주시의 주요 관광지 중 하나로 1955년 공원으로 지정된 후 시민들의 휴식 공간 역할을 충실히 수행해 오고 있다. 일요일의 공원은 휴일을 즐기는 시민들로 가득 차 있다. 입구의 중심에는 곽거병의 고사를 알려주듯 늠름하게 말을 탄 그의 동상이 자리하고 있다. 감로천, 혜천, 국월천 등이 떨어져 자리하고 있는데 혜천은 한참 보수작업 중이다. 국월천은 직경이 1m 정도밖에 되지 않는 앙증맞은 모습을 보여 준다.

울창한 숲으로 덮여 있는 공원은 시민들에게 신선한 산소를 착실하게 공급하고 있다. 동물원과 놀이시설 등의 위락시설도 도처에 자리하고 있어 오락과 휴식을 동시에 즐길 수 있다. 일상에 지친 시민들이 주말을 이용해 휴식을 취하기에 부족함이 없을 듯하다. 뿐만 아니라 산비탈 곳곳에 마니사를 비롯해 여러 개의 사찰이 들어서 있어 삶의 고민을 부처님에게 상담할 수도 있다. 삼교동이란 곳에는 공자와 노자 그리고 석가모니가 함께 모셔져 있어 도교와 유교신자도 예외는 아니다.

1시간 30분여를 오르니 정상이 모습을 드러낸다. 산 정상을 따라 황금색 지붕으로 길게 연결된 정대누각을 통해 눈에 들어오는 란주시의 경관이 볼만하다. 어둠이 잦아드는 석양의 노을 아래 빽빽하게 들어선 건물들이 낭만적인 모습을 연출하고 있다. 멀리 이어지는 산 주위를 낮게 깔리며 횡으로 길게 이어진 구름들 사이로 번져가는 황금빛 노을 아래에 마치 성냥갑처럼 다닥다닥 붙어 있는 건물들이 이색적이다. 란주 시내를 관통하는 황하가 마치 실개천처럼 휘어지며 흐르는 모습이 정지된 화면처럼 눈에 들어온다.

공원의 입구에는 음식가게들이 즐비하게 들어서 있어 등산으로 배가 홀쭉해진 관광객들의 발길을 유혹하고 있다. 란주의 특산 음식인 우육면을 파는 식당들 중에 유난히 사람들로 붐비는 원조우육면이란 간판이 걸린 식당이 눈에 띈다. 손님이 많은 음식점이 맛있다는 속설을 믿고 들어가 자리를 잡고 우육면을 시킨다. 12위안 하는 우육면에 추가 수육 1위안, 오이무침 1위안…. 국물 한 방울 남기지 않을 정도로 맛이 기가 막히다. 14위안 우육면에 행복을 느끼는 순간이다. 행복이 멀리 있지 않다는 진리를 깨닫게 된다.

맛있는 란주 특산 음식 우육면을 맛볼 수 있어 좋은 곳, 표기장군 곽거병의 고사를 통해 역사를 돌이켜 볼 수 있는 곳, 언제나 발걸음을 멈추고 육체적 정신적 휴식을 얻을 수 있는 곳이 오천산공원이다.

용담산공원은 길림성 길림시 동쪽으로 약 5㎞ 떨어진 거리에 위치하고 있다. 길림시에 도착한 후 세차게 내리는 비로 방문이 힘들 것으로 예상했는데 운석박물관을 관람하고 나오니 화창하게 개어 있다. 짐작하기 어려운 날씨지만 얼마나 감사한지 모른다.

녹산으로 불렸던 해발 388.3m의 용담산은 동서로 폭이 1,410m, 남북으로 길이가 3,340m라고 기록되어 있다. 동남북 쪽으로 장백산 산맥이, 서쪽의 산 아래로는 송화강이 앞뒤로 전개되고 있는 중간에 자리하고 있다. 한편으로는 숱한 세월 동안 고구려, 발해, 요, 금나라 등의 흥망을 말없이 지켜본 도도한 역사의 현장이기도 하다.

울창한 숲으로 덮인 산은 지역주민들의 휴식공간이다. 주위의 숱한 시선에도 아랑곳하지 않고 경쾌한 음악에 맞춰 춤 연습의 삼매경에 빠진 젊고 날씬한 여인네, 웃통을 벗어 제치고 근육자랑을 하고 있는 근육남, 삼삼오오 산길을 걸으며 삼림욕을 즐기는 등산객 등….

남천문으로 향하는 등산로를 따라 오르다 보면 산길의 사이에 비석 하나가 덩그러니 놓여 있다. 다가가 확인해 보니 고성벽유지라 적혀 있다. 아마도 광개토대왕이 축성했던 용담산성터인 듯하다. 비석 주위의 산을 이어가며 성곽을 지었을 것으로 짐작해 볼 뿐이다. 유지를 벗어나 조금을 더 오르면 1754년 청나라 건륭제가 왕림해 친히 제사를 지냈다는 용담이 모습을 드러낸다. 수뢰(水牢)라고도 불리는데 하얀 벽돌로 둘러싸인 자그마한 저수지다. 연못의 수면 아래로 지상의 모든 것이 담겨 있는 것이 신비해 보이기는 하다. 용봉사는 청나라 때의 고건축으로 산의 한 모퉁이에 고색창연하게 들어앉아 있다.

산의 정상에 오르면 길림시의 전경이 사방으로 조망된다. 잔뜩 흐린 날씨라 멀리까지 보이지 않아 아쉽지만 나름대로의 운치는 없지 않다. 시가지에 빽빽하게 조성된 건물의 숲 사이를 뚫고 흐르는 송화강의 위용이 볼만하다. 멀리 하얼빈의 태양도에서 보았던 송화강을 여기에서 보게 되니 반가워 죽을 지경이다.

서산용문은 운남성 쿤밍시에 위치한 도교 석굴이다. 서산은 당나라 때 벽계산으로 불리다가 원나라 이후에는 태화산으로 바뀌었다. 현지인들이 태화산을 습관적으로 서산이라 칭하는 것은 쿤밍시의 서쪽에 자리하고 있기 때문이라고 한다.

고원명주라 불리는 전지(滇池)를 발 아래로 내려다볼 수 있어 아름다움이 배가되는 명소다. 전지 위를 횡단하는 케이블카에서 약 10분 간 전지가 펼쳐놓은 아름다움을 감상하다 보면 돌 절벽 위에 아찔하게 걸려 있는 용문석굴을 만날 수 있다. 산허리를 휘감으며 마치 용이 꿈틀거리며 승천하는 듯한 모양이라고들 하는데 자세히 바라보니 그런 것 같기도 하다.

70위안의 케이블카 요금이 과하다는 생각을 했는데 케이블카를 오르는 순간 그러한 느낌은 순식간에 사라진다. 케이블카 속에서 전지와 용문석굴의 아찔한 전경을 감상하는 것만 해도 그만한 가치가 있다고 여겨지기 때문이다. 케이블카 아래로 펼쳐진 전지는 고원명주라 불리는 것이 허언이 아님을 알게 된다. 전지의 빛깔과 하늘의 빛깔이 쌍둥이처럼 닮아 하늘이 전지인지 전지가 하늘인지 도무지 분별할 수가 없다. 온 세상을 전지의 물로 채운 듯한 착각에 빠진다. 망망대해처럼 보이는 전지의 수면 위로 외로이 흘러가는 배와 넓은 공간을 비상하고 있는 하얀 새의 날갯짓이 운치를 더하고 있다.

케이블카에서 내린 좁은 공간은 계속해서 이어지는 사람들로 금방 가득 찬다. 비좁은 공간에 서로가 서로의 어깨를 부딪치며 꼬불꼬불 낭떠러지 길을 오른다. 용문석굴은 보기 드문 도교 석굴이다. 청 건륭제 1781년에 지어진 것이라고 하니 그리 오래된 석굴은 아니다. 북쪽의 삼청각에서 남쪽의 달천각까지 꼬불꼬불 절벽 길을 이어놓고 동굴을 조성한 것이다. 운화동과 천운동 등의 동굴에 생동감 있고 화려한 조상들이 조각되어 있어 볼만하다.

달천각 입구의 석방에 새겨진 용문(龍門)이란 두 글자 앞에는 기념사진을 남기려는 사람들의 자리 경쟁이 치열하다. 아래로 펼쳐지는 아찔한 낭떠러지의 위험을 감수하는 사람들의 열정이 대단하다 싶을 정도다. 천운동 역시 수직으로 떨어지는 듯한 절벽에 아찔함을 느끼지만 눈앞으로 광활하게 펼쳐지는 전지의 아늑한 아름다움에 아찔함마저도 짜릿하게 여겨진다.

주위의 아름다움을 즐기다 보니 지긋이 나이 들어 보이는 십여 명은 넘을 듯한 남녀 일행이 눈에 들어온다. 아름다운 풍경에 탄성을 내지르고 있는 사람들과는 달리 너무나 조용해 신경이 쓰인다. 알고 보니 벙어리 관광객들이다. 중국에서는 처음 보는 장면이라 신기하다. 하기는 인구 비율로 따진다면 한국보다는 그 숫자가 더 많을 것 같기도 하다. 말로는 표현 못하는 그들의 눈 속에도 주위의 아찔한 아름다움이 그대로 들어가 있다. 그들이 말없이 나누는 대화 속에 사랑과 배려가 전해져와 마음이 따뜻해진다.

뒤로는 녹음으로 가득한 산이, 앞으로는 끝없이 펼쳐진 전지가 있는 서산용문은 도교의 깊은 철학을 깨치기 위한 최적의 수행 장소가 아닌가 싶다.

호구는 강소성 소주시 호구산에 위치하고 있다. 역사 깊은 소주성의 상징으로 오중제일명승(吳中第一名勝)이라는 미칭을 가지고 있기도 하다. 북송 때의 시인 소동파가 호구에 발걸음을 한 후 '소주에 들러 호구를 들르지 않는다면 후회할 것이다'라는 말을 남겼다고 한다. 이후에도 백거이, 소식 등 쟁쟁한 인물들이 호구를 찾았다고 기록되어 있다. 대형 관광버스에서 끊임없이 관광객들이 쏟아지는 것을 보니 오중제일명승이라는 미칭이 허언은 아닌 듯하다.

그들 속에 섞여 걷다 보면 사람들이 가장 많이 몰려 있는 곳이 눈에 들어온다. 바로 호구인 검지(劍池)다. 호구는 춘추시대 말 오나라 왕 합려의 무덤이 있는 곳이고, 더불어 보검을 사랑한 그가 무덤에 묻힌 뒤의 고사가 전해져 내려오는 명소다. 보검 마니아였던 그는 평생을 수집한 명검

3,000여 자루와 함께 묻혔다고 전해진다. 이러한 소문을 전해들은 진시황은 그의 무덤을 파헤쳤지만, 한 자루의 보검도 발견하지 못했다고 한다. 그렇게 파헤쳐진 무덤이 구덩이가 되어 남겨진 것이 지금 보고 있는 호구 검지인 것이다.

뾰쪽한 바위가 불규칙하게 솟아 있는 공간에 물이 고여 있는 연못이다. 바위 사이사이로 낀 푸른색의 수풀과 이끼가 연못 속의 수면 아래로 비추이는 것이 운치를 더해 줄 뿐이다. 연못 아래에서 천진하게 노니는 물고기들은 명검 3,000여 자루의 행방을 알고 있을지 궁금해진다. 벽에 적혀 있는 '호구 검지(虎丘 劍池)'라는 해서는 당나라 때 해서명가였던 안진경의 글씨라고 한다.

또 하나의 볼거리인 호구탑은 원래 운암사탑으로 오대 주나라 현덕 6년인 959년에서 송나라 건륭 2년인 961년에 걸쳐 지어진 것이다. 1,000여 년의 역사를 품고 있는 소주의 상징적인 건축물로, 벽돌로 쌓아올린 7층 8각 전탑형식의 누각식 불탑이다. 기울어져 가지만 쓰러지지 않는 기적을 연출하고 있는 고대 고층 건축의 걸작이다.

47.5m의 높이로 1,000여 년을 버텨온 호구탑은 내가 방문한 시점에 보수에 들어가 있다. 아쉽지만 유물 보호를 위한 것이니 어쩔 수 없다. 완벽한 보수가 이루어져 1,000여 년 전의 선조들이 만든 위대한 작품을 대대손손 감상할 수 있게 되기를 바랄 뿐이다. 중국판 피사의 사탑이라 불리는 호구탑이 원고를 쓰고 있는 지금쯤이면 보수가 완료되어 대중에 다시 공개되고 있을 것으로 짐작해 본다.

소주가 보여 주는 강남 원림의 아름다움이 질릴 때 호구를 찾아 오왕 합려가 남기고 간 고사의 현장을 찾아보는 것도 나쁘지 않을 듯하다.

부산공원은 절강성 소흥시 서쪽에 위치한 해발 74m의 부산에 조성된 공원이다. 와룡산으로도 불리는 부산은 232,800㎡의 면적으로 춘추시대 월국의 왕성으로 널리 알려진 명소다. 월국의 대부였던 문종이 묻힌 곳이라 종산으로도 불린다. 월왕대, 월왕전, 비익루, 문종묘 등 10여 개의 볼거리들이 산의 곳곳에 분포되어 있다.

공원을 들어서면 산을 덮고 있는 무성한 숲으로 마음이 한없이 편안해진다. 신선한 공기를 마음껏 흡입하며 걷다 보면 74m의 정상에 있는 비익루가 모습을 드러낸다. 기원전 490년 월왕 구천의 명에 의해 책사 범려가 지은 것으로 약 2,400여 년의 역사가 깃든 누각이다. 이압강오(以壓强吳)라는 의미를 담은 군사 관망대로 당시 강국이던 오나라를 넘어서겠다는 강한 의지를 나타내고 있다. 군사용 의미가 사라진 당나라 이후에는 망해정으로 불리게 된다.

세월의 무게를 버티지 못한 누각은 1998년 중수된 것으로 건물의 외관은 현대식이지만 2,400여 년 전 월왕 구천의 굳은 의지는 지금까지 전해지고 있다. 내부에는 길이 55.6㎝인 월왕 구천의 청동검 복제품이 전시되어 있어 눈길을 끈다. 호북성 강릉망산에서 출토된 것으로 2,400여 년이 넘도록 녹슬지 않는 신비함을 보여 주고 있다. 비익루의 정상에서 보는 소흥시의 아름다운 전경은 또 다른 즐거움이다. 높고 낮은 건물들이 빽빽하게 들어선 사이로 푸른 숲들이 덮고 있어 안정감을 전해 준다.

월왕대를 들어서는 입구와 월왕전 주위로는 온통 푸른 나무들로 덮여 있다. 강남의 원림을 방불케 하는 아름다움에 눈길이 머물게 된다. 2,400여 년 전 월왕 구천의 향기가 무성한 수풀 속에 담겨 있는 듯한 착각에 빠진다. 월왕전에 들어서면 너무나 단순한 내부의 모습에 놀라게 된다. 벽에 붙여진 와신상담의 고사를 그린 그림과 마침내 오나라를 물리치고

금의환향하는 그림 그리고 월왕 구천과 책사 범려의 캐리커처만이 걸려 있을 뿐이다. 단순하면서도 무엇인가 강한 것을 전달하는 느낌이다. 와신상담의 고초를 겪으며 마침내 뜻을 이루어낸 월왕 구천의 의지를 결코 잊지 말라는 듯한….

와신상담이란 글자 위에 가부좌를 틀고 앉아 있는 월왕 구천의 결연한 모습이 감동으로 다가온다. 한 장의 그림 안에 2,400여 년 전 춘추시대의 종막을 고하고 전국시대로 넘어가는 오월전쟁의 역사가 담겨 있다고 생각하니 감회가 새롭다.

지금까지 '바다와 호수 그리고 산이 어우러지는 명소를 찾아서'라는 주제로 저자의 발길이 닿은 곳들을 소개했다. 그중에서 적지 않은 명소들이 자연이 제공하는 아름다움들뿐만이 아닌 장구한 중국 역사의 한 페이지를 의미 있게 장식하는 스토리도 갖추고 있다. 이렇게 스토리가 깃든 명소들은 단순한 아름다움만이 아닌 삶에 대한 진지한 고민을 하게 만드는 단초를 제공해 주어 유익하다.

그러한 명소들이 자신들이 거주하는 지역에서 멀리 떨어져 있지 않는 곳에 위치하고 있어 얼마나 좋은지 모른다. 천혜의 자연이 제공하는 아름다움을 즐기며 그 속에 담겨 있는 선조들이 겪어야 했던 고난과 그 고난을 극복한 의지와 지혜를 자연스럽게 아이들에게 전해 준다면 이보다 좋은 살아 있는 교육 현장이 있을까 싶다.

석굴 이야기

중국 대륙을 돌아다니다 보면 유난히도 석굴이 눈에 많이 띈다. 그중에는 3대 석굴로 일컬어지는 감숙성의 막고굴과 하남성의 용문석굴 그리고 산서성의 윈강 석굴이 가장 널리 알려져 있다. 이외에도 크고 작은 석굴들이 중국 전역에 골고루 분포되어 있어 무척이나 흥미롭다.

불교가 전래되면서 불교의 발상지인 인도의 석굴문화가 자연스럽게 중국으로 흘러 들어온 것으로 보는 것이 보편적이다. 그러나 외래문화를 그대로 받아들이는 것이 아니라 자신의 것으로 만들어 가는 중국의 전통적인 취향으로 볼 때 석굴을 조성한 또 다른 이유가 있을 개연성이 없지는 않다.

개인적으로는 이러한 개연성을 놓고 많은 생각에 빠진 적이 있다. '불교의 전파를 위한 순수한 이유였을까?' '봉건왕조의 권력 유지를 위한 방편이었을까?' '끊임없이 발생하는 전란과 천재지변으로 시달리는 백성들을 위로하기 위한 수단이었을까?' 등등…. 해서 3대 석굴을 비롯해 나의 발길이 닿았던 석굴들의 조성 배경과 느낀 소회 등을 공유하려 한다.

3 대 석 굴

막고굴은 감숙성 둔황시 동남쪽으로 약 25㎞ 떨어진 탕천하변에 있다. 십육국(북량), 북위, 서위, 북주, 수, 당, 오대, 송, 서하, 원 등 10개 왕조를 거치며 1,000여 년간 지속적으로 굴착되어 온 대규모 석굴군이다. 735개의 동굴에 45,000㎡의 벽화와 3,000여 '채색한 소상(彩塑)'이 화려하고 아름다운 모습을 보이고 있다.

우선 막고굴의 조성 배경을 들여다보면 다음과 같다. 둔황의 하서주랑은 고대의 서역과 인접하고 있어 당시 불교가 중국으로 전래된 요도로 일찌감치 불교의 활동이 활발하게 이루어진 곳이다. 위진 시기 불교가 광범위하게 전파되며 하서 일대는 중국 불교 성지의 하나로 자리를 굳히게 된다. 십육국시기 당시의 양주는 불교가 극도로 번성했다고 기록되어 있다.

막고굴 당나라 비문의 기록에 의하면 전진 건원 2년인 366년 악준이라 불리는 승려가 중원을 떠돌아다니며 깨달음을 구하던 중 둔황에 발길이 닿는다. 현재의 막고굴이 있는 탕천하의 높은 위치에 자리하고는 삼위산을 마주보며 좌선하던 중 삼위산 위에 금광(金光)이 서려 있는 것이 눈앞에 전개된다. 마치 천불의 화신과 같은 모습으로 나타난 금광은 순식간에 사라져 버린다. 진기한 현상을 목격한 악준은 그곳에서 전심전력으로 수행할 것을 결심하고 탕천 서안의 암벽에 동굴을 만들고 좌선수행에 들어간다.

얼마 지나지 않아 동방에서 온 법양이라는 승려 역시 악준의 동굴 옆에 또 하나의 동굴을 굴착한다. 이런 식으로 석굴 굴착은 날로 늘어간다.

어떤 동굴은 승려들의 좌선 용도였고 어떤 동굴은 세속의 사람들이 예배하던 동굴이다. 이후 1,000여 년 이래 석굴의 굴착은 끊임없이 이어졌고 당나라 때에 이르러 천여 개에 이른다. 이때부터 막고굴 또는 천불동으로 불리게 된다.

최초로 굴착된 악존의 동굴은 문헌의 자료가 없어 확신할 수는 없지만, 북량 때 지어진 둔황 제1굴로 불리는 제 275굴로 추정하고 있다고 한다. 이상과 같은 문헌의 기록에 따르면 막고굴은 깨달음을 추구하던 승려들의 순수한 의도로 시작된 석굴군으로 볼 수 있다. 정치권력과 불교권력의 야합에 의해 조성된 윈강 석굴과는 확연한 차이를 보이고 있는 셈이다.

막고굴은 둔황공항에서 멀지 않은 거리에 위치하고 있다. 석굴이 형성된 곳의 모형과 색깔을 그대로 반영한 듯한 입구의 건물 양식이 인상적이다. 입장권을 구입하고 들어서면 막고굴에 관한 영상을 보여 준다. 일반적인 영상으로 생각하고 아무 생각 없이 참관했지만, 영상이 돌아가는 순간 입을 크게 벌릴 수밖에 없다. 360도의 입체화면을 꽉 채운 화려하면서도 살아 있는 듯한 벽화와 크고 작은 조각 작품들에 나를 포함한 관람객들의 감탄사가 연발한다.

앞에서 소개한 악준이 목격했다는 금광의 모습을 컴퓨터 그래픽으로 구현한 것을 보며 나도 모르게 그가 느꼈던 신비함 속으로 빠져든다. 막고굴의 각 동굴에 조각되고 새겨져 있는 아름다운 예술작품들이 전후좌우 그리고 위로 전개되는 순간 아름다움과 신비함 등의 복합적으로 몰려오는 경외감에 휩싸이게 된다. 어디서도 볼 수 없었던 최신식 장비로 무장해 관람객들을 즐겁게 해 주는 디테일에 감동하지 않을 수 없다. 일반적으로 어두운 동굴에서는 볼 수 없는 부분까지 영상으로 보게 되니 기가 막힌 예술성이 한눈에 들어와 너무나 만족스럽다. 입체영상을 통해 막고굴에 대한 전반적인 이해를 할 수 있어 무척이나 유익하다.

영상 관람 후 대형버스를 타고 약 15분은 달려야 석굴이 있는 곳에 도착할 수 있다. 10여 대의 차량이 동시에 이동하는 것이 볼만하다. 차량에서 내리면 약 20여 명 단위로 해설사가 붙어 체계적인 설명을 해 준다. 사진 촬영이 엄격하게 금지되어 있어 아쉽지만 어쩔 도리가 없다. 유물을 보호하기 위함이라는 원칙을 따를 밖에….

가장 먼저 안내하는 곳은 성당시대에 조성되었다는 제 130굴로 막고굴에서 두 번째로 큰 대불인 남대상이 웅장한 모습을 드러내고 있다. 앉아 있는 미륵상의 높이가 26m에 이르니 그 크기를 짐작할 만하다. 남대상이 걸치고 있는 가사의 주름이 마치 흔들리고 있다는 착각을 느낄 정도로 섬세해 감탄을 불러일으킨다. 커다란 눈으로 온화하게 미소를 던지는 남대상을 통해 많은 이들이 마음의 위안을 얻었을 듯하다.

제 148굴 역시 성당시대에 조성된 석굴로 열반굴로 일컬어진다. 14.4m 크기의 와불이 누워 있는 동굴 사방의 벽으로는 수도 헤아릴 수 없는 작은 불상들이 조각되어 있다. 당시 명문대가였던 이태빈이라는 이가 굴착한 공덕굴로 이가굴(李家窟)로 불리기도 한다.

제 257굴은 북위시대에 조성된 석굴로 사유보살이 조각되어 있어 눈길을 끈다. 오른쪽 발을 왼쪽 무릎에 올려놓은 채 오른쪽 손을 뺨에 대고 무엇인가 골똘히 생각하는 모습을 하고 있다. 아마도 중생을 위한 고민이지 않나 싶다. 둔황장경동진열관에는 1900년 제 17굴에서 출토된 5만 여 건의 문물 중 일부가 전시되어 있다. 고대의 서적 등 진귀한 자료를 감상할 수 있어 유익하다.

막고굴의 석굴들을 모두 돌아보는 것은 사실상 불가능하다. 해설사를 따라다니며 개방해서 보여 주는 곳만 볼 수밖에 없다. 그러나 불상조각이나 석굴조각의 전문가가 아닌 바에는 그들이 소개해 주는 몇 개의 석굴을 통해 전반적인 흐름을 이해하는 데 만족하면 그만이라 여긴다.

막고굴의 문물들은 중고시기(中古時期) 둔황과 하서주랑 및 서역 역사의 생생한 기록일 뿐 아니라 당시의 불교, 도교, 마니교, 경교 등 종교 신앙의 발자취가 녹아들어 있다. 민족 간 그리고 여타 문명들과의 교류와 융합을 들여다 볼 수 있는 다양성과 세계성이 공존하는 곳이 막고굴이기도 하다. 중원의 한족문화를 비롯한 선비, 토번, 강, 몽고 등 민족문화의 정수가 깃들어 있다. 나아가 남아시아 인도, 서아시아 페르시아, 유럽 로마 문화 등과의 교류의 흔적도 확인할 수 있다. 한마디로 1,000년의 역사가 응축되어 있는 현장이라 하겠다.

일부의 석굴만을 볼 수밖에 없었지만, 입체영상 등을 통해 확인한 막고굴은 의미, 아름다움, 정교함, 웅장함 등의 모든 요소를 갖추고 있다. 한마디로 불교석굴문화의 갤러리라 해도 과언이 아닐 듯하다. 글자를 모르는 백성들을 위해 조각과 벽화를 통해 불교의 오묘한 진리를 전하려 한 막고굴은 진정으로 백성들의 마음을 어루만져 주는 공간이었던 듯하다. 자금을 찬조하는 누구라도 석굴을 조성할 수 있었다는 개방성도 막고굴이 천여 년을 지속할 수 있었던 동력의 하나가 아니었을까 생각해 본다.

윈강 석굴은 산서성 대동시에서 서쪽으로 약 16km 떨어진 북위 황제들이 복을 빌던 신산으로 알려져 있는 무주산 남쪽 기슭에 위치한다. 산을 따라 석굴을 조성한 것으로, 동서로 약 1km 이어져 있으며 현존하는 동굴은 45개, 크고 작은 불단은 252개로 알려져 있다. 크고 작은 조상이 51,000여 좌로 그중 가장 큰 것이 높이 17m, 가장 작은 것은 0.02m이니 그 다양함이 상상을 초월한다. 윈강 석굴은 중국에 현존하는 석굴을 통틀어 가장 규모가 큰 고대 석굴군의 하나로 예술의 보고다.

먼저 윈강 석굴이 어떤 목적으로 조성된 것인지를 알아보자. 서기 4세기 말의 중국 북방은 소수민족이 할거하며 전쟁을 치르던 5호 16국의 시기였다. 그중 지금의 흑룡강성 일대를 기반으로 한 탁발선비는 끊임없는 전쟁을 통해 세력 범위를 확대하고 노예제에서 봉건제로의 성공적인 전환을 통해 북방 초원지역에서 정치적 지위를 구축하게 된다. 서기 386년 탁발규는 지금의 내몽고 화림격이에 나라를 세우게 되는데 바로 북위이다.

중원으로의 도약을 위해 398년 지금의 산서성 대동시로 천도한 후 효문제 때 낙양으로 천도하는 494년까지 약 97년 동안 대동이 북위의 수도였던 것이다. 말하자면 북위의 가장 번영한 시기를 이곳 대동에서 보낸 셈이다. 윈강 석굴의 굴착과 북위가 대동을 수도로 정한 것 사이에는 밀접한 관계가 있다. 왜냐하면 윈강 석굴은 북위 왕조의 가장 번영기인 서기 460년부터 520년 사이에 조성되었기 때문이다. 막강한 국력과 넘치는 인재는 석굴을 만드는 데 필수조건을 모두 만족시킨 것이다.

광활한 초원이 주 무대인 선비족들은 사상, 문화, 종교 등 모든 방면에 개방적인 포지션을 견지하고 있어 불교 역시 거부감 없이 받아들여졌고 발전할 수 있었다. 당시의 불교 지도자였던 법과는 불교가 지켜야 할 규율을 깨뜨리고 황제를 현세의 부처로 간주했다고 전해진다. '권력에 의지하지 않으면, 불법을 세우기 어렵다'가 그의 논리로 불법을 전파하기 위해서는 황제의 지지가 반드시 필요하다는 의미로 해석할 수 있을 것이다. 이러한 '황제가 곧 부처(皇帝則如來)'라는 사상은 북위시대 불교계에서 장기간 계승이 되었고 이에 대한 반대급부로 불교의 지위가 보장되었다고 한다.

윈강 석굴의 굴착은 북위 통치자들의 정치적 필요에 의해 결정된다. 문화수준이 낙후된 소수민족인 선비족 탁발부가 중원을 지배하게 되자 계급 모순과 민족 사이의 갈등이 날로 첨예하고 복잡하게 나타나기 시작했고 통치 집단에서는 이를 해소할 필요성을 절감한다. 통치자의 강력한 지지로 사찰이 급속도로 늘어나고 선발할 병사의 자원이 부족할 정도로 승려가 많아지게 된다. 이런 현상은 불교와 도교 사이에 분쟁을 첨예하게 만들었고 중국 역사상 최초인 폐불사건으로 이어진다.

태무제 때인 446년 중국 역사상 널리 알려진 태무멸법(太武滅法)으로 세력이 왕성하던 불교는 치명상을 입게 된다. 그러나 태무제 사후 즉위한 문성제는 복불법(復佛法)을 시행하고 이전보다 더 열성적으로 불교를 지원한다. 문성제가 시행한 복불법의 직접적인 결과가 윈강 석굴의 대규모 굴착으로 이어진다. 460년 고승 현요의 건의를 받아들여 대규모 인력과 장비를 동원하여 국가가 주도하는 가운데 윈강 석굴을 조성하게 된다. 465년까지 5개의 동굴을 굴착하게 되는데, 그것이 바로 윈강 석굴 중 가장 널리 알려진 현요오굴이다.

당시의 대동지역은 중국 북방지역의 정치, 경제, 종교, 문화의 중심지로 우수한 인재가 넘쳐났고 그들 인재 중 불상을 만드는 고수들이 적지 않았다고 한다. 심지어는 스리랑카 등의 불제자들이 먼 길을 달려와 오늘날 우리가 만날 수 있는 윈강 석굴을 만들어내는 데 많은 도움을 주었다고 전해진다. 북위 황실은 국가권력을 동원해 윈강 석굴을 굴착하는 공사를 진행한 것이다. 건설에 동원된 인력이 수를 셀 수 없고 투입된 물자 역시 상상을 초월할 정도라고 전해지고 있다. 황실의 지원을 받던 대규모 공사는 약 30여 년간 이어지다가 효문제 때 낙양으로 천도한 494년부터 중단된다. 그러나 중소형의 공사들은 524년까지 지속적으로 이루어진 것으로 알려지고 있다.

중국 미술사상 기적으로까지 불리는 윈강 석굴은 보는 이로 하여금 경외감을 일으키기에 부족함이 없는 명불허전의 관광지이다. 벽안의 외국인을 포함해 사시사철 관광객들의 발길이 이어지고 있는 것이 윈강의 예술성과 유명세를 간접적으로 설명해 주고 있다. 입구를 들어서면 다른 관광지에서는 보기 힘든 외국인 관광객들이 눈에 많이 띈다. 세계문화유산인 윈강의 힘이다.

정갈하게 닦인 길을 오르면 불상들이 겹겹이 새겨진 탑들이 좌우로 늘어서 있다. 석굴 앞에는 영암사가 들어서 있는데 모셔진 불상들이 윈강 석굴에 있는 부처를 모델로 한 듯해 독특한 발상이라 여겨진다. 석굴이 있는 곳을 멀리서 보면 낮은 산에 동굴이 군데군데 뚫려 있어 마치 곰보처럼 보인다. 수많은 관람객들과 함께 본격적인 석굴 관람에 나선다. 어느 정도의 상식으로 무장이 되었으니 보이는 것이 더욱 많을 것이라 확신하며….

석굴을 들어서면 1호굴부터 순서대로 배치가 되어 있다. 5~10호굴은 현요오굴과 같은 시기인 460년부터 465년까지 조성이 된 것들인데 내가 본 바로는 윈강 석굴에서 가장 아름다운 석굴들이다. 불교의 본생고사와 본행고사 등 채색과 조각 모두가 상상을 초월할 정도의 아름다움과 정교함을 보여 준다.

아름다움에 도취되어 석굴들을 감상하다 보면 16호굴부터 20호굴까지 그 유명한 현요오굴이 모습을 드러낸다. 고승 현요가 주도해서 만든 것으로 동굴 형태가 동일하고 불상의 배치도 엄격하게 통일되어 있다. 다섯 개 굴 모두 주불상이 가장 크고 중요 위치를 점유하고 있다. 16호굴은 당시 재위 중이던 문성제, 17호굴의 교각불상은 경목제(제위에 오르지 못하고 죽음), 18호굴은 태무제, 19호굴은 명원제, 20호굴은 도무제를 상징하고 있다고 전해진다. 이는 '황제가 곧 부처'라는 주장을 내세웠던 당시 불교계의 모습을 극명하게 보여 주는 것이다. 21호굴에서 45호굴은 494년 낙양으로 천도한 이후에 지어진 중소형의 석굴들로 규모나 정교함 모든 면에서 앞에서 소개한 석굴들에 미치지 못한다. 시간이 부족하면 건너뛰어도 무방하다.

윈강 석굴은 국가가 주도적으로 개입해 석굴을 조성한 것이다. 소수민족의 한계를 극복하기 위해 종교의 힘이 필요했던 정치권력과 불법의 확산을 위해 불교의 근원을 흔드는 억지논리를 만들어 권력에 빌붙어야 했던 당시 불교계 고승들의 야합의 현장을 보는 듯해서 뒤끝이 개운치 않다. 그러나 '황제가 곧 부처'라는 북위시대 불교 지도자 법과의 망발은 역사가 되었고, 그러한 역사가 남긴 윈강 석굴의 웅장하고 아름다운 불교 예술의 진수를 볼 수 있다는 사실이 즐거울 뿐이다. 종교와 정치의 야합이 만든 윈강 석굴이지만 당시 위정자들과 종교인들 안중에 각종 전쟁으로 피폐해졌을 백성들에 대한 배려가 조금이라도 있었기를 바랄 뿐이다.

용문석굴은 하남성 낙양시의 용문산 사이를 흐르는 이하의 절벽 위를 횡으로 연결하며 조성된 대규모 석굴군이다. 용문산은 낙양 팔경 중에서도 으뜸으로 불리며 당나라 때 대시인 백거이가 말년을 보내는 장소로 선택할 만큼 아름다운 경관을 자랑하는 곳이기도 하다. 북위 효문제가 도읍을 산서성 대동에서 낙양으로 옮긴 494년 전 해인 493년부터 굴착되기 시작한 것으로 기록되어 있다. 이후로 동위, 서위, 북제, 수, 당,

북송으로 이어지며 약 400여 년간 조성된다. 2,345개의 불단과 70여 개의 불탑이 용문산을 동서로 구분하여 들어서 있다.

용문석굴의 조성배경은 윈강 석굴과 맥락을 같이하고 있는 것으로 보면 큰 문제가 없을 듯하다. 낙양으로 천도한 북위 정권에 의해 조성되기 시작했기 때문이다. 다만 완성도가 윈강 석굴에 미치지 못하는 것은 천도 후 40년이 되지 않는 534년 동위와 서위로 분열되는 과정을 겪게 되기 때문이다. 북위 정권 전성기의 윈강 석굴과 쇠퇴기의 용문석굴의 차이는 두 개소를 모두 돌아보게 되면 확연하게 알 수 있다.

아무려나 용문석굴은 중국에서 고비각(古碑刻)이 가장 많은 곳으로 고비림(古碑林)이라 불린다. 이중 북위 때의 용문이십품과 당나라 때의 이궐불감비는 서법예술의 걸작이라고 한다. 용문석굴 내에는 10만여 존의 조상들이 넓은 지역에 분포되어 있는데 그중 가장 큰 것이 노사나불이고 가장 작은 것이 연화동에 있다는 2cm의 불상이라고 한다.

용문석굴로 향하는 주위의 경관은 참으로 아름답다. 왼쪽으로는 이하가 흐르고, 용문교로 이어지는 반대편으로는 백원과 향산사의 모습이 짙은 안개에 가려져 신비한 모습을 연출하고 있다. 마치 곰보처럼 뚫려 있는 산의 절벽에는 동굴과 동굴을 연결하는 다리가 미로처럼 놓여 있다. 그 미로를 분주하게 오가는 수많은 관광객들의 모습을 바라보는 재미도 쏠쏠하다.

빈양삼동은 중동, 남동, 북동으로 구분되어 비교적 넓은 지역에 분포되어 있다. 불상들이 많이 훼손되어 있어 세월을 흔적을 느끼게 된다. 당나라 때에 조성되었다는 만불동은 벽면을 가득 채우고 있는 작은 불상이 압권이다. 3cm 크기로 15,000여 존이나 된다고 하는데 눈이 돌아갈 정도로 빽빽하게 조각이 되어 있어 신기할 따름이다.

북위 때 작품인 연화동에는 석굴의 천장에 조각된 연꽃 문양에 한동안 눈길을 빼앗기게 된다. 동굴 위의 중심 부분에 원형의 구조물을 만들어 연꽃 꽃잎 모양의 조각물을 이층으로 교차하며 포개어 올려놓은 모습이 기가 막히다. 백색 계통의 은은함이 전해지는 보석을 박아 놓은 듯한 고급스러움에 뚫어지게 쳐다본다. 재질이 다른 것을 보면 보석류에 가까운 재료를 천장 위에 부착한 것이 틀림없는 듯하다.

남쪽 벽에 조각되어 있는 용문석굴에서 가장 작다는 2㎝의 불상은 눈을 씻고 찾아보아도 찾아지지가 않는다. 동굴에 들어갈 수 없어 입구에서 찾아내야 하는데 거리가 있어 식별할 수 없는 크기이기 때문이다. 한참을 찾다가 결국 포기하게 된다. 나만 그런 것이 아니라 주위의 관광객들도 찾지 못한 표정이다.

당나라 때 조성된 봉선사동에서는 용문석굴의 상징이라 할 수 있는 노사나불을 만날 수 있어 반갑다. 높이가 17.14m로 그중에서 머리가 4m, 귀의 길이가 1.9m인 노사나불의 모델은 무측천으로 알려져 있다. 좌우의 문수보살상과 보현보살상 등이 대부분 심하게 훼손되어 있어 무척이나 안타깝다. 노사나불 역시 상반부를 제외하고는 손상되어 있지만, 전체적인 아름다움을 해칠 수는 없다.

노사나불은 머리에 두건을 두르고 귀를 길게 늘어뜨린 채 눈을 내려깔고 있다. 인자하게 번져나는 아름다운 미소가 우아하고 신비하게 보인다. 약 200여 년에 걸쳐 조성되었다는 약방동에 새겨진 각종 병에 대한 한방 처방과 고양동의 용문이십품은 입장이 허락되지 않아 눈으로 확인할 수 없어 아쉬울 뿐이다.

석굴 감상에 한참 공을 들이다가 문득 아래를 내려다보면 색다른 아름다움이 펼쳐진다. 잔잔하게 흐르는 이하의 중간에 마치 섬처럼 들어서 있는 녹음의 군집들이 반대편으로 유려하게 흐르는 용문산과 어울리며 자아내는 조화가 멋지다. 반대편에 있는 향산사에 올라 용문석굴을 바라다보면 절벽의 중간중간에 구멍이 뚫려있어 마치 곰보의 얼굴을 보는 듯하다. 노사나불을 만나러 가는 수많은 관람객들의 분주한 발길도 눈에 들어와 정겹다.

용문석굴은 전체 석굴의 90%가 북위와 당나라 때에 조성된 것이라고 기록되어 있다. 선비족의 왕조였던 북위와 선비족이 세운 당나라의 이미지가 겹쳐지는 것이 무척이나 흥미롭다.

기 타 석 굴

병령사석굴은 감숙성 란주시에서 남서쪽으로 약 100㎞ 떨어져 있는 임하회족자치주에 위치하고 있다. 십육국 시대에 굴착되기 시작한 후 북위, 북주, 수, 당, 송, 원, 청을 거치며 지속적으로 확장이 이루어졌다고 기록되어 있다. 216개의 불단과 800여 존의 조상 그리고 1,000여㎡의 벽화가 골고루 분포되어 있다.

석굴의 조성 배경을 알아보려 하니 자료를 찾을 수가 없다. 다만 1,600여 년이라는 굴착 기간에 비해 규모가 그다지 크지 않은 것을 보면 절대 권력의 비호를 받지 못했거나 자금력이 뒷받침되지 않은 것으로 추측할 수 있을 듯하다. 석굴이 세련되면서도 아름답고 규모가 있는 모습을 갖추기 위해서는 건설을 위한 자금이 필수적으로 소요되었을 것이기 때문이다.

란주시에서 임하회족자치주에 도착한 후 병령사석굴을 오르는 방법은 2가지가 있다. 혹은 푸른 황하가 흐르는 유가협에서 유람선을 타거나 혹은 산길을 차로 오르는 것이다. 현지인의 호객 행위에 이끌려 나는 산길을 오르는 선택을 한다. 석굴로 향하는 꾸불꾸불 산길을 오르며 훌륭한 선택을 한 것을 알게 된다. 적석산을 넘어가며 보이는 경관이 다른 곳에서는 볼 수 없는 묘미를 전해주기 때문이다.

사막도 아닌 것이 풀 한 포기 찾기 어려운 황량함이 눈앞에 전개되는데 마치 우주선을 타고 화성에 온 듯한 느낌이다. 그럼에도 불구하고 발가벗은 산이 겹겹으로 이어지며 유려하게 뻗어나가는 모습이 색다른 아름다움으로 눈에 들어와 무척이나 흥미롭다.

산길을 넘어가니 병령사 상사(上寺)가 모습을 드러낸다. 북위 때 지어진 티베트 불교 사찰로 활불의 무덤 2개가 라마 고유의 백탑으로 세워져 있어 볼만하다. 산길의 끝에 다다르니 석굴이 모습을 드러낸다. 혹은 낮은 위치에 혹은 60m의 절벽 위에 횡으로 석굴들이 조성되어 있다. 그러나 규모와 완성도는 3대 석굴에 한참 미치지 못한다. 3굴이라 적혀 있는 성당시대 때 만들어진 석굴에 들어 있는 석탑 뒤 벽화의 정교함과 색채감이 볼만하다.

병령사석굴에서 가장 눈에 띄는 것은 단연코 171굴에 있는 대불이다. 석굴 안의 어느 위치에서도 보이는 대불은 그 큰 몸체를 절벽의 중간을 뚫고 위엄 있게 앉아있다. 대불의 주위로는 석굴들을 오르는 가파른 계단들이 위와 좌우로 조성되어 있어 어지러울 정도다. 푸른색을 띄는 황하와 외계와 같은 이미지를 풍기는 적석산의 황량함을 동시에 감상할 수 있어 좋은 곳이 병령사석굴이다.

키질천불동은 신장 쿠처시에서 남동쪽으로 약 73km 지점에 위치하고 있다. 중국에서 가장 서쪽지역이라 할 수 있는 목찰특하곡(木扎特河谷) 북안의 절벽 위에 조성된 석굴군이다. 3세기경에 굴착이 시작되어 8세기 말까지 약 500여 년간 이어졌다고 하니 중국에서 가장 이른 시기의 작품인 셈이다.

키질천불동을 들어서면 양쪽으로 들어서 있는 낮은 산이 막고굴과 마찬가지로 풀 한 포기 없어 삭막해 보인다. 어떻게 보면 석굴을 조성하기에는 더할 나위 없이 좋은 지형인듯 여겨진다. 찾아오는 관람객들이 뜸한

키질천불동의 관리가 너무나 엄격해 불편하다. 촬영 금지를 위해 소지품을 보관소에 맡기는 것은 이해가 되지만 해설사가 열쇠를 들고 다니며 석굴 문을 개방해 줘야만 들여다 볼 수 있는 시스템이다. 불편하지만 정해진 원칙을 따르지 않을 수 없다.

설명사의 얘기를 들어보니 지금 남아 있는 대부분의 석굴들은 4~8세기 사이의 작품으로 구자석굴의 전형이라고 한다. 키질천불동 석굴의 특징은 주실과 후실로 구분된 중심주식 구조를 띄고 있다. 설명사의 손에 이끌려 여러 개의 동굴을 들여다보니 도굴꾼의 장난인지 세월의 흐름 때문인지 모르지만 온전한 작품들이 많지가 않아 안타깝다. 그러나 벽화로 그려져 있는 불교경전의 본생고사는 누가 보더라도 내용을 알 수 있게 묘사되어 있다.

인도에서 출발해 여러 국가를 경유하며 전래된 종교가 불교이기에 언어가 통하지 않는 상황에서 가장 효과적인 전달 방식이 벽화가 아니었나 싶다. 키질천불동은 중국에 첫발을 내딛으며 소통방식이 다른 외국인에게 불교를 전파하기 위해 조성된 것이 아닌가 추측된다. 순전히 개인적인 생각이다.

영은비래봉조상은 절강성 항주 서호에서 서쪽으로 약 2㎞ 떨어진 곳에 위치한 비래봉에 조성된 불교 석각군이다. 비래봉은 영취봉이라고도 불리는 168m의 높지 않은 산이다. 석회암산으로 비래봉암동과 냉천계 절벽 위에 오대, 송, 원 시기의 마애조상 345존이 불규칙적으로 분포되어 있다. 서호문화경관 중 불교문화의 유적으로 바로 옆에 영은사가 위치하고 있다.

청림동은 생김새가 무척이나 특이하다. 기괴한 모양의 암석들이 강남의 원림에 조성된 암석들 마냥 여기저기에 늘어서 있다. 암석들 사방으로 뻗쳐나간 푸른 나무들과 어울려 환상적인 그림을 그려내고 있어 눈이 즐겁다. 청림동은 동굴의 남쪽 입구가 호구(虎口) 모양을 하고 있어 노호동으로도 불린다. 약 373㎡의 넓이에 제공상, 대수인의 형상을 한 암석들과 23개의 불단에 178존의 석각조상이 조각되어 있다. 주로 오대 오월과 북송시대의 품격으로 서방삼성, 십팔나한, 노사나불, 화엄삼성 등이 그것이다. 이중에서 서방삼성은 오대 후주 때인 951년에 만들어진 것으로 비래봉조상 중 가장 이른 시기의 작품이라고 기록되어 있다.

옥유동에는 북위시대의 작품들이 주로 조각되어 있다. 6개의 불단에 39존의 나한상석각, 봉황, 뇌공 등이 약 270㎡의 지역에 분포되어 있다. 동쪽 입구에 있는 6존의 나한좌상은 불교사상 유명한 선종의 육조가 모델이라고 한다.

이공탑은 영취탑으로 불리기도 하는데, 영은사를 창건한 혜리의 예골탑이다. 세워진 연대는 불명으로 송나라 때인 975년 중건한 것을 명나라 만력제 때인 1590년 중수한 것이라고 한다. 6면 7층으로 2층에는 탑 이름, 3층에는 금강경, 4층 위로는 불상이 조각되어 있다. 1,000여 년이라는 세월의 때가 진하게 묻어 있어 정겹다.

고승취경고사조소는 송나라 때 만든 것으로 절벽을 횡으로 이어가며 6.7m의 길이로 조각되어 있다. 인도의 고승이었던 한나라 가엽마등과 축법란의 취경고사와 당나라 현장의 취경고사다. 뒤에 소개할 대족석각의 규모와 정교함에는 미치지 못하지만 그런대로 볼만하다.

용홍동은 관음동 또는 일선천으로도 불리우며 27개의 불단에 43존의 석각조상이 조각되어 있는데 약 253㎡의 규모에 이른다. 원나라 때 조상이 대부분으로 북송과 명나라 때의 작품도 일부분 볼 수 있다. 수월관음, 수주수관음 등이 주요 작품이다.

냉천계는 석문동으로 불리는 곳으로 냉천계 연안의 절벽 위를 자연의 형태에 따라 37개의 불단에 72존의 조상들이 들어서 있다. 대부분이 규모가 있는 조상들이다. 원나라 때 만들어진 것으로 무량수불, 사비관음 등을 감상할 수 있다. 냉천계는 절벽 위의 조상들도 볼만하지만 냉천계 자체가 보여 주는 아름다움이 특별하다. 마치 강남의 원림에 온듯 맑은 물과 물속을 유영하는 물고기들 그리고 지상의 아름다움이 수면 아래로 비추이는 것이 한동안 눈길을 빼앗길 수밖에 없다.

이외에도 원나라 때의 작품인 밀종다면광비 등의 조상을 볼 수 있는 존승불모 등도 있다. 존승불모는 하나의 불단 안에 9존의 조상이 조각되어 있는 비래봉조상의 최대 불상 불단이다.

분지로 이루어진 항주에서는 그나마 높은 곳이 비래봉이라 등산복을 입고 찾는 이들이 중간중간 눈에 띈다. 대부분의 관람객들이 비래봉 정상으로 발걸음을 향하고 있다. 그들을 따라 정상에 오르니 가려진 나무들로 인해 사방이 막혀 있다. 비래봉정이라 적힌 바위 돌에서 기념사진을 남기는 사람들의 유쾌한 모습들을 물끄러미 바라볼 뿐이다.

비래봉조상군은 절벽 곳곳에 혹은 작은 불상이 혹은 큰 불상이 들어서 있는 오랜 세월의 흔적이다. 산세를 있는 그대로 이용한 것이라 자연스러움이 더해져 더욱 예술적으로 보인다. 세월의 흐름에 많은 불상들이 마모되거나 파손되어 있지만, 그러한 모습들이 오히려 고색창연함으로 다가와 더욱 볼만하다. 독특하게 생긴 절벽들을 직사각형으로 오려내어 그 안에 불상들을 조각해 놓은 것이 여기저기에서 눈에 띈다. 숱한 세월 동안의 비바람에도 조각들이 온전하게 보존되고 있는 이유라 여겨져 선조들의 지혜를 들여다 볼 수 있다. 절벽 안으로 들어가 가부좌를 틀고 앉아 있는 불상들 주위로는 푸른 수풀들이 덮고 있어 영험함을 배가하고 있다. 자연이 제공하는 일종의 장식이다.

영은비래봉조상의 조성 배경은 기록되어 있지 않아 추측해 볼 밖에 다른 도리가 없다. 다른 석굴들과는 달리 영은사와 붙어 조성되어 있는 것을 보니 승려들의 불법 정진과 승도들의 불심을 불러일으키는 순수한 용도의 불교석각군인 듯하다.

대족석각은 중경시 대족현의 석굴 조상을 총칭해서 일컫는 대형의 석각군이다. 보정산, 북산, 남산, 석문산, 석전산 등에 주로 분포되어 있다. 당나라 초기에 만들어지기 시작하여 당나라 말을 거쳐 송나라에 이르러 번성하게 된 9~13세기 세계 석굴예술의 꽃이라 일컬어지는 위대한 예술작품이다. 불교를 소재로 했지만, 불교와는 다른 표현방법을 적용하여 당송시대 석각예술의 인성화를 대표하는 작품으로 칭송받고 있다.

석각조상 70여 곳 중 보정산과 북산의 마애석굴이 가장 알려져 있다. 불교 조상이 위주이지만 유교와 도교도 일부분 가미가 되어 있어 흥미를 배가하고 있다. 지금부터 불교 조상예술에 '신의 인성화(神的人化)'라는 특징을 구현한 대족석각의 아름다운 향기를 소개하려 한다.

보정산석각은 대족석각에서 가장 큰 규모로 석각예술이 가장 번성한 시기였던 남송 때인 1174~1252년 사이의 작품이 대부분이다. 예술성이 최고조에 달했던 시기의 대형으로 구성된 짜임새 있고 아름다운 예술조각품들에 자연스럽게 빠져들게 될 수밖에 없다. 입구부터 정갈하게 조성된 보정산석각 내부에는 다른 볼거리도 만들어 놓아 관람객들을 유혹하고 있지만, 대부분이 석각이 있는 곳으로 발길을 옮기고 있다.

석각군이 몰려 있는 곳을 들어서면서부터 낮은 산의 중간을 뚫어 만들어진 대형의 석각들에 눈길을 빼앗기게 된다. 제 21호의 유본존행화사적도는 7.5m 움푹 들어간 곳에 무려 높이가 12.57m, 폭이 25.4m로 다양한 형상들이 조각되어 있다. 당나라 말 거사 유본존의 사적을 기록한 작품인데, 67존의 크고 작은 조상들이 빽빽하게 들어서 있다. 중국 불교 밀종사에 있어 높은 연구 가치를 가진 작품이라 기록되어 있다. 넓은 공간의 설계에서부터 조상들의 배치에 이르기까지 공간적인 짜임새와 예술적인 조화가 무척이나 뛰어나다. 정교한 조각과 아름다운 채색 역시 빼놓을 수 없다. 유본존행화사적도와 같이 주제가 부여된 대형의 석각들이 계속 이어지는 것이 장관이다.

제 20호의 지옥변상은 2.44m의 깊이로 높이 12.68m, 폭 19.95m의 작품이다. 133존의 조상들이 조각되어 있는데, 윗부분은 지옥의 형상이 아랫부분은 18지옥의 모습이다. 너무나 사실적이라 섬뜩할 정도다. 당시의 백성들이 불교에서 얘기하는 지옥을 조각으로 그려낸 지옥변상을 보았다면 감히 죄를 저지를 엄두를 내지 못했었을 듯싶다. 같은 종류의 불교예술 작품 중에서도 내용이 가장 풍부하면서도 최대의 석각예술품이라고 한다. 제 19호의 박심원쇄육모도는 미륵화불이 원숭이를 팔에 안고 있는 작품이다. 사람의 마음을 어지럽히는 눈과 귀 그리고 코 등의 6가지를 육창일원(六窓一猿)이라는 조각으로 묘사해 두었다. 모든 것이 마음에 달려 있다는 불교의 진리를 조각으로 쉽게 표현해 놓은 것이라 한다.

제 18호의 관무량수불경변상은 높이 8.0m, 폭 21.6m의 공간 안에 169존의 형상들이 하나의 세계를 나타내고 있는 작품이다. 윗부분에는 서방의 정토세계, 중간 부분에는 서방삼성상, 아랫부분의 좌우로 삼품구생과 십육관을 묘사하고 있다. 제 17호 대방변불보은경변상은 석가모니 반신상이 중간에, 좌우로는 석가의 불전세와 깨달음을 얻는 과정을 묘사하고 있다.

아랫부분 좌우로 부모가 아이를 고생하며 양육하는 과정을 10개로 나누어 조각해 둔 제 15호의 부모은중경변상이 특히 눈길을 사로잡는다. 부모의 자식에 대한 사랑과 희생을 표현한 것인데, 부모의 하해와 같은 은혜를 잊어서는 안 된다는 경종을 울려 준다. 유교가 강조하는 효의 개념이 불교경전에 녹아든 증거로 볼 수 있는 부분이기도 하다. 조각으로 표현된 10조 조상의 스토리 연결이 매끄러워 마치 서적의 원문을 읽는 듯한 느낌이 들 정도다.

이외에도 비로동, 공작명왕경변상, 화엄삼성상, 광대보루각도, 호법신감 등 완성도 높은 조상들이 계속 연결되어 눈이 즐겁고 마음이 정화된다. 어린 석가모니가 목욕하는 구룡욕태자도에 조각된 9마리의 용머리 조각은 뛰어난 생동감을 보여 주고 있다. 제 11호 석가열반성적도의 거대한 형상으로 누워 있는 와불도 볼만하다.

육도윤회도는 인물 90존, 동물 24종으로 인과응보 등의 윤회사상을 표현하고 있다. 목우도는 소를 타고 가는 노자의 모습인 듯한 형상이 묘사되어 있어 흥미롭다. 석각이 만들어졌던 12~13세기는 인도에서 건너온 외래 종교인 불교가 도교와 유교 등의 토착종교와 융화되던 시기임을 알려 준다.

이상과 같이 소개한 바대로 보정산석각은 불교 경전의 내용을 주제로 엮어낸 작품들이 대부분이다. 앞에서 소개한 예술적인 가치를 뛰어넘어 어려운 불교 경전의 내용을 알기 쉽게 묘사해낸 점에 더 많은 점수를 주고 싶은 심정이다. 보정산석각의 작품들을 통해 글을 읽을 줄 몰랐을 서민층에 가까이 다가서기 위한 누군가의 배려가 진하게 묻어나오기 때문이다. 보정산석각은 무지한 백성을 배려해 불교의 오묘한 설법을 전파하기 위한 순수한 의도의 석각예술로 추정하고 싶다.

지옥변상에 조각된 지옥에 떨어진 사람들의 형상이 원고를 만들고 있는 지금까지도 기억에 생생하다. 혀가 뽑히고, 사지가 잘리고, 불 속에 내던져지는 모습들이…. 막고굴이나 윈강 석굴의 조각품들에 비해 결코 떨어지지 않는 예술성을 보여 주어 눈이 호사를 누리게 되는 즐거움이 있는 곳이 바로 보정산석각이다.

북산석각은 용강산석각이라고도 불리며 섬세한 조각의 아름다움으로 알려진 대족석각의 한 부분이다. 당나라 때인 892년부터 굴착하기 시작하여 남송 때인 13세기까지 약 300여 년간 꾸준히 조성된 석각군이다. 1,000여 년의 세월 속에 일부분 훼손이 된 불상도 없진 않지만 전체적으로는 온전한 모습을 유지하고 있다. 석각군은 보정산석각 작품들의 규모에는 현저하게 미치지 못한다. 300여 년 세월이라는 간극이 초래한 현상이라 여겨진다. 그러나 작은 규모의 북산석각이 보여 주는 정교한 아름다움은 보정산석각 작품들의 아름다움에 필적한다.

송대에 조성된 가리체모굴의 가리체모가 입고 있는 의상과 머리 위에 얹어놓은 장식의 정교함뿐만 아니라 채색의 아름다움은 눈길을 끌기에 부족함이 없다. 가리체모는 믿기 어렵지만 5백 명의 아들을 낳은 여자로 부처에 의해 교화된 후 아이들의 수호신이 되었다고 한다.

수주수관음굴에 조각된 관음은 미태관음으로 불리는 남송 석조상의 정품이다. 우아한 아름다움에 시선이 한동안 고정된다. 마리지천여굴의 마리지천여는 3개의 머리와 8개의 팔을 가진 호법신이라 기록되어 있다. 8개의 팔이 좌우로 앞뒤로 무엇인가를 잡고 있는 형태의 기이함이 신기하고 머리 위로 조각된 나뭇잎 문양의 조각 등이 섬세하기 짝이 없다.

수월관음굴에 조각된 오른쪽 무릎을 곧추 세우고 앉은 모양의 수월관음은 얼굴 생김새가 관음같이 인자해 보이지 않아 특이하다. 사방을 에워싼 조상들 역시 험악한 표정을 하고 있는 폼이 예사롭지 않아 보인다. 공작명왕굴은 높이 3.47m, 폭 3.22m의 넓지 않은 공간에 공작과 공작 뒤의 불좌 위에 앉아 있는 명왕 그리고 사방의 벽면에 천 개의 불상이 조각되어 있어 꽉 찬 아름다움을 보여 준다.

북산석각군에도 보정산석각과 같은 불교의 고사를 조각해 낸 작품이 있다. 미륵하생경변상과 관무량수불경변상이 그것이다. 특히 관무량수불경변상은 당나라 때인 9세기 말에 조성된 것으로 높이 4.69m, 폭 3.61m의 좁은 공간에 하나의 세계를 만들어 내고 있다. 서방삼성을 중심으로 정토세계, 삼품구생과 미생원 고사 그리고 십육관까지…. 보정산석각의 관무량수불경변상에 비해 규모는 한참 미치지 못하지만, 조각의 예술성과 완성도는 결코 떨어지지 않는다. 9세기와 13세기의 300여 년이라는 시간적인 간극을 고려한다면 대단한 작품이 아닐 수 없다. 역시나 당나라 말기의 정품이라 기록되어 있다.

철조망으로 가려져 있어 감상하기에 불편한 전륜경장동은 북산석각의 또 다른 볼거리다. 조각된 돌로 만들어진 궁전인데 웅장함으로 알려진 중국 궁전의 편견을 깨는 아기자기한 아름다움으로 가득 차 있어 감탄하게 된다.

4,600여 개의 불상이 관람객의 눈을 즐겁게 해 주는 북산석각 역시 보정산석각과 같은 배경으로 조성된 것으로 추정한다. 무지한 백성들에게 불교의 오묘한 설법을 쉽게 전달하기 위해….

동방불도는 사천성 러산시 능운구봉의 네 번째 봉우리에 위치하고 있다. 당나라 때에는 능운구봉의 모든 봉우리에 사찰이 존재했다고 한다. 현재의 동방불도는 당나라 때의 품격으로 중수된 것으로 크고 작은 불상 3,000여 존이 보존되어 있다. 동방불도라는 이름처럼 동남아 국가의 불상들이 여기저기에서 눈에 뜨이는 것이 특별한 곳이다. 실제로 입구를 들어서면 인도, 스리랑카 등의 다양하고 특이한 동남아 불상들이 눈길을 끈다. 강요지라는 연못에 있는 불상들 역시 동남아풍이다. 불상들 옆으로는 백색의 천불탑이 우뚝 솟아 있다. 천불탑 아랫부분이 코끼리 형상을 하고 있는 것 역시 중국 스타일은 아니다.

만불동을 오르는 계단은 경사가 급해 너 나 할 것 없이 깊은 숨을 들이쉬며 힘들게 오르고 있다. 계단을 오르고 나면 미륵불 등 대형의 불상들이 좌우로 조각되어 있다. 러산대불이라는 이름난 관광지와 인접하지 않았다면 독립적으로도 유명세를 탈 수 있는 조건을 갖춘 곳이라 여겨진다. 만불동에 조각되어 있는 부처는 마치 윈강 석굴의 대형 부처상을 보는 듯한 착각이 들게 할 정도로 규모가 있다.

부처상을 뒤로하고 만불동으로 들어서면 천수관음이 벽에 조각되어 있다. 천수관음 불상은 여러 번 보았어도 벽에 조각된 천수관음은 본 적이 없어 신기하다. 천수관음 주위로는 수많은 불상들이 조각되어 있는데, 그 섬세함과 정교함 역시 볼만하다. 천수관음 앞에는 쌍심신차굴이라는 특이한 형상의 조각물이 우뚝 서 있다. 기초대와 4개 기둥의 용문양이 생동감이 넘치고 기둥 사이로는 불상들이 조각되어 있다. 처음 보는 형태의 조각이라 한동안 들여다보게 된다.

금불전에는 화려한 금색의 금불상이 모셔져 있어 눈길을 끈다. 금불전의 꼭대기에 올라 내려다보이는 민강과 러산시의 아름다운 풍광을 감상하는 것은 덤으로 얻는 즐거움이다. 동방불도는 러산대불의 명성에 가려져 진가가 감추어진 명소 중의 하나로 기억될 듯하다.

이상이 나의 발길이 닿은 3대 석굴을 비롯한 특색 있는 불교석각군들이다. 사실 석굴은 불교 종주국 인도의 환경적인 조건이 만든 산물이라 할 수 있다. 건조하고 무더운 인도의 기후는 석굴이라는 최적의 수행조건이 필수불가결한 선택이었다. 이러한 석굴문화가 중국에서 융성하게 된 것은 인도의 석굴문화가 불교의 전래와 함께 자연스럽게 넘어온 것으로 볼 수 있다.

그럼에도 불구하고 석굴의 조성 배경을 따져 본 것은 불교가 서민들에게 미치는 영향이 적지 않기 때문이다. 석굴들 중에는 1,000여 년을 이어가며 조성된 곳도 있고, 60년이라는 단기간에 엄청난 규모의 석굴이 생겨난 곳도 있다. 석굴을 조성한 목적 역시 다양했다는 사실도 알 수 있다. 혹은 권력과 종교 간 야합에 의해 혹은 깨달음을 위한 좌선을 위해 혹은 어려운 불교의 교리를 무지한 백성들이 이해하기 쉽게 전달하기 위해….

아무려나 고대의 중국인들이 만들어 놓은 석굴이라는 위대한 유물은 현세를 살아가는 우리에게 있어서는 소중한 자원이라 하겠다. 고대인들의 삶을 돌아볼 수 있는 귀중한 자료일 뿐 아니라 웅장하고 화려한 석굴이 우리에게 보여 주는 아름다움이 탁월하기 때문이다.

성급 박물관 나들이

성급 박물관은 그 역할의 중요성을 간과할 수 없다. 지식의 원천이 되는 자료들이 집대성된 곳으로 나라의 미래를 짊어질 동량들을 위한 학습의 장소이기 때문이다. 넓은 지역에 분산되어 있는 유적들을 한 군데서 볼 수 있는 유일한 곳 역시 박물관이기도 하다. 방대한 중국 대륙에서 자신의 성시를 떠나 다른 성시의 박물관을 찾는다는 것은 현실적으로 쉽지 않은 일이다. 하여 독립된 성시별로 독립된 박물관을 보유하는 것이 필수불가결한 선택이라고 여겨진다.

커가는 아이들에게 제대로 된 중국과 지역의 역사를 과학적이고 객관적인 사실에 근거해 체계적으로 보여 주는 것은 지역 정부의 큰 의무라고 생각한다. 지역 정부의 미래는 그들의 어깨에 달려 있고, 좋은 박물관은 그들에게 폭넓은 지식을 제공하는 원천이 될 것이기 때문이다.

지금부터는 중국 전역을 돌며 필수적으로 방문하는 것을 원칙으로 했던 성급 박물관에 대해 느낀 소회를 공유하려 한다.

수도박물관은 약 800여 년간 중국 대륙의 수도로서 기능을 한 북경의 역사와 관련한 자료들을 주로 전시한 박물관이다. 대부분의 전시물들도 수도박물관이 소장하고 있던 것이나 북경지역에서 출토된 문물 위주다. 북경시 서성구에 위치한 수도박물관은 휴일을 맞아 자녀들의 손을 이끌고 나온 중국인들로 분주하다. 푸른 숲으로 조성되어 있는 아름다운 박물관 앞에서 기념사진을 남기고 있는 모습이 보기 좋다.

6층의 현대식 건물로 심플한 디자인을 자랑하는 수도박물관은 5층과 6층에 전시관들이 몰려 있다. 경성구사관에는 황성을 배경으로 북경의 골목길 구석구석에 살았던 백성들의 과거 모습들을 전시하고 있다. 소박하면서도 서민적인 전시품들을 통해 당시 백성들의 삶을 되돌아 볼 수 있어 친근감이 물씬 묻어난다. 고대 자기예술관에서는 도자기 제작기술이 가장 발달했던 명과 청나라 시기의 아름답고 화려한 도자기들을 감상할 수 있다. 고대 불상예술관 역시 명과 청나라 시기 위주로 특색 있는 불상들을 전시해 놓아 눈길을 끈다. 고대 자기예술관과 고대 불상예술관에 전시되어 있는 유물들의 수량은 그다지 많지는 않지만, 북경지역에서 출토된 유물들이라 가치가 더욱 있어 보인다.

북경 전통기업관은 수도박물관의 특성을 그대로 보여 주는 차별화된 전시관이다. 시대를 풍미한 유명 기업들의 상호, 경영철학 등을 체계적으로 전시해 놓아 볼만하다. 동인당, 전취덕 등 이름만 들어도 향수가 생길 법한 전통기업들의 역사에 관심이 있고 창업에 대한 열망이 있는 젊은이들이 방문해 반면교사로 삼을 만한 가치가 있다고 여겨진다. 청나라 성세 시기 경사가(京師街)의 축소모형을 보며 당시 북경의 번화한 모습을 돌아 볼 수 있어 좋다.

북경에는 천안문 광장에 국가박물관이 있어 방대한 유물을 전시하여 북경 시민들에게 휴식 공간과 지식의 샘물을 공급하고 있다. 수도박물관은 800여 년 중국의 수도로서 기능을 수행한 북경의 특성을 반영해 차별화시킨 박물관이라는 인상을 받는다. 그래서 참신하다. 아이들의 손을 잡고 자신들이 살고 있는 화려한 북경의 과거 모습을 보여 주는 것도 교육적인 의미가 없지 않을 듯싶다.

상해박물관은 중국고대예술박물관의 하나로 국내외적으로 알려져 있다. 상해시 인민광장에 위치하고 있는 현재의 박물관은 1951년 건설 운영 중이던 박물관을 1996년에 막대한 자금을 투자하여 새로 지은 것이다. 박물관은 계절의 여왕 5월을 맞아 화려하게 핀 꽃들을 배경으로 아름다운 모습을 보이고 있다. 사각 모양의 기초 위에 원형으로 오른 상부 층의 디자인이 특이하다. 사각형과 원의 조화가 어울리지 않을 듯하면서도 어울리는 것이 신기하다. 뒤에 디자인 컨셉을 알아보니 놋으로 만든 솥과 같은 모형으로 중국인들의 천원지방(天圓地方)이라는 우주관과 공교롭게 일치해 흥미롭다.

박물관의 소장품은 100만여 건에 가까울 정도로 방대하다. 그중 진귀한 문물만 해도 13만여 건에 해당한다고 한다. 청동기, 도자기, 옥기 등 21개의 주제로 분류되어 전시되고 있다. 유명세를 타고 있는 박물관은 입구부터 국적을 가리지 않는 사람들로 북적거린다. 박물관을 들어서면 넓고 쾌적한 공간이 통쾌하다. 화폐의 변천을 담은 화폐관, 소수민족들의 공예품을 전시한 소수민족공예관, 여성 관람객들의 열렬한 관심을 받고 있는 옥기관, 역대의 인장을 모아둔 인장관, 각종 서체와 그림들을 전시하고 있는 서법관과 회화관 그리고 도자관까지 방대한 문물들이 전시되어 있다. 하루 종일 눈이 호사를 누리는 셈이다.

많은 전시관들 중에 나의 눈길을 사로잡은 곳은 바로 1층에 위치한 고대청동관이다. 청동으로 만들어진 문물들이 시대별로 집중 전시되어 있는 곳이다. 청동으로 만들어낸 고대의 작품들이 이렇듯 정교하고 아름다운지는 이전에는 미처 몰랐다. 수천 년 전 청동으로 제작된 각양각색 조형물들의 예술성이 너무나 뛰어나 전시실을 여러 번 돌아보게 된다. 고대인들의 장인정신과 예술성에 무한한 존경의 염을 품으며….

고대청동관 옆에는 주나라 귀족의 묘에서 발굴되었다는 유물들을 특별 전시하고 있어 들어가 보니 고대청동관과는 또 다른 청동의 세계가 전개되고 있다. 철저하게 촬영을 통제해 영상으로 담을 수 없어 아쉬웠지만, 청동 유물의 아름다움이 도자기보다 더 아름답다고 여겨질 정도의 화려함이 넘치는 특별전시실이다. 상해박물관은 진귀한 유물들이 13만여 점에 달하지만, 그중에서도 고대인에 의해 청동으로 제작된 유물의 아름다움이 돋보이는 박물관으로 기억될 듯하다.

중경삼협박물관은 1951년 서남박물관으로 운영되던 것을 2005년 6월 중경중국삼협박물관으로 개명하여 새로 개방한 박물관이다. 총면적 30,000㎡의 규모로 10개의 상설전시관에 18만여 점의 유물들이 소장되어 있는 방대한 규모를 자랑하고 있다. 박물관은 아름다운 녹색 도시 중경의 분위기에 걸맞게 웅장한 모습을 드러내고 있다. 푸른색 계통의 볼록거울이 오목하게 들어간 황토색 건물과 조화를 이루는 건물의 디자인이 특별하다. 건물 자체가 마치 하늘과 땅의 조화처럼 보이는 것이 수준 높은 도시건설 전문가의 손길이 느껴진다.

4층으로 이루어진 박물관은 엄청난 수량의 유물들이 전시되어 있어 부지런을 떨어야 한다. 역대도자관을 들어서면 다른 박물관들과는 조금은 다른 듯한 느낌을 받는다. 청자와 백자 등 도자기의 종류별로 따로 구분해서 시대별로 전시해 놓았는데 도자기별로 발전과정을 일목요연하게 볼 수 있어 유익하다. 또 하나의 특이한 점은 도자기가 만들어진 장소를 구분해 시대별로 전시해 놓아 도자기가 생산된 지역에 따른 특성을 들여다볼 수 있다는 것이다.

용천요, 도산요, 길주요, 덕화요 등 착안하지 못했던 요소를 고려해 도자기들의 특징을 보여 주고 있는 것이 특별하다. 특히 도자기의 제작기술이 최고조에 달했던 청나라의 경우에는 강희제, 옹정제, 건륭제, 가정제, 도광제 등으로 구분하여 시기별로 도자기의 변화 과정을 들여다볼 수 있는 것도 무척이나 흥미롭다. 아무튼 삼협박물관의 도자관은 관람객들의 눈높이를 맞추기 위해 많은 고민을 한 듯해 감동이 느껴지는 전시관이다.

서화관 역시 수많은 전시품들이 관람객들의 눈을 즐겁게 한다. 그중에서도 눈에 띄는 것은 은상 때 거북이 뼈에 적힌 문자와 북송 때의 시인 소식의 시첩권이다. 특히 소식의 시첩권은 시구를 수정한 흔적이 남아 있어 눈길을 사로잡는다. 서남민족민속풍정관에는 중경, 사천, 운남, 귀주, 광서, 서장 등 중국의 서남지역에 분포되어 있는 30여 소수민족의 생활양식과 공예품들을 전시해 놓았다.

삼협박물관에서 가장 눈길을 끄는 곳은 바로 한대조소예술관이다. 한나라 때의 조각품들이 집중적으로 전시되어 있는 곳이다. 주로 장강유역에서 발굴된 유물들로 사람, 동물, 새 등 온갖 종류의 조각품들이 정교하고 아름다운 자태를 드러내고 있다. 특히 신조(神鳥)라는 조각품은 세상에 존재하지 않는 상상의 새를 모델로 한 듯하다.

조각품 외에도 너무나 아름답고 특이한 석조예술품을 볼 수 있는 것이 특별하다. 무릉궐이라는 석조의 섬세한 아름다움은 전시해 놓은 탁본을 통해서 확인할 수 있다. 특히 양자한묘차기출행·연락잡기화상석이라는 유물 앞에서는 경이로움을 감출 수가 없다. 사람과 말 그리고 마차 등이 어딘가로 나서는 행렬과 연회를 즐기는 장면들이 횡으로 길게 조각되어 있는데, 그 정교함에 감탄한다. 탁본을 함께 전시해 두었는데 뛰어난 예술성에 눈을 뗄 수가 없다.

이외에도 역대화폐관 등이 있어 지식의 폭을 넓히는 데 유익하다. 시간적인 여유가 된다면 돌아볼 만한 가치가 충분하다. 아름다운 중경에서 한대의 조소예술품을 포함한 진귀한 유물들을 감상할 수 있는 곳이 바로 중경중국삼협박물관이다.

광동성박물관은 총면적 50,000㎡의 넓은 부지 위에 마치 장난감 같은 모양을 하고 우뚝 서 있다. 직사각형의 건물 표면에 창문들을 각종 형태의 미로와 같이 디자인한 것이 특이하다. 박물관 주위로는 광주의 발전상을 반영하듯 고층 건물들로 빽빽하게 들어서 있고 하늘 높이 솟아 있는 광주탑이 눈길을 끈다.

도자관을 들어서면 도자기의 발전 과정을 친절하게 설명해 놓은 것이 눈에 띈다. 도자기의 발명이 인류 역사의 한 획을 긋는 화학혁명으로 농업발전과 인류의 거주생활 안정에 큰 기여를 한 것으로 평가하고 있다. 도자기가 인류의 이기로 등장한 이후로 최고의 번영기인 명·청시대의 경덕전 도자기에 이르기까지 체계적으로 전시하고 있다.

도자기의 생김새와 제작 방법 등을 자세히 설명해 놓아 초보자가 보아도 이해할 수 있을 정도다. 명·청시대에 이르러 도자업이 융성시기를 맞이하게 되는 과정과 도자기 제작 기술에 대한 설명 자료를 보면 당시의 도자기들이 아름답게 빚어진 이유를 알 수 있다. 특히 관요에서 제작된 어용자기들인 옥채, 법랑채 등 채색자기들이 어떤 과정을 거쳐 생산될 수 있었는지를 알 수 있어 흡족하다.

광동역사문화관은 남월원류와 민족융합 그리고 월동(粵東) 평원지구에 살았던 조산인 등으로 분류해 설명 자료와 유물들을 전시하고 있다. 서주 이후 광동지역에 중원문화가 흡수되며 민족의 융합이 이루어지는 과정과 관련 유물들이 볼만하다. 명나라 때의 장원급제와 청나라 때의 칠현진궁고시라는 금색칠기로 만든 병풍화가 눈길을 끈다. 당대(當代)에 만들어졌다는 용주(龍舟)가 전시되어 있는 것 역시 특이하다. 길이 41m, 폭 1.14m인 기다란 배가 하늘로 날아오를 듯한 용이 조각되어 화려하게 전시되어 있는 것을 보니 바다와 함께 살아야 했던 광동인들의 특별함을 알게 된다.

광동성박물관은 중국 대륙의 역사에서 독립적으로 발전을 이루어온 광동지역의 역사와 문화를 들여다보고, 해상 비단길의 발상지인 광동성을 이해할 수 있는 유익한 교육의 현장이다.

섬서성역사박물관은 전통적인 건물 양식으로 사람들로 번잡한 서안의 시내에 자리하고 있다. 고풍스러움을 보이는 것이 유구한 역사를 안고 있는 고장임을 대변해 주고 있다. 2014년 10월 1일 비가 촉촉이 내리는 가을 아침에 박물관을 찾았다. 국경절 7일 간의 황금연휴 첫날 박물관 앞은 전국 각지에서 모여든 인파로 돛대기 시장을 방불케 한다. 쾌적한 관람 분위기 확보를 위해 오전 오후 각 3,000명씩 입장이 허락된다고 한다. 앞이 보이지 않는 대열의 중간에서 순서를 기다린다. 약 1시간 10여 분이 흐른 후 겨우 입장하게 된다. 입장을 위해 기다리는 행렬이 끝없이 이어지는 것을 보니 그나마 다행이라 여기며 ⋯.

섬서성역사박물관은 전시방법이 조금은 독특하다. 대부분의 박물관들이 주제별로 구분해 자료와 유물들을 전시하는 것과는 달리 시대별로 구분해 그 시대별 자료들을 일괄적으로 배치해 놓고 있다. 선사시대에서 진(秦)나라, 한나라에서 위진 남북조 그리고 수·당·송·명·청나라까지⋯.

선사시대에서 진나라까지의 유물이 전시된 1관에서는 진시황릉에서 출토된 병마용의 일부가 전시되어 있는 것이 눈길을 끈다. 병마용의 얼굴을 사진으로 찍어 100여 개 전시해 놓았는데 얼굴의 생김새가 각기 다름을 확인할 수 있다. 생김새의 다름을 떠나 눈, 코, 입에서부터 주름에 이르기까지 너무나 섬세하게 조각된 것이 신기할 뿐이다. 한나라에서 위진 남북조의 유물이 전시되어 있는 2관에서는 서주 시대의 차마갱 모형을 보여 주고 있는데 특이하다.

수·당·송·명·청나라 시대의 유물들이 전시된 3관은 많은 관람객들로 붐비는 볼 것이 가장 풍부한 전시관으로 알려져 있다. 서안이 번영기를 누렸던 성당시대의 유물이 전시되어 있기 때문이다. 중국 유일의 여성 황제인 측천무후 모친의 무덤에서 출토되었다는 사자상 주위를 많은 사람들이 에워싸고 감상하고 있다. 비집고 들어가 자세히 들여다보니 3가지 색깔의 사자가 웅크린 모습으로 조각되어 있는 것이 정교하기 그지없다. 그 외에도 삼채완 등 화려한 당삼채들을 감상할 수 있어 눈이 즐거울 뿐이다. 뿐만 아니라 황파리배와 금은평탈경 그리고 금괴수 등 정교하고 화려한 유물들을 감상하는 데 혼이 빠질 정도다.

역사의 고도 서안은 어찌 보면 도시 자체가 하나의 박물관으로 보아도 무방하다고 여겨질 정도로 곳곳에 역사적인 흔적들이 산재한 곳이다. 문화유산을 소중히 여겼던 주은래의 뜻에 의해 지어졌다는 섬서성역사박물관은 역사에 관심이 많은 세계 사람들의 발길이 모여드는 곳 중의 하나이다. 1시간여의 기다림이 전혀 억울하지 않은 소중한 경험으로 기억될 듯하다.

산동성박물관은 사다리꼴의 회색빛 건물에 원형의 돔이 올라가 있는 재미있는 외관을 보여 주고 있다. 건물의 표면은 날카롭게 깎은 듯한 느낌을 주어 입체감이 돋보인다. 건물의 생김새가 특이해 자료를 찾아보니 천인합일(天人合一)의 이념과 산동성 제남의 상징인 표돌천의 영원한 생명을 건물 설계에 반영한 것이라고 한다. 박물관 1층을 들어서면 돔의 천장이 표돌천의 형상을 하고 있는 것을 확인할 수 있다. 설계의 배경을 알게 되니 박물관의 외양이 더욱 멋있어 보인다. 약 11만여㎡라는 엄청난 부지 위에 세워진 대규모의 박물관이다. 14개의 전시관에 20여만 점의 방대한 유물들을 체계적으로 전시하고 찾아오는 방문객들을 맞이할 준비를 하고 있다.

다른 박물관들과 차별되는 부분이 고고학관을 만들어 놓고 고고학에 대한 심층적인 분석과 관련 유물들을 전시한 것이다. 대문구묘장 등 산동성의 17개 지역에서 발굴된 묘지의 유물들이 소개되어 있어 눈길을 사로잡는다. 치박치하점 2호 묘지에서 발견된 예기라든지, 말의 유골들이 발견된 말구덩이 등을 볼 수 있어 특별하다. 이외에도 고고학의 탄생과 인류에 미친 영향 등을 자료와 함께 자세한 설명을 붙여놓아 고고학에 대한 이해를 돕는다.

도자전의 전시 방법 역시 조금은 특별해 보인다. 상주문화, 용산문화, 대문구문화 등 굵직굵직하게 시대를 묶어 해당 문화별 도자기들을 한곳에 전시해 두어 시대별 도자기의 특색을 한눈에 볼 수 있어 참신하다. 산동역사문화관은 사전, 하상주 그리고 진한~명청으로 시대를 분류해 각각 특색 있는 유물들을 분리하여 보여 주고 있다. 진한~명청에는 1950년 산동성 양산현에서 발견되었다는 양산조선이라 불리는 나무배가 눈길을 사로잡는다. 명나라 홍무 5년에 만들어진 것이라는데, 폭 3.44m, 길이 21m로 기록되어 있다. 400여 년의 세월을 썩지 않고 원래의 모습을 유지하고 있음이 신기해 한참을 바라다본다.

불교조상예술관에 있는 다양하게 생긴 모양의 크지 않은 돌에 조각된 불상들도 특별해 보인다. 한대화상예술관에는 동한시대의 만들어진 조각물들이 전시되어 있다. 그중에서 차마인물화상석에 조각된 마차와 말, 그리고 인물들의 생동감이 무척이나 뛰어나다. 중경삼협박물관에서 보았던 서한시대의 석조각들과 겹쳐진다. 아마도 한나라 때에는 이러한 석조각의 제작이 일종의 풍조가 아니었나 추측하게 된다.

차마(車馬)의 그림을 그려놓고 차마의 모든 장식품을 설명을 곁들어 전시하고 있는 것도 또 다른 특이함이다. 말과 차에 이렇게 많은 장식품이 들어가고 그 장식품들의 아름다움이 이토록 뛰어남에 놀랄 뿐이다. 사람에게가 아닌 말과 사물을 치장하는 데에도 아름다움을 담았던 고대인들의 여유에 감탄할 수밖에 없다.

산동성박물관은 건물의 외형부터 전시물의 배치에 이르기까지 박물관을 찾아오는 관람객들을 배려한 흔적을 곳곳에서 느낄 수 있다. 관람객들에게 조금이라도 더 많은 정보를 보다 더 효율적으로 제공하려는 디테일에 감동을 느낀 최고의 박물관이다.

호북성박물관은 약 69,000㎡의 부지 위에 마치 궁궐과 같은 모습으로 위엄을 뽐내고 있어 특이하다. 아름다운 동호를 배경으로 검정색 계통의 지붕 세 개가 올라있는 듯한 느낌을 주는 웅장한 건물이다. 박물관을 들어서기 위해서는 엄숙한 마음을 가져야 한다는 무언의 메시지를 던지는 듯하다. 박물관에는 약 20여만 점의 문화재가 소장되어 있으며 그 중 국가 1급 문물에 해당하는 것이 천여 건에 이를 정도로 볼 것이 많은 곳으로 알려져 있다. 증후을(曾候乙)의 무덤에서 출토된 편종 등 특이한 볼거리가 많은 박물관은 외국인들을 포함한 관람객들을 끊임없이 유혹하고 있다.

양장왕묘관을 들어서면 그의 무덤에서 출토된 보석류를 만나볼 수 있다. 현대의 보석류와 비교해 절대 떨어지지 않는 아름다움을 뽐내고 있어 볼만하다. 화폐 형태의 모양을 하고 있는 큰 조각의 황금, 화려한 왕관, 금 주전자, 금 술잔, 여성의 모자에 장식하는 각종 금장식, 금팔찌 등 온통 금빛으로 도배한 사치스러움의 이어짐에 혀를 내두를 수밖에 없다.

그러나 이렇듯 화려한 양장왕의 유물들도 증후을의 무덤에서 출토된 유물에 비하면 새 발의 피라 할 수 있다. 증후을의 무덤은 관련 자료가 전혀 없어 더욱 신비함을 주는 유물들이다. 추정에 의하면 증후을의 무덤이 발견된 일대가 증국(曾國)의 희(姬)씨 성을 가진 제후의 세력 범위였고 그 제후의 무덤이 바로 증후을묘라고 한다.

아무려나 외국인들이 유난히 많이 눈에 띄는 증후을묘관을 들어서니 무덤에서 발굴한 시신을 넣었던 관이 모습을 드러낸다. 22개가 출토되었다는데, 관 역시 화려하고 아름답기 짝이 없다. 화려한 색상과 정교한 문양들이 관인지 장식품인지 분간할 수 없을 정도다. 관들 중에는 작고 아담한 배장관이라는 것이 있다. 배장관 내부의 인골을 감정한 결과 대부분이 13~25세 사이의 여성이라고 한다. 말하자면 묘의 주인과 함께 산채로 땅에 묻힌 순장자들이다. 묘 주인의 시자나 악공의 신분이 대부분이라고 추정하는데 그 젊음이 너무나 안타까울 뿐이다.

배장관에서 느낀 우울한 생각들이 전시되어 있는 유물들을 보게 되면 금방 잊힌다. 동존반이라는 청동제품은 그 생긴 모양새가 기가 막히다. 화로처럼 만들어진 둘레를 온통 기괴한 모양의 장식품들로 덮어 놓았는데, 어떤 방식으로 만들어 내었는지 상상하기 어려울 정도다. 손으로 만들었다면 제작한 장인의 예술성이 엄청나게 뛰어났을 것이라고 짐작할 수밖에 없다. 다른 청동제품들 역시 하나같이 뛰어난 조형미를 가지고 있어 눈이 즐겁다. 청동기 유물들을 지나면 여기서도 금잔, 금배 등 온통 금색인 유물들이 모습을 드러낸다.

금빛 향연을 즐기다 보면 드디어 박물관에서 가장 명성을 날리고 있는 편종을 만나게 된다. 편종은 음계별로 제작된 수십 개의 종을 엮어 만든 타악기라고 한다. 증후을의 무덤에서 나온 편종은 높이 2.73m, 길이 7.48m로 거대한 규모를 자랑하고 있다. 장식용은 아닐 것이고 악기를 연주했다고 가정할 때 어떤 기술력으로 음을 맞추었을지가 궁금해진다. 달려 있는 종들의 정교함은 말할 것도 없고, 네 개 기둥을 지탱하는 모서리의 지지대를 보는 순간 그 세밀함과 예술적인 기교에 저절로 벌어진 입을 다물 수가 없다. 고대인들의 예술 감각이 탁월했음을 일러주는 대목이다.

이외에도 초문화전, 진한칠기예술 등 전시관을 돌아보며 장강유역을 기반으로 하는 호북성의 향기를 느낄 수 있다. 신비에 쌓인 증후을묘의 출토물들이 보여 주는 고대인들의 향기가 독특한 곳이 바로 호북성박물관이다.

감숙성박물관은 약 60,000㎡의 부지 위에 베이지색 계통의 빛깔로 우아하게 서 있는 건물이다. 건물의 중간 부분이 커튼을 내린 듯한 이미지로 디자인되어 있는 것이 실크로드를 표현한 것이 아닐까라는 추측을 하게 한다. 심플하면서도 품격이 돋보이는 박물관에는 '나의 박물관, 나의 꿈'이라는 문구가 걸려 있어 박물관의 소중한 기능을 알려 주고 있다. 박물관은 감숙성의 성도인 란주시에 위치하고 있다. 고생물화석관 등 총 5개의 상설전시관을 통해 약 35만여 점의 방대한 유물을 전시하고 있다. 그중 국보급 유물이 16점, 1급 유물이 721점이라고 한다.

채도관에는 지금으로부터 약 5,500년~5,000년 전 앙소문화의 유물인 도용수와 4,200년~3,700년 전 제가문화의 유물인 홍도인면상이 눈에 들어온다. 고생물화석관을 들어서면 육지와 해양의 화석을 고생대·중생대·신생대 등 시대별로 구분하여 전시하고 있다. 삼엽충 등 희귀한 화석 자료들을 볼 수 있어 유익하다. 뿐만 아니라 감숙성 지역에서 발굴된 공룡과 코끼리의 화석을 전시해 놓아 특별하다.

1947년 란주시 해석만에서 발견되었다는 마문계룡(馬門溪龍)은 아주지역에서 가장 큰 석각류공룡으로 몸길이 22m, 높이 4m, 체중 40~50톤에 이르는 대형공룡화석이다. 1.4억 년 전 쥐라기 말기의 공룡으로 추정하고 있다고 한다. 어린 학생들이 정신없이 빠져드는 살아 있는 교육의 현장이다. 또 하나의 볼거리는 몸길이 8m, 높이 4m, 코길이 3m에 달하는 황하고상(黃河古象)이다. 대형 코끼리 화석으로 1973년 감숙성 합수현에서 수리공사 시공 중에 발견되었다고 한다.

불교예술관에는 동한 때 인도의 불교가 중국으로 전래된 후 감숙성을 지배했던 왕조들에 의해 만들어진 불상 등의 유물들이 다양하게 전시되어 있다. 불교문화가 융성했던 남북조시대에 조성된 막고굴, 맥적산석굴 등에 대한 유물들이 눈길을 끈다.

감숙성박물관의 핵심이라 할 수 있는 비단길관에는 한 무제에 의해 시작된 비단길에 대한 자세한 소개 자료와 유물들이 체계적으로 정리되어 있다. 비단길의 개척에서부터 번영으로 이어지는 과정을 통해 오고갔던 유물들이 다양하게 전시되어 당시의 상황을 이해할 수 있어 유익하다. 환대문동정, 동련지등이라는 기이한 모양의 등, 당시에 정보를 교환했던 나무서신, 나무로 깎아 만든 목독각수 등 많은 볼거리들을 감상하는 즐거움이 쏠쏠하다.

그중에도 가장 눈에 띄는 것은 마도비연이라는 청동상이다. 흉노족의 침략에 시달리던 한 무제는 그들을 정복하기 위해서는 기마술이 중요함을 처절하게 인식한다. 강한 기병을 양성하겠다는 그의 굳은 의지는 서역에 있는 양마를 대대적으로 들여온다. 2차례에 걸친 서정(西征)을 통해 서역의 대완한혈보마 등이 유입되고 숙원이던 흉노족 정벌을 완성하게 된다. 이러한 배경을 이해하고 마도비연을 들여다보면 이름처럼 '제비를 밟고 날아오르는' 듯한 강렬한 역동성을 느낄 수 있다.

박물관을 찾은 날 개관시간을 기다리는 중 서북사범대학이라 적힌 대형버스에서 젊은이들이 쏟아져 나온다. 비단길박물관이라 할 수 있는 감숙성박물관은 미래의 선생님들을 위한 교육의 장이기도 하다.

내몽고박물원은 마치 푸른 초원을 배경으로 하얀색의 몽고바오가 서 있는 듯한 느낌을 풍기는 아름다운 건물이다. 초원에 온 듯한 상쾌한 기분으로 박물원을 들어서면 2개 층(지하 공룡관을 포함하면 실제로 3개층) 8개의 전시관으로 나뉘어 방대한 자료가 전시되어 있다.

고원관은 내몽고 지역의 다채로운 생태환경에서 서식하는 동식물의 표본들을 전시해 놓은 곳이다. 수많은 화석들 중에서도 꼬리 있는 양서류와 원시중화용조(原始中華龍鳥) 그리고 앵무취용(鸚鵡嘴龍) 등의 화석은 어느 곳에서도 볼 수 없는 귀중한 유물들이다. 생동감이 넘치고 너무나 아름다워 넋을 놓고 한참을 들여다보게 된다. 공룡관은 지하층과 1층을 뚫어 대형의 공룡 표본을 전시해 놓았는데 아이들의 탄성이 곳곳에서 쏟아질 정도로 규모가 있는 것이 볼만하다.

지하보장관은 내몽고 전역의 풍부한 광물자원들을 설명과 함께 표본을 전시한 곳이다. 광물질의 다양함과 다채로운 아름다움에 빠져들 수밖에 없다. 특히 연수정이라는 광물표본은 수정의 아름다움을 만끽하기에 부족함이 없다. 방해석석화는 방해석을 꽃모양으로 만든 예술품인 듯한데 그 영롱함이 기가 막히다.

비천신주관에는 중국의 우주항공사업에 관련한 자료들을 망라해 놓았는데, 이 역시 다른 박물관에서는 볼 수 없는 특별함이다. 내몽고 초원지역은 1957년부터 위성종합시험기지로 사용되어 온 곳이라 중국의 우주사업과 밀접한 관련을 맺고 있다. 무인 우주선인 신주 1~4호와 유인 우주선인 신주 5~6호의 이륙과 도착이 이곳에서 이루어져 내몽고 사람들의 자부심이 대단하다고 한다. 신비한 우주의 느낌이 도처에 흐르고 있는 비천신주관은 젊은이들의 무한한 꿈을 키울 수 있는 교육의 장이 될 수 있을 듯하다.

내몽고박물원에서 가장 특별해 보이는 곳은 문명관이다. 지금으로부터 5,000년~6,000년 전인 신석기시대 때 내몽고 동부와 요녕성 북부에 살았다는 고대 인류의 문화유적을 전시한 곳이기 때문이다. 홍산문화(紅山文化)로 불리는 사전시대의 홍산인은 옥을 사용하고 옥을 숭상하는 전통을 가진 인류였다고 기록되어 있다. 어느 곳에서도 볼 수 없었던 특이한 유물들이 다량으로 전시되어 있어 그 특별함에 마냥 설레는 마음이다.

많은 전시물들 중에서도 석조여신상, 홍도여신상, 홍도인(紅陶人) 등 당시 인류의 모습을 묘사한 듯한 조형물들이 눈길을 사로잡는다. 조형쌍계채회도관과 조형개도관이라는 조형물들에 묘사된 새들의 모양새도 특이하게 보여 신기하다. 이외에도 옥을 숭상했던 인류였던 만큼 옥으로 만든 거북이, 돼지, 용 등의 유물들도 감상할 수 있다. 옥으로 만들어진 형태들이 특이한 것들이 많아 흥미롭다.

이외에도 초원관에서는 역사와 생활 풍습 등 소수민족인 내몽고족에 대한 모든 것을 들여다 볼 수 있다. 박물관을 찾은 날 무리지은 학생들이 박물관을 돌아보며 혹은 해설사의 설명에 귀 기울이고 혹은 과제를 수행하는 모습을 우연히 보게 된다. 고대문명에서부터 최첨단의 우주세계까지 과거와 미래를 넘나드는 정보의 보고로 학생들의 교육의 산실이 바로 내몽고박물원이다.

삼성퇴박물관은 사천성 성도에서 약 50여㎞ 떨어진 광한시에 위치하고 있는 신비에 쌓인 유물들을 소장하고 있는 박물관이다. 1986년 발굴 당시 고고학계를 혼란에 빠뜨렸던 유물들은 신석기시대 말기에서 상나라 말 주나라 초 사이인 약 3,800여년 전 고촉국(古蜀國)의 유적으로 추정하고 있다. 마치 아름다운 공원과 같은 느낌을 주는 박물관을 들어서면 삼성퇴에서 발굴된 청동가면이 신비한 분위기를 물씬 풍기며 관람객들을 맞이한다.

종합관을 들어서면 웅거서남관으로부터 통천신수관에 이르기까지 6개의 전람실로 나뉘어 있다. 전시된 자료에 의하면 발굴지역 일대는 고촉국이 존재했던 정치문화의 중심지로 장강 상류 걸출했던 문명의 대표적인 전형이라고 소개하고 있다. 웅거서남관에는 촉국의 역사를 소개하고 있다. 들어 보지 못했던 생소한 나라이기에 한참을 들여다보아야 한다. 촉국에 대한 기본적인 상식을 안고 물화천부관을 들어서면 각종 주기(酒器), 가축 모양의 조형물 등을 감상할 수 있다. 이러한 출토물들을 통해 당시의 농업 수준이 상당한 수준이었고 상업 활동 역시 왕성했던 것으로 추정하고 있다.

화토성기관에서는 당시의 도자기 제조 기술을 설명하고 출토된 도자기들을 전시하고 있다. 신비한 분위기를 풍기는 동식물 모양의 도자기들은 고촉국 백성들의 생활상을 들여다보게 할 뿐 아니라 높은 예술적인 풍모를 보여 준다. 이옥통신관의 옥기들은 높은 예술적 가치를 지닌 아름다움이 두드러진다. 옥기는 고촉국의 종교예식에서 신과 인간을 이어주는 중요한 도구로 활용되었다고 기록되어 있다.

열화용금관을 들어서면 청동으로 만들어진 예기 출토물들이 아름다운 모습으로 관람객들을 맞이한다. 당시 청동 주조공예 수준이 상당히 높은 수준이었음을 증명하는 상세한 설명이 곁들여 있어 이해에 도움이 된다. 통천신수관에서는 신수(神樹)가 고촉국의 종교문화에 어떤 의미를 갖는지에 대해 설명하고 있다. 신수는 고촉인들이 신과 교류하는 통로로 이용된 것이라고 한다. 말하자면 신수를 천인합일의 정신이 내포된 상징물로 추정하는 것이다. 많은 전시물 중에서도 금박호형식, 금면조, 동신수잔건 등은 특별히 눈에 띄는 유물들이다.

종합관 감상을 마치고 나면 삼성퇴 제사 구덩이에서 출토된 청동가면을 비롯한 제사 관련 유물들을 따로 전시해 놓은 곳인 청동관에서 청동가면이 발산하는 신비함을 감상할 수 있다. 각양각색의 청동가면들이 모습을 드러내는데, 생김새가 전형적인 중국인의 모습이 아니라 당황하게 된다. 광대뼈가 불거져 나오고 눈이 부리부리한 것이 유럽 인종으로 보인다. 그래서 더욱더 신비한 느낌을 갖게 된다.

청동가면뿐만 아니라 청동태양륜, 청동신단, 청동새, 청동닭 등 신비함으로 넘쳐나는 출토물들에 눈이 황홀할 지경이다. 특히 청동태양륜은 신묘에 있는 신기(神器)로 추정하고 있는데 3단 구조로 만들어져 있다. 천지인을 의미하는 중국 고대인의 우주관을 보여 주고 있다고 한다.

삼성퇴박물관은 발굴된 청동가면들의 생김새를 놓고 그들의 실체에 대한 논란이 적지 않은 유적지이다. 청동가면의 실체가 당시 존재했던 사람들의 모습이든 아니면 상상 속의 신의 모습이든 그때를 살아 보지 않았기에 알 수 없는 노릇이다. 신비 속에 갇혀 있는 삼성퇴의 비밀은 전문가인 고고학자들의 몫이다. 다만 화려한 청동기문화를 일으켰던 선조들이 남겨 놓은 유적들의 신비하고도 위대한 아름다움을 후손들이 감상할 수 있음에 마냥 즐거울 뿐이다.

신장위구르자치구박물관은 옅은 회색의 건물 위로 파랑색의 원형 돔이 앉아 있는 아름다운 건물이다. 건물의 중앙 부분이 오목하게 들어가 있는 것이 곡선미가 돋보인다. 어렵게 찾은 박물관을 들어서서 가장 인기 있다는 고시진열실로 종종걸음을 옮긴다. 그러나 썰렁한 입구에 붙여진 안내문에 '공사 중 임시 폐관'이라 적혀있다. 30여 개의 미라 중에서도 '죽음의 모나리자'로 불린다는 '누란의 미라'를 꼭 보고 싶어 먼 길을 달려왔는데….

아쉬움을 달래고 그다음으로 볼만하다는 소수민족진열실로 향하니 여기도 수리 중이다. 허탈한 마음을 달래며 발길이 닿은 곳이 서역역사의 기억이라고 적혀 있는 진열실이다. 기원전 60년 한 무제에 의해 도호부가 설치되면서 정식으로 한나라에 편입된 신장의 역사를 소개하고 있다. 곤륜산, 이리 등 넓은 서역지역의 지역별 유적과 특성 등에 대해 설명 자료를 전시해 놓고 있어 서역에 대한 이해에 많은 도움이 된다. 아울러 서역에서 출토되었거나 교류되었던 유물들을 전시해 두었는데 그중에서도 압형대라는 오리 모양을 한 도자기가 눈길을 끈다.

'누란의 미라'를 보지 못한 아쉬움은 서옥정상이라는 진열실에서 조금이나마 보상을 받는다. 서옥정상에는 옥의 종류로부터 종류별 특성 등 옥과 관련한 광범위한 정보들이 담겨 있다. 신장지역이 화전옥의 산지여서인지는 모르지만, 옥에 대한 상식들이 체계적으로 정리되어 있어 유익하다. 더불어 대과, 청옥복수여의, 백옥삼성산자 등을 비롯한 아름다운 옥 유물과 예술작품들을 덤으로 볼 수 있어 좋다. 자료에 따르면 옥은 고대로부터 권력과 지위 그리고 부귀의 상징이었다고 한다. 중국의 우수한 옥 제품들은 실크로드를 통해 서역을 넘어 서방지역으로 넘어갔다고 한다.

중국 전역을 돌아다니다 보니 신장위구르자치구박물관과 같은 경우가 가끔씩은 발생한다. 안타깝지만 인력으로 어쩔 수 없는 일이다. 개인적으로 너무나 먼 신장을 다시 찾기 힘들 것 같아 더욱 아쉬울 뿐이다. 원고를 쓰고 있는 지금쯤이면 박물관의 보수가 완료되어 방문자들의 기대를 채우고 있을 것이라 믿는다.

운남성박물관은 황토색 빛깔의 건물 표면을 칼로 깎아낸 듯한 이미지가 오묘함을 전해주는 건물이다. 너무나 특이해 자세히 알아보니 원시 석림이 풍화된 지형의 모양을 건물 디자인에 반영했다고 한다. 1951년부터 운영해 오던 박물관을 대신해 새로운 부지에 묵직한 중량감을 주는 모습으로 2015년 새롭게 태어났다. 80,000여㎡의 넓은 부지에 자리하고 있는 신축 박물관에는 20여만 점의 유물들이 소장되어 있다. 6개의 상설 전시실과 4개의 주제전람실로 분리하여 방대한 자료들을 체계적으로 보여 준다. 친절한 서비스와 최첨단 전산시스템으로 관람객들을 맞이해 줌에 감동이 물밀 듯 밀려온다.

금색중국관을 들어서면 온통 황금빛으로 물든 유물들을 만나게 된다. 황금은 고대로부터 현대에 이르기까지 인류의 삶과 불가분의 관계를 이어오고 있다. 권력과 부귀의 상징으로 통하는 황금이 발산하는 찬란한 금빛 매력은 황금의 소유에 대한 욕망을 불 지르는 마력을 지니고 있다.

새롭게 단장한 운남성박물관에서 보여 주는 금색 중국은 거부할 수 없는 유혹이다. 전국시대 반리문금잔, 서한 금수, 원대 금용식건, 요대 금면구, 당대 마갈회주문금화은반, 청대 7급금불탑, 명대 양보석저문금합까지 시대를 망라해 보여 주는 금색 유물들이 눈을 황금색으로 물들인다. 다양한 모양에 화려한 금빛 게다가 섬세한 세공까지 그저 황홀할 뿐이다. 금색중국관의 금빛 향연에 빠져 있다 보면 시간 가는 줄 모른다.

떨어지지 않으려는 발길을 옮기면 원고운남관이 모습을 드러낸다. 운남 지역의 광물자원과 세계 각지 동물들의 화석표본을 전시한 곳인데, 자료의 방대함에 깜짝 놀라게 된다. 자연류와 휘사광이라는 광물질은 아름답기가 이루 말할 수가 없다. 미국의 삼엽충 등 화석 자료들도 아이들의 교육 자료로 활용하기에 부족함이 없을 듯하다. 다교병류관은 운남성의 종교들을 체계적으로 정리해 둔 곳이다. 원시종교에서부터 전통 불교, 티베트 불교, 도교 등에 이르기까지 운남성에 전래되고 정착되는 과정을 상세하게 안내하고 있어 인간과 불가분의 관계에 있는 운남성 종교 활동에 대한 이해를 돕는다.

이외에도 남중칭패, 묘향불국 등도 시간적인 여유가 된다면 돌아볼 가치가 있는 곳들이다. 이전의 운남성박물관은 그다지 볼거리가 많지 않았던 것으로 알고 있었는데 새롭게 단장한 이후로는 볼거리들로 넘친다. 금색의 향연을 즐길 수 있는 곳, 운남성을 이해할 수 있는 유물들이 최첨단 시스템으로 관람객들을 즐겁게 하는 곳이 바로 운남성박물관이다.

청해성박물관은 시민들의 휴식공간인 신녕광장을 마주보며 들어서 있다. 현대식 건물에 고풍스런 지붕이 오른 모습이 부조화의 조화를 보여 주는 분위기의 건물이다. 관공서를 출입하듯 박물관을 들어서면 쾌적함을 주는 넓은 공간이지만, 진열관은 2개로 단출하다. 청해역사문물진열관과 민족전시관이 그것으로 범위가 좁은 만큼 깊이가 있는 박물관이다.

청해역사문물진열관을 들어서면 마치 고대시대로 들어온 듯한 느낌을 준다. 대부분의 박물관들이 사전시대부터 현대에 이르기까지 시대를 세분해 유물들을 전시한 것과는 다른 방식을 보여 주고 있다. 석기시대를 구석기·중석기·신석기시대로 구분하여 시대별로 청해성이라는 공간을 살았던 인류로 세분한 후 고대인들의 문화를 집중 소개하고 있다.

지금으로부터 5,000년 전의 종일문화, 5,000년~4,500년 전의 마가요문화, 4,000년 전의 제가문화, 3,000년 전의 가약문화 등이 그것이다. 무척이나 생소해 보이는 인류들이 남긴 유적들은 황하 하류 원시문명의 주요한 부분이라고 기록되어 있다. 뿐만 아니라 그들이 남긴 청해도자는 양과 질 모두 중국뿐 아니라 세계적으로도 인정을 받고 있다고 한다.

청해역사문물진열관은 3,000년~5,000년 전 신석기시대 인류들이 남긴 도자기들 위주로 꾸며져 있는 곳이다. 각각 문화들의 특징과 거주했던 지역 그리고 생활의 도구로 만들었던 도자기들을 전시해 두었다. 각기 다른 생김새와 무늬 형태 등을 설명 자료와 함께 보게 되니 시대에 따라 발전해 가는 도자기 제작 기술을 이해하는 데 도움이 된다. 한편으로는 5,000년 전 종일문화의 절선문채도소호, 4,500년 전 마가요문화의 압형채도호, 4,000년 전 제가문화의 삼이관 등 도자기들을 직접 눈으로 확인하니 각자의 특징을 분별할 수 있어 유익하다.

뼈를 이용해 장식품을 만든 유물들도 눈길을 사로잡는다. 5,000년 전 신석기시대의 골방륜, 아식, 골산과 3,200년 전 가약문화의 골소 등을 감상하며 생각보다 섬세하고 아름다운 것에 반하게 된다. 인류에게 아름다움이라는 주제는 시대를 초월한다는 사실을 알게 된다. 이외에도 옥 그리고 금과 관련한 유물들도 전시되어 있어 볼만하다.

민속전시관은 청해성 소수민족들의 생활풍습과 종교 그리고 공예기술 등에 대한 전반적인 것을 소개해 놓은 곳이다. 감상할 만한 가치가 있는 유물들이 많이 전시되어 있다. 그중에서도 명나라 때의 동류금관음상이 눈길을 사로잡는다. 높이 146㎝로 청해성에서 가장 큰 동으로 만든 류금불상(鎏金佛像)이라고 기록되어 있다. 진품 탕카인 전첩석가모니불상탕카와 진주녹도모상탕카의 독특함과 화려함은 청해성박물관이기에 볼 수 있는 진귀한 작품이다.

넓이보다는 깊이를 강조한 청해성박물관은 많은 것들을 볼 수 있는 곳이라는 박물관의 보편적 의미에서는 벗어난 듯하지만 나름대로의 묘미가 있는 곳이다.

하남성박물관은 고층 건물군들을 배경으로 마치 피라미드와 같은 이미지를 풍기며 아름답게 서 있다. 삼각형 건물 뾰쪽한 지붕 위로 역 마름모꼴의 돌기둥이 놓여있는 것이 특별해 보인다. 멀리서 보니 본관 건물에 작업용 나무격자가 드리워진 상태로 보수작업이 진행 중이다. 임시휴관인 듯한 불길한 예감에 서둘러 박물관으로 발길을 옮긴다. 2~30명의 관람객들이 9시 개관을 기다리고 있는 것이 보여 안도의 한숨을 내쉰다. 박물관을 찾는 이들을 위해 본관 보수기간 중 임시진열실을 만들었다고 한다. 얼마나 감사한지 모른다.

하남성박물관의 특색은 고대 유물의 전시 비중이 높고 그중에서도 하상주 시대의 진귀한 유물을 볼 수 있다는 것이다. 임시진열실을 들어서니 구석기시대, 신석기시대, 앙소문화 등 원시시대의 유물들이 눈에 들어오는데 대부분의 박물관들과 크게 다르지 않다. 그러나 기원전 2700년~1600년 사이에 존재했다는 하나라의 유물이 전시된 곳을 들어서면서부터는 청동유물들의 오묘한 이미지를 풍기는 아름다움이 임시진열실을 가득 채우고 있다. 흑도호형화는 닭 주둥이 모양의 제사용 주기(酒器)인데 하나라 역사의 유력한 물증이라고 한다. 심플하면서도 우아한 형태가 매력적이다.

기원전 1600년~1300년 상나라의 유물들은 더욱더 화려하다. 수면문동뢰, 부호효존 등 기가 막히게 아름답고 정교한 청동유물들이 망라되어 있어 눈을 즐겁게 한다. 또 하나 특별한 것은 각사구갑이다. 거북의 등에 글자가 새겨져 있는 유물인데 신기함에 한참을 들여다본다.

기원전 1046년~771년 서주 시대의 유물들 역시 두말할 필요가 없다. 장자구라는 묘지에서 출토되었다는 동궤형굉 등 청동제품의 향연에 점점 빠져든다. 기원전 770년~476년 춘추시대의 용수제량화, 기원전 475년~221년 전국시대의 조수문관수이제동호 등 시대가 흐르며 더욱더 정교해지고 독특해지는 청동유물들을 감상할 수 있어 특별하다. 1644년~1911년 청나라 때의 상아백채는 그 섬세함이 탄성을 일으킨다. 새하얀 배추 위에 메뚜기가 앉아 있는 작품인데 말의 표현을 넘어선다.

박물관이 소장하고 있다는 18만여 점의 소장품 중에서도 핵심적인 유물들을 골라 진열한 듯 꽉 찬 느낌이라 무척 만족스럽다. 대대적인 공사가 진행 중임에도 임시진열실을 통해 유물을 감상할 수 있도록 배려해 줌에 감사한 마음이다. 월요일 휴관일을 제외한 1년 365일 박물관을 찾는 이들이 헛걸음 하지 않도록 배려하는 디테일이 잔잔한 감동을 전해주는 하남성박물관은 시대를 앞서가는 선진행정의 모범이다.

흑룡강성박물관은 사람들의 왕래가 빈번한 도심에 유럽식 건축양식으로 서 있다. 고풍스러우면서도 이국적인 이미지가 특징적인 건물이다. 자연진열관과 역사진열관에서 유물들을 전시하고 있는 그다지 크지 않은 규모의 박물관이다. 자연진열관을 들어서면 원고생명이라는 주제로 공룡을 포함한 고시대의 화석들을 다양하게 보여 주고 있다. 특히 제4기의 동북야우두골과 하얼빈 황산에서 발견되었다는 매씨서하합골은 흑룡강성박물관에서만 볼 수 있는 화석들이다.

역사진열관에서는 시대별로 구분해 놓은 흑룡강성의 고대문명을 설명 자료와 유물들을 통해 감상할 수 있어 동북지역의 역사 이해에 도움이 된다. 특히 해동성국으로 불리며 698년부터 926년까지 약 230년간 활동했던 발해국의 자료들이 전시되어 있어 눈길을 사로잡는다. 철회, 기마동인, 상구, 유리삼채수, 금보살조상 등 다른 곳에서는 보기 힘든 유물들이 전시되어 있어 색다르다. 1115년~1234 금나라 때의 류금변하화잔과 동좌룡도 특색이 있어 볼만하다.

흑룡강성박물관의 가장 큰 특징은 정품관과 아교박물관(俄侨博物館) 그리고 임시관이다. 정품관은 중국의 55개 소수민족들을 번갈아 가며 전시하고 있다. 내가 방문할 당시에는 하니족이라는 소수민족에 대한 의상과 생활풍습 등 전반적인 내용을 설명 자료와 함께 소개 중이다. 하니족은 운남성 등에 주로 거주하는 소수민족으로 인구수는 1,253,195명으로 기록되어 있다. 소수민족에 대한 이해를 돕는 좋은 방법이라 여겨지기도 한다.

아교박물관은 러시아관이라 할 수 있다. 1898년 중동철로 개통 후 많은 러시아인들이 하얼빈으로 넘어와 생활했다고 한다. 19~20세기 약 50여 년간 그들이 남긴 흔적들을 전시한 곳이다. 러시아어로 간행된 잡지와 신문, 관현악단 등 음악 도구, 미술작품 등이 공간을 채우고 있는 것이 이국적이다.

임시관은 흑룡강성의 현들을 위한 특별 전시다. 한 달에 한 번씩 현(縣)의 유물들과 명사들 그리고 성에 대한 기여도 등을 심도 있게 소개하고 있다. 많은 성급 박물관을 다녔어도 이런 식의 전시는 처음 보는 것이라 신선하기도 하다. 박물관의 새로운 방식을 도입한 그래서 특별해 보이는 곳이 흑룡강성박물관이다.

남경박물원은 낮으면서도 유려하게 흐르는 산과 푸른 하늘 그리고 하얀색 뭉게구름을 배경으로 마치 고궁이 들어서 있는 듯한 모습을 보여 주는 아름다운 건물이다. 우아한 고풍스러움과 센스 있는 디자인이 무척이나 조화롭다. 1933년 개관한 오랜 역사의 남경박물원은 한때 대영박물관 그리고 루브르박물관과 비견될 정도로 명성을 날렸다고 한다.

1948년 많은 유물들이 대만으로 넘어간 상태로 현재 소장품의 품격은 이전보다 떨어진 처지라 안타까울 뿐이다. 박물관을 들어서면 넓은 공간에 강소고대문명관과 디지털관 그리고 여러 개의 특별관 등을 운영하고 있다. 고대와 현대를 아우르는 전시가 눈길을 끄는데 반나절 이상을 투자해도 아쉬움이 남을 정도로 자료가 방대하다.

강소고대문명관은 본관 건물 1, 2층을 통째로 사용해 강소성의 역사를 체계적이고 깊이 있게 소개하고 있다. 구석기·신석기 등 선사시대에서부터 명·청에 이르기까지 시대별로 두드러진 특징을 포착해 유물들을 과학적으로 전시해 놓고 친절한 설명으로 이해를 돕고 있다. 강소성 일대의 역사를 한눈에 볼 수 있게 전시해 놓은 것이 인상적이면서도 특별함을 전해주는 박물관이다. 유물들을 시대별로 전시해 놓은 것은 다른 박물관들과 다를 바 없다. 다만 개별적으로 유물을 전시한 후에 유물들을 한 장소에 모아놓고 볼 수 있도록 한 것이 조금은 특별하다. 같은 시대 유물들의 다양한 특징과 발전과정을 들여다 볼 수 있기 때문이다.

방대하게 전시되어 있는 신석기시대 원시적인 도자기들의 모습에서 고대 인류의 예술 감각을 들여다 볼 수 있다. 청동기시대로 접어들며 하상주와 춘추전국시대를 거치면서 아름다움과 섬세함이 깊어지는 청동유물들의 변화과정을 음미하는 것은 또 다른 즐거움이다. 서주(徐州) 토산에서 출토되었다는 동한 때의 은루옥의와 서한 때의 금루옥의는 남경박물원에서만 볼 수 있는 특별한 유물이다. 2,600개의 옥 조각을 은실과 금실로 하나하나 꿰어 만든 것이라는데 감탄하며 바라보게 된다.

무사도용 등 육조시대의 특색 있는 유물들도 볼만하다. 특히 서진의 청유사형수주와 동오의 홍도비마인물퇴소관은 그 특별한 모양에 눈길을 빼앗긴다. 이외에도 수당시대에는 양주 당성에서 발굴되었다는 화려한 당삼채들을 감상할 수 있다. 송원시대를 들어서면 금완, 여의운문금반 등 원나라의 화려한 금색 유물들을 볼 수 있다. 명·청시대에는 더욱더 화려해진 모습의 유물들이 전시되어 있음은 두 말할 나위없다.

본관 건물 1, 2층을 통째로 할애한 강소고대문명관의 유물들을 감상하다 보면 강소성 고대문명들의 발전상을 이해할 수 있다. 과거의 역사를 어느 정도 이해한 후 시간적 여유가 된다면 디지털관으로 발길을 옮겨 첨단을 살아가는 현대의 향기를 느껴보는 것도 나쁘지 않다.

시대별 발전상을 알기 쉽게 정리해서 제공하고 그 시대별 변화의 흐름이 강소성의 발전에 미친 영향을 캐치해서 전시물과 일목요연하게 매치시킨 것이 매력적인 곳이 바로 남경박물원이다.

귀주성박물관은 귀주성 내 17개 소수민족의 풍속에 관한 전시물이 볼만하다 해서 발품을 팔아본 곳이다. 항일전쟁 승리 70주년 열병식이 개최되는 2015년 9월 3일 비 오는 날 아침 박물관을 찾아 나섰다. 개혁개방 30여 년이 지난 오늘날 세계에서 두 번째의 경제대국으로 성장한 중국이라 열병식의 비중이 예전 같지 않다. 천안문에 각국의 지도자급 인사들을 초대하고 그들이 보는 앞에서 치르는 웅장한 열병식은 전 세계의 관심사다. 절도 있는 군인들의 동작과 육해공 각종 신종 장비들이 날로 뻗어나가는 중국의 국력을 대변하고 있다. 시진핑 주석의 30만 명 감군 약속은 전쟁 없는 시대를 바라는 평화의 메시지라 여겨진다.

어렵게 찾은 박물관은 공산당원의 교육장 겸 소수민족의 특산품을 파는 곳으로 바뀌어 있다. 경비원의 설명에 의하면 관산호구라는 외떨어진 곳으로 신축해서 옮겼다고 하며 무료이니 관심이 있으면 부담 없이 돌아보라 한다. 허탈한 마음으로 구박물관을 들어서니 과연 공산당의 개혁에 대한 과정과 각오 등이 전시되어 있다. 나오는 길에 보니 비 오는 구박물관을 들어서는 관광버스가 눈에 들어온다. 중국인 관람객 30여 명이 한꺼번에 쏟아지는데 공산당 교육 전시관을 들르는 것이 주목적인지 소수민족 물품을 구입하러 오는 것인지 궁금해진다. 박물관을 언제 어디로 이전했다는 안내 문구 하나 없는 것이 조금은 아쉬운 부분이다.

택시기사도 잘 모르는 신박물관을 찾아 나섰다. 신박물관은 도심에서 제법 떨어진 새로운 개발지구인 듯한 곳에 위치하고 있다. 어렵게 찾은 신귀주성박물관은 건물 디자인이 독특하다. 진한 황토색의 건물 표면을 횡으로 격자를 잘게 도려내고 있다. 박물관이 횡으로 커져 보이는 착시효과를 일으키는 묘한 느낌이다. 아름다운 건물의 모습에 잔뜩 기대를 안고 입구를 들어서니 공사에 대한 안내문이 붙어져 있다. 귀주 문화를 소개하는 민족귀주와 역사귀주 전시관 완공이 설계 등의 복잡성으로 계획보다 늦어지고 있다는 내용이다. 많은 시간을 투자해 찾은 곳이기에 허탈함이 더하다. 하지만 어쩔 수 없는 노릇이다.

핵심 전시관이 개관되지 않는 박물관을 들어서니 임시전시관 2개가 운영 중이다. 스페인 현대조소의 대가라는 수비라츠(SVBIRACHS)의 조각품 전시회와 서비홍 서화작품전이 그것이다. 아쉬운 마음에 간간이 보이는 관람객들과 한 바퀴 돌아본다. 서비홍의 쌍마도축횡폭, 홍엽소묘도축 등 말과 고양이 그림들이 아름답기는 하다.

시대를 앞서가는 선진행정을 보여 준 하남성박물관과는 너무나 대비가 되는 귀주성박물관은 소수민족뿐만 아니라 중국의 전반을 이해할 수 있는 박물관의 중요성을 다시 한 번 생각해 보게 되는 계기가 된 발걸음이다.

복건성박물관은 시민들의 휴식공간인 아름다운 서호공원의 뒤쪽에 자리하고 있다. 단순해 보이면서도 복잡해 보이는 것이 절묘한 조화를 이루고 있다. 현대적 감각의 디자인으로 사각형, 원형, 기울임 등의 곡선이 서로 어울리며 미적 요소가 돋보이는 박물관이다. 박물관의 총면적은 60,000㎡로 약 20여만 점의 유물들이 복건고대문명관 등 6개의 진열실에 소장되어 있다. 본관 2층으로는 20만여 점에 달한다는 컬렉션을 전시하기에 부족한 듯 공룡관과 자연관은 별도 건물로 운영되고 있다.

2층에는 공간을 내어 2013년 특별 전시했던 대만해연회서화인정품전에 대한 소개를 하고 있다. 해상 실크로드의 개척부터 확대 그리고 번영에 이르는 과정을 설명과 함께 유물로 전시했던 것을 지금은 사진으로만 소개하고 있다. 하지만 해상 실크로드에 대해 이해할 수 있어 의미가 없지 않다.

1층의 복건고대문명관은 복건성박물관의 핵심이라 할 수 있다. 복건성에서 발굴된 유물들을 통해 대륙과는 다른 복건성과 민남인(閩南人)의 특성과 발전 과정을 알게 되고 그 아름다움에 푹 빠져든다. 서주시대의 청동쌍이배, 청동검 등 그리고 민월국(閩越國)의 배 등 특색 있는 유물들이 많이 전시되어 있다. 서한 때의 도정과 벽돌 조각품인 백호문전도 독특하다. 기독교연화십자가묘비, 인도교의 석조, 모니교 광명불 등의 유물들은 해양과 인접한 복건성이 외부로부터의 교류가 활발했던 사실을 알려 주고 있다.

오대의 왕족이었던 류화의 묘에서 발굴된 백호, 현무, 청룡, 주작 등 인형들도 볼만하다. 특히 묘룡용이라 불리는 것은 용의 등에 사람 얼굴이 양 옆으로 붙어 있는 것이 재미있어 한참을 들여다보게 된다. 우이산 백암애묘에서 출토된 현관의 일종인 배 모양의 관은 복건성박물관에서만 볼 수 있는 특별한 것이다. 같이 발견된 상나라의 유물로 추정되는 구형목반 역시 보기 힘든 유물이다.

복건전통공예품진열관에는 칠기, 목조, 석조 등의 공예품들이 전시되어 있는데, 그 정교하고 섬세한 아름다움에 빠져들 수밖에 없다. 해상 비단길을 통해 서양과 교류했던 도자기들을 소개하고 있는데, 시대를 불문하고 아름답기 짝이 없어 외국인들이 탐낼 만했을 법하다. 별관 건물에 있는 공룡관과 자연관은 많은 박물관에서 볼 수 있는 유물들이라 복건성 시민이 아니라면 바쁜 일정에서 빼도 무관하다. 복건성박물관은 뿌리 깊은 해양세력의 터전이었던 복건성 일대에서 발굴된 유물들의 특별함을 감상할 수 있는 조금은 이색적인 박물관이다.

절강성박물관은 아름다운 서호의 한 모퉁이에 초연하게 자리하고 있는 고풍스러운 지붕이 놓인 박물관이다. 세계에서 모여드는 사람들로 사시사철 인산인해를 이루는 서호에 붙어 있어 존재감이 나타나지 않는 느낌을 받게 되어 조금은 안쓰러울 정도다. 대부분의 관람객들이 서호의 경관을 즐기다가 건성으로 들르는 듯한 인상을 주기 때문이다.

1929년에 문을 연 곳으로 역사가 제법 오래된 박물관이다. 신석기시대부터 명·청대에 이르기까지 10만여 점의 유물이 전시되어 있다. 그중 청자에 대한 전문적인 전시로 명성이 알려져 있어 청자의 아름다움을 마음껏 즐길 수 있어 좋다. 곤산편옥이란 중국고대도자진열관은 1~3층에 걸쳐 시대별 도자기들을 집중적으로 소개하고 있다.

신석기시대 도자기들을 발견된 지역에 따라 구분하여 보여 주는 것이 다른 박물관과 차별화되는 특징이다. 7,000년~8,000년 전 항주 소산에서 발굴된 과호교문화에서부터 4,000년~5,000년 전 여항양저에서 발굴된 양저문화 등 5개의 문화로 분류하여 신석기시대의 도자기를 세분화하고 있다. 시대의 추이에 따른 문화별 도자기를 설명과 함께 보게 되니 도자기의 양식과 발전의 추이를 한눈에 알 수 있어 유익하다.

상주시대의 인문도(印紋陶)와 원시도자기에서부터 성숙기를 거치는 동한 그리고 육조시대의 청자를 상세히 설명해 놓아 청자에 대한 상식을 넓힐 수 있어 좋다. 또 다른 특별함은 절강성에서 발견된 요별로 구분해 그 특성을 설명하고 도자기를 소개해 둔 것이다. 각 요별로 만들어진 도자기들의 특징이 모두 다른 것을 확인할 수 있어 흥미롭다.

당송시기 절강성 자계상림호를 중심으로 생산된 월요는 육조시대의 청자와 상주시대의 원시도자기를 융합한 도자사상 중요한 의의를 갖고 있다고 소개하고 있다. 그 외에도 구요, 덕청요, 남송관요, 용천요 등 전문가가 아니면 이해하기 어려운 수준의 정보를 제공하고 있다. 각자의 요에서 생산된 도자기들이 모두 아름답지만 특히 절강산구의 용천요에서 생산된 송원시대의 도자기는 아름답기 짝이 없다.

백자도 일부분 소개하고 있는데 청자와 한눈에 비교되어 이해하기 쉽다. 백자 역시 단색유, 청화, 채자 등으로 분류하여 자세한 설명을 붙여 도자기를 전시해 백자를 체계적으로 감상할 수 있다. 아름다운 서호의 정취와 신비한 청자의 세계를 동시에 즐길 수 있는 곳, 그곳이 바로 절강성박물관이다.

기 타 박 물 관

중국 대륙을 돌아다니다 보면 성급 박물관 외에도 수많은 종류의 박물관들이 전국 각지에 분포하고 있다. 시간적인 제약으로 대부분 찾아볼 수 없는 것이 현실이지만 개중에 특이한 몇 곳을 방문하는 기회가 있었다. 지면을 할애하여 이러한 경험들을 공유하려 한다.

비림박물관은 고도(古都) 섬서성 서안에서 출토된 석각 비문을 한데 모아 전시하고 있는 조금은 특이한 곳이다. 제작 시기 또는 비문의 형태에 따라 1~7실로 나뉘어 2,000여 점이라는 방대한 양의 석각 비문이 소장되어 있다. 비석에 새겨진 각종 서체와 경전, 산수화, 인물화 등을 통해 고대인들의 향기를 느낄 수 있는 특별함이 있는 곳이다.

1실은 당나라 문종 개성 837년에 조각된 석경들을 감상할 수 있는 곳이다. 주역, 상서, 시경, 효경, 논어 등 20여 부의 경전들을 비석에 옮겨 새겨 놓았다. 서책으로 나와 있는 경전들을 비석에 새긴 이유가 무엇일지를 궁금해하며 경전의 한구 한구가 새겨진 비석을 열심히 감상한다.

2실에는 기독교의 한 파인 네스토리우스(Nestorius) 전도단이 중국에 온 이래 약 150년간에 걸친 선교활동을 기록했다는 대진경교유행중국비가 있어 관람객들의 발길이 끊이지 않는 흥미로운 곳이다. 당시 중국과 외국과의 종교 등 문화교류를 알 수 있는 소중한 자료라고 한다. 대형의 비석에 빽빽하게 조각된 글자들이 오랜 세월에 마모되어 보이지 않는 부분도 적지 않다.

3실을 들어서면 역대의 각종 서체가 조각된 진귀한 비석들을 만날 수 있다. 전서, 예서, 행서, 초서 등 중국어의 모든 서체가 시대별로 조각되어 있어 서법예술 변천의 과정을 일목요연하게 볼 수 있다. 서법에 관심 있는 이들의 지대한 관심을 끌고 있는 곳이기도 하다.

4실에서는 송, 원, 명, 청대의 글자뿐 아니라 비석에 조각되어 있는 고대 원림의 아름다운 경치 등도 함께 감상할 수 있어 더욱 즐겁다. 소량이라는 사람의 아내였던 마 씨 부인의 무덤 비문이라는 소량처마씨묘지는 현지 설명사에게 물어보아도 아는 사람이 없고 1~7실을 여러 번을 둘러보아도 찾을 수가 없다. 비문 사이사이에 고대 이란의 문자인 페르세폴리스(Persepolis)어가 병기되어 있는 것을 확인하고 싶었는데 아쉬울 뿐이다.

이외에도 공자상, 달마동도도 등 인물들을 조각한 비석들도 있어 다채롭게 감상할 수 있다. 서책이나 서화를 통해 일상적으로 만날 수 있는 글과 인물 그리고 산수화 등을 엄청난 공력을 들여 비석에 힘들게 조각한 고대인들의 특이한 취향이 무척이나 흥미롭다. 1~7실에 전시된 비석들을 모두 감상한 후 밖으로 나서면 건물의 모든 벽면들 역시 온통 석각 비문이다.

다양하기 짝이 없고 보아도 끝이 없는 석각 비문들을 천천히 돌아보며 제작과정을 생각해 본다. 크고 작은 비석을 준비하는 것에서부터 비석에 새겨 넣을 내용을 구상하고 새기는 과정 등…. 모든 과정이 쉽지 않은 작업들이라 여겨져 대단하다고 여기지 않을 수가 없다. 하기는 그들이 남긴 유적들이 오늘날까지 남아 수많은 관광객을 매료시키고 있는 것 역시 또 다른 아이러니라 하겠다.

임동박물관은 당 현종과 양귀비의 고사가 서려 있는 화청지에서 오른쪽 방향으로 약 5분 정도 걸어가면 도착하는 위치에 자리하고 있다. 1985년 발굴된 경산사 출토물을 감상할 수 있는 박물관이다. 경산사는 부처의 진신사리와 진신사리를 보관한 사리함이 발견되어 유명세를 타게 된 당나라 때 지어진 고찰이다.

사람들의 발길이 띄엄띄엄 이어지고 있는 박물관을 들어서면 부처의 진신사리와 사리함이 전시되어 있다. 진신사리가 보관되어 있는 투명한 유리탑 모형과 금과 은으로 만들어진 사리함이 신비한 아름다움을 뽐내고 있다. 부처 진신사리의 신비함과 사리함의 앙증맞음을 직접 눈으로 확인하고 싶다면 화청지에서 가까운 거리에 있는 임동박물관을 찾아보는 것도 의미가 없지 않을 듯해서 간단히 소개한다.

금사유지박물관은 사천성 성도시 서북지역에 위치하고 있는 조금은 특별한 박물관이다. 2001년 발견된 고촉국의 금사왕국으로 추정하는 발굴지 위에 박물관을 조성하고 있어 흥미롭다. 현재도 발굴이 진행되고 있는 유지를 공개하고 발굴된 위치와 유물을 사진으로 대비시켜 놓아 더욱 현실감 있게 느껴진다. 또한 유물의 발굴과정과 Q&A 형식의 소개를 통해 고고학에 대한 이해를 높이고자 하는 시도도 참신하다.

2001년도에 발견된 금사유지는 약 5㎢에 걸쳐 분포되어 있다. 광한시 삼성퇴 이후 성도평원이 고촉국의 정치·경제·문화의 중심이었다고 추정하는 화하문명(華夏文明)의 중요한 발견이라고 기록되어 있다. 2001년 국가문물국으로부터 중국 10대 고고(考古)의 새로운 발견이라는 평가를 받을 정도로 고고학적 가치가 높은 유지라 하겠다.

총 30만㎡의 방대한 부지 위에 박물관을 조성하고 2007년 4월 대외에 개방했다. 유지가 발굴된 위치에 유지관을 만들어 관람객들에게 고고학에 가까워지도록 하고, 발굴된 유물들은 진열관에서 체계적으로 감상할 수 있다. 다시 말하면 진열관의 유물들 모두가 금사유지에서 발굴된 것들로 금사유지박물관의 독특함이라 하겠다.

박물관을 들어서면 태양의 이미지인 듯한 조형물이 관람객들을 맞이한다. 유지에서 발굴된 유물들 중 보배 중의 보배인 태양신조(太陽神鳥)를 형상화시킨 것이라 소개되어 있다. 유지관은 한마디로 고촉국 금사왕국의 제사지역이었다는 발굴의 현장을 그대로 보여 주고 있는 곳이다. 병마용 박물관과 비슷한 형식으로 발굴과 복원이 이루어지는 과정을 한눈에 볼 수 있어 좋다.

금사유지는 고촉시기의 강에 인접한 곳에 지어진 제사 장소로 상나라 말기인 기원전 1200년에서 춘추시대 초기인 기원전 650년 사이의 유적으로 추정된다고 기록되어 있다. 60여 개소에서 제사와 관련한 유물들이 발견되었는데 금기, 동기, 옥기, 칠목기 등 진품 문물이 6,000여 점 발굴되었고 현재도 계속 발굴이 진행 중이다. 유물 중에는 제사용품뿐 아니라 수십 톤의 상아와 다량의 야생돼지 이빨, 녹각도 포함되어 있다.

진열관을 들어서면 5개의 진열관에서 신비한 금사왕국에 대한 알파와 오메가를 소개하고 있다. 원고가원관은 금사시기의 생태환경과 고대인들의 생활상을 추정하고 있다. 왕도전영관은 유지 발굴 성과와 복원을 위한 고고학적 방법을 적용한 내용들을 소개해 놓아 고고학의 이해에 유익하다.

천지부절관에는 제사지역에서 출토된 구복갑, 금기, 옥기, 석기, 상아

등 유물들을 통해 금사사회의 종교와 금사선민들의 정신세계를 들여다 볼 수 있다. 진열관의 핵심인 천재귀진관을 들어서면 금사유지에서 가장 특색 있는 30여 점의 정품들을 별도로 보여 준다. 금사유지의 보배라는 태양신조금식을 비롯해 금관대, 금가면, 은가면, 옥종, 석인, 석호 등 금사유지 만이 보여 주는 화려하고 독특한 유물들에 눈이 즐거울 뿐이다. 십절옥종, 사절옥종이라는 유물은 그 크기와 특이한 디자인에 한참 동안 눈길을 빼앗긴다.

태양신조금식은 태양을 중심으로 4마리의 새가 외곽으로 그려져 있는 유물인데 섬세하고 아름답다. 외경 12.5㎝, 내경 5.29㎝의 그다지 크지 않은 앙증맞은 금색의 장식품이다. 테두리에 조각된 4마리의 새는 사계절, 중간의 빨강색 태양이 12갈래로 갈라진 것은 12개월을 의미한다고 설명되어 있다. 태양을 숭배한 금사선민들의 정신세계를 들여다 볼 수 있는 진귀한 유물이다.

금사유지박물관은 삼성퇴박물관과 동일한 고촉국 시기의 유물로 추정하고 있지만 삼성퇴박물관과는 또 다른 느낌을 주는 박물관이다. 고고학에 대한 향기를 느끼고 고고학이 복원해 낸 유물들을 감상하기에 금사유지 만한 곳이 없을 듯하다.

소주박물관은 강소성 소주시에 있는 시립박물관이다. 강남 원림인 졸정원과 사자림을 감상하고 걸어 나오다 보면 길가에 수많은 관광객들이 입장을 위해 기다랗게 줄을 서고 있는 곳을 볼 수 있다. 그곳이 바로 특이한 건물 디자인으로 인해 사람들의 발길을 끊임없이 이어지게 하는 소주박물관이다. 박물관을 들어서기 위해서는 약 10~30분 정도는 기다리는 인내심을 발휘해야 한다. 그만큼 박물관을 보고 싶어 하는 이들이 많다는 얘기다.

기다란 줄의 중간에 끼어 올려다보는 박물관은 외관이 너무나 특별해 말로 형언하기가 쉽지 않다. 강남 주택의 상징인 흰색의 건물 표면에 검정색으로 테두리를 연결하고는 다양한 직선의 유리 창문들을 연결해 심플하면서도 우아함을 보여 주고 있다. 푸른 하늘과 흰색 그리고 검정색이라는 원색의 단순한 조화가 이렇듯 환상적인 아름다움을 선사해 줌에 눈이 즐거울 뿐이다.

알고 보니 건물의 설계자가 상당히 유명한 중국계 미국인이다. 야오밍 페이라는 건축가로 프랑스 루브르박물관의 유리 피라미드를 설계했다고 한다. 유리 소재 건축에 일가를 이룬 그이기에 유리를 소재로 교차하는 직선만으로 아름다운 강남 원림 느낌의 소주박물관을 그려낼 수 있었다고 한다. 인간의 능력이라는 것이 얼마나 무한한지를 다시 한 번 깨닫게 된다.

한참을 기다린 후 입구를 들어서면 호구보장이란 전시관에서 철함 등 호구운암사탑에서 발굴된 불교 문물들을 전시하고 있다. 오대와 송대 월요에서 제작된 비색자는 입체화면으로 360도 돌려가며 보여 주는 것이 특별하다. 아이가 엎드린 모양을 하고 있는 베게 용도인 송대의 백자침, 명대 백옥탁초지죽룡쌍이배, 청대 상아조룡 등 아름다운 도자기들이 전시되어 있어 눈을 즐겁게 한다. 소장품이 많지는 않지만 하나하나가 사치스러움을 느끼게 하는 강남의 정취를 닮은 듯한 유물들이다.

관람을 끝내고 박물관의 뒤쪽으로 나오면 강남 원림의 형태로 조성된 아름다운 정원이 반겨 준다. 졸정원과 사자림의 아름다움이 그대로 전해져와 즐거울 뿐이다. 휴식을 취하는 이들로 넘쳐나는 것이 박물관의 소장품을 보러온 것인지 박물관 후원의 정원을 감상하러 온 것인지 착각하게 될 정도다.

중국 내에서도 가장 인상적인 시립박물관 중의 하나인 소주박물관은 최고의 건축가에 의해 지어진 아름다운 디자인의 건물과 품격 있는 소장품들로 스스로의 품격이 올라가는 듯한 흐뭇함을 느끼게 하는 아름다운 박물관이다.

지금까지 중국 대륙의 각 성시 그리고 자치구를 돌아다니며 성급 박물관과 특징 있는 박물관에서 느낀 나의 경험을 소개했다. 다니다 보니 어떤 박물관은 규모도 있으면서 내용이 충실한 곳이 있고, 규모만 크고 내용이 부실한 곳이 있다. 어떤 박물관은 규모도 작으면서 내용도 부실한 곳도 있고, 규모는 작지만 알찬 내용을 담은 곳도 있다. 워낙 방대한 대륙이다 보니 중국 전역에 대한 역사를 체계적으로 담아내는 것이 쉽지는 않겠지만 그러한 노력의 흔적이 보이는 박물관들도 적지 않다.

그러나 좋은 박물관을 만들어 좋은 정보를 제공하겠다는 각 성시 그리고 자치구 관계자의 고민의 흔적은 충분히 느낄 수 있었다. 미래의 중국과 성시 그리고 자치구를 끌어나갈 동량인 청소년들을 위한 깊이 있고 정확한 정보의 원천이 되기 위해…. 그러한 박물관의 엄숙한 사명을 실천하기 위해….

- 2권에서 계속 -

대륙 풍류 2 예고